零基础学缠论操盘

系统讲解缠论操盘战法

股票淘金客◎著

SPM
南方出版传媒
广东经济出版社
·广州·

图书在版编目（CIP）数据

零基础学缠论操盘：系统讲解缠论操盘战法／股票淘金客著. —广州：广东经济出版社，2020.4
ISBN 978－7－5454－7055－0

Ⅰ. ①零… Ⅱ. ①股… Ⅲ. ①股票交易－基本知识 Ⅳ. ①F830.91

中国版本图书馆 CIP 数据核字（2019）第 255289 号

出 版 人：李 鹏
责任编辑：蒋先润
责任技编：陆俊帆

零基础学缠论操盘：系统讲解缠论操盘战法
LINGJICHU XUE CHANLUN CAOPAN：XITONG JIANGJIE CHANLUN CAOPAN ZHANFA

出版发行	广东经济出版社（广州市环市东路水荫路 11 号 11—12 楼）
经　　销	全国新华书店
印　　刷	广东新华印刷有限公司南海分公司 （广东省佛山市南海区盐步河东中心路 23 号）
开　　本	730 毫米×1020 毫米 1/16
印　　张	17.75
字　　数	261 千字
版　　次	2020 年 4 月第 1 版
印　　次	2020 年 4 月第 1 次
书　　号	ISBN 978－7－5454－7055－0
定　　价	49.80 元

广东经济出版社网址：http://www.gebook.com 微博：http://e.weibo.com/gebook
图书营销中心地址：广州市环市东路水荫路 11 号 11 楼
电话：（020）87393830 邮政编码：510075

前言

缠论操盘：抓住趋势演变的规律

缠中说禅在其生前短暂的时间里，通过对自身实盘实践经验的归纳，总结出108篇缠论知识。虽然每篇文章的篇幅不长，但包含的内容却十分丰富。通过对这些文章的梳理，笔者发现这些缠论内容始终围绕着炒股中的关键性要素——趋势。

股票趋势，是股票操作中至关重要的依据，在单向交易的A股市场，无论顺势操盘还是逆势操盘，依靠的都是趋势的变化。

从缠论的内容看，可分为四个部分：

（1）分型、笔、线段。

这些内容讲述的都是趋势的情况，无论是分型，还是笔和线段，主要的功能都是对趋势和趋势变化的讲述。

（2）走势中枢、中枢震荡、中枢延伸与扩张。

走势中枢是缠论中最重要的一部分，也是判断趋势和趋势转折的重要知识体系。

（3）背驰与盘整背驰。

背驰与盘整背驰是判断趋势反转和趋势盘整的重要理论，这一部分是与走势中枢这部分紧密相连的。

（4）三类买卖点。

缠中说禅将操作股票的依据设定为三类安全的买卖点：第一类买卖点

为背驰点。第二类买卖点是在第一类买卖点形成后的次级别走势的回调与回升的结束点。第三类买卖点是针对背驰中枢区间出现的向上离开与向下离开中枢时的止涨点与止跌点。所以说，无论哪一类买卖点，都是在背驰形成趋势反转时所产生的。

由此可见，缠论的构成与趋势的演变是息息相关的。

所以说，对于整个缠论知识，缠中说禅其实都是在讲趋势的变化，以及如何根据趋势的变化来捕捉交易机会。

不同的是，缠中说禅对于趋势的说法与常规的上涨、下跌和震荡三种趋势的表现形式不同，而是将趋势分为了两个部分：一是走势，二是盘整。走势包括上涨和下跌，盘整则是震荡趋势。

分型、笔、线段、走势中枢指的都是走势的部分内容，背驰指的是走势转折时的情况，中枢延伸与扩张则代表走势延续的问题。中枢震荡和盘整背驰，则属于盘整的内容。

因此，整个缠论知识其实都是在围绕着趋势和趋势变化，而展开的一系列由浅入深的剖析和阐释。

回到三类买卖点上来，正是学为所用的直接体现，因为股票技术的终极目标就是操作或不操作，以及如何操作这三个内容。

由于A股市场采用单向交易方式，也就是只能买多，无法买空，所以操盘方式无非两种：顺势操盘和逆势操盘。顺势操盘就是根据趋势向上的走势进行交易，逆势操盘就是在趋势反转时寻找交易机会。

从三类买卖点来看，第一类买卖点属于捕捉趋势反转时的技术，底背驰买入，就是趋势反转向上的操作，属于逆势操盘技术；第二类买卖点和第三类买卖点，是在向上与向下趋势明朗后和确定时的操作，属于顺势操盘。

因此，缠中说禅留给我们的108篇“教你炒股票”的缠论知识，是在趋势及趋势演变的规律之下，所有关于操作或不操作、如何操作的全方位操盘技术。所以，随着缠中说禅在键盘敲下最后一个句号离开我们后，108篇“教你炒股票”的文章不仅没有淹没在众多炒股技术文章里，反而鹤立鸡群，以其独特的理论方式，越发地历久弥新，得到了更多投资者的青睐。

目录

第1章

判断趋势的缠论基础知识

缠论的所有技术，都是为判断趋势服务的，所以判断趋势是学习缠论的基础。而对趋势的判断，缠论又有着不同于其他炒股技术的方式、方法。

1.1　趋势与买卖点的关系

趋势变化是形成买卖点的基础，一切买卖点，都是根据趋势的变化来进行判断的。因此，对趋势和趋势变化的准确判断，是把握买卖点的关键。

1.1.1　先有趋势，后有买卖点

在“教你炒股票”第27课中，缠中说禅说：“任何级别的所有走势，都能分解成趋势与盘整两类，而趋势又分为上涨与下跌两类。以上结论，不是从天而降的，而是从无数图形的分析实践中总结出来的。”接着，缠中说禅又讲：“这个从实际图形中总结出来的简单经验，是一切有关技术分析理论的唯一坚实基础。这个基础，所有接触技术分析的人都知道，但可惜没有人能深究下去，然后就沉入技术指标、交易系统等苦海不能自拔。试想，基础都没搞清楚，又有什么可立起来？”

从中可以看出，投资者在操作前，对所有买卖点的判断，都是通过对趋势变化的判断而派生出来的。例如：只有判断出现了上涨趋势，才能在短期调整结束时，选择买入股票；反之，上涨趋势转跌时就是卖出的时机。盘整也一样，只有股票盘整结束后选择了上行趋势，才能构成买点，而一旦股票出现盘整后向下趋势，就会构成卖点。

因此，无论投资者是通过分型，还是背驰，甚至是中枢震荡来判断买卖点，对于趋势的判断都是最为重要的。

因为没有趋势变化，根本构不成任何的买卖点。

案例解读

图1－1是新和成（002001）30分钟K线图。在下跌趋势中，当进入B区域后，形成了底分型，趋势也由此转为上涨，同时成交量柱出现了阳量的大幅增长，说明趋势已经转为了上涨，应果断买入股票。在随后的上

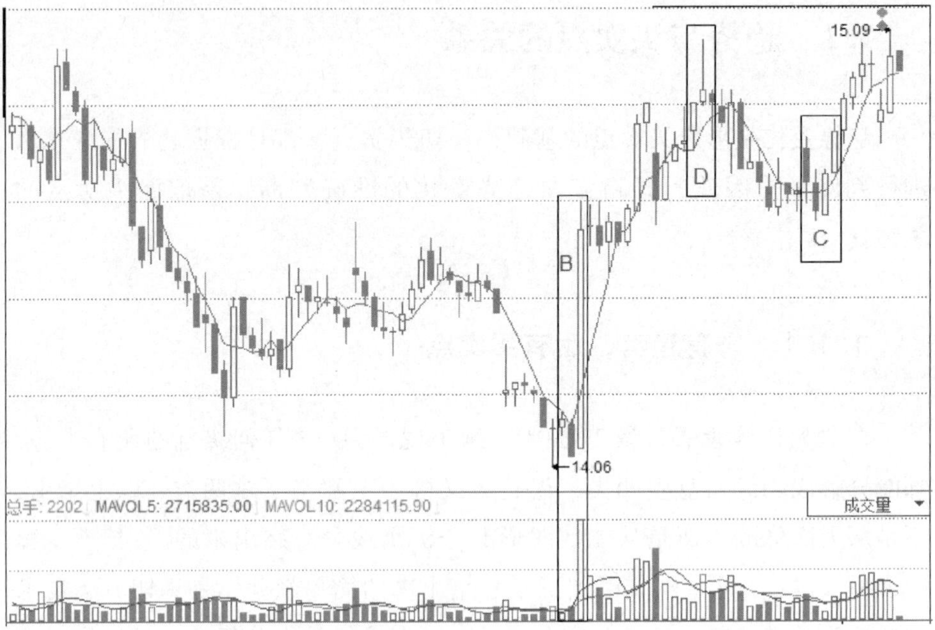

图 1－1　新和成 30 分钟 K 线图

涨趋势中，当进入 D 区域，形成了一个顶分型，说明短期趋势将转为向下，所以构成了短期的高位卖点。随后进入 C 区域，当股价结束调整后再次上涨时，又出现了一个具有包含关系的底分型，同样说明趋势恢复了上涨，应买入股票。这就是根据缠论技术判断趋势发生变化时，所派生出来的买卖点。

实战要点

（1）在实战中，所有的买卖点都是由趋势派生出来的：只有趋势向上运行时，才会构成买点，如图 1－1 中 B 区域和 C 区域的情况；只有趋势向下运行时，才会构成卖点，如图 1－1 中 D 区域的情况。

（2）在观察趋势时，是有着级别的区别的，因为不同周期的趋势，只能是这一级别周期图上的趋势，所以在操作时只能根据这一级别的趋势变化来判断由趋势派生出来的买卖点，如图 1－1 中的买卖点只能是 30 分钟图上趋势变化形成的买卖点。

小贴士

买卖点都是由趋势的变化而产生的，趋势向上变化时会构成买点，趋势向下变化时会构成卖点。但趋势是有不同级别之分的，不同周期的K线图只能代表这一周期图上的趋势。

1.1.2 大盘趋势与个股趋势

在“教你炒股票”第7课中，缠中说禅以《给赚了指数亏了钱的一些忠告》为标题，以现实中的真实案例为引，让投资者一定要准确把握节奏。而在其随后发表的文章中，每当谈到买卖点时，缠中说禅又总是以大盘为例，然后再具体到个别股票。由此可见，在谈到大盘时，缠中说禅虽然也曾以买卖点来分析，但更多都是围绕大盘的走势展开，只有具体到个股时，才会涉及走势中的买卖点。缠中说禅后来也表示：“大盘的买卖点，只是指数的趋势，应以个股的买卖点来操作。”

这一点，在任何炒股技术中，都是显而易见的。大盘的趋势只是对大盘指数的趋势分析，是指数趋势，只有在对个股的趋势分析中，才会派生出具体的趋势变化中的买卖点。

因此，大盘趋势是大趋势，个股的小趋势的变化派生出来的买卖点，才具有实际操作的参考意义。

案例解读

（1）大盘趋势。

图1-2是上证指数（000001）15分钟K线图。在弱势震荡行情中，当进入A区域后，大盘指标出现了MACD双线向上突破0轴的情况，说明趋势已转为上涨趋势，但这只是大盘指数在15分钟K线图上的趋势，为大盘趋势，只能作为大盘短期趋势运行方向的强势判断。

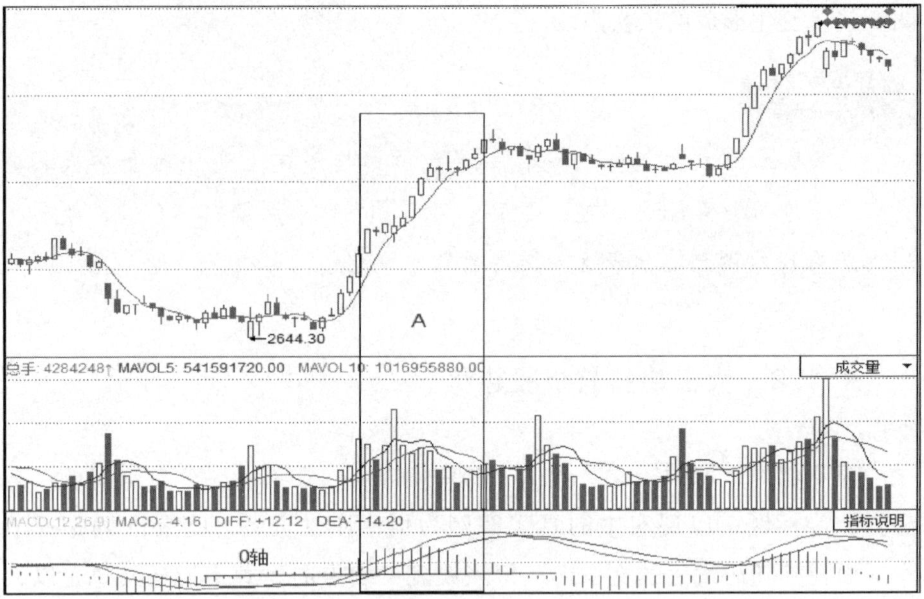

图 1－2　上证指数 15 分钟 K 线图

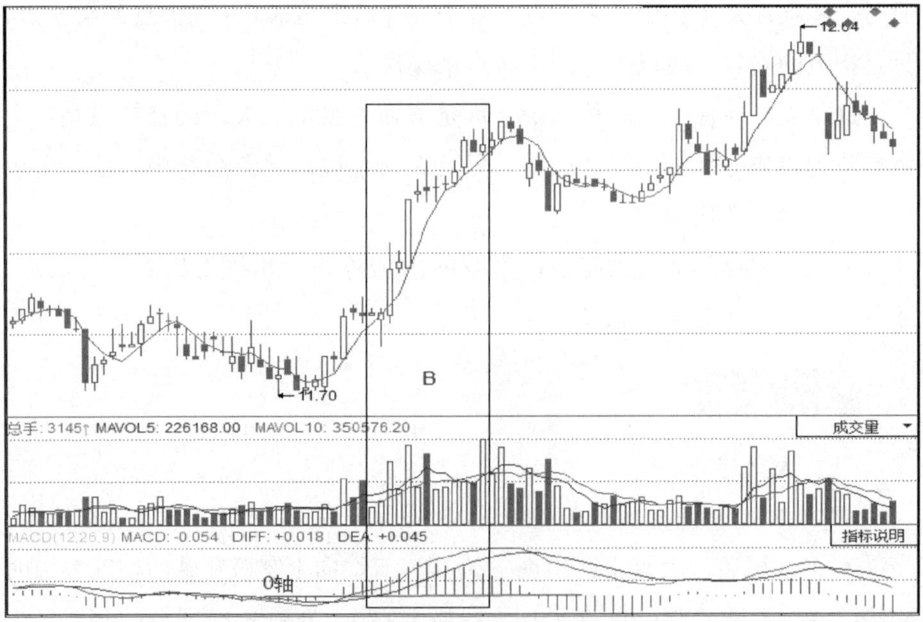

图 1－3　白云机场 15 分钟 K 线图

（2）个股趋势。

图 1－3 是白云机场（600004）15 分钟 K 线图。在弱势震荡行情中，进入 B 区域后，出现了 MACD 双线向上突破 0 轴后继续上行的情况，说明个股趋势转为了上涨趋势，在突破之初，可作为买入股票的判断依据，因为个股趋势已经转强了。

实战要点

（1）大盘趋势是指大盘指标的趋势，大盘指标包括上证指数和深证成指、创业板指和中小板指等。如图 1－2 中 A 区域的大盘指数，体现了上证指数的上涨趋势。

（2）个股趋势是指某一只股票的具体趋势。如图 1－3 中的 B 区域，体现了白云机场这只股票在 15 分钟周期上的上涨趋势。

小贴士

在观察大盘指数时，应以上证指数为主。这是因为上证指数中的股票数量较多，且包含的个股盘子较大，资金量占比高，代表的通常是整个市场的大趋势运行方向的情况。

1.2 利用 MACD 判断趋势的方法

MACD 是缠论中至关重要的一个技术指标，尤其是在判断背驰和趋势时，起到了重要的辅助作用。

1.2.1 MACD 指标的构成

在“教你炒股票”第 103 课中，缠中说禅谈及操作策略的安全性时讲：“就一个最简单的 MACD 指标，0 轴分为多空主导，也就是说，一旦 MACD 指标陷入 0 轴之下，那么就在对应时间单位的图表下进入空头主导，而这是必须远离的。”

因此，当投资者在通过趋势判断买卖点时，首先必须了解 MACD 指标的构成，因为不仅是在判断趋势上，甚至在随后的判断背驰时，同样会用到 MACD 这一指标。

首先，MACD 是由快线 DIFF、慢线 DEA 两根曲线组成的，DIFF 线和 DEA 线往往代表着趋势运行的方向；上方竖立的红色量能柱，简称红柱；下方竖立的绿色量能柱，简称绿柱。量能柱为红色变长时，意味着盘中做多的动能在持续增加；红柱变短时，意味着做多动能的减弱；绿柱的出现，意味着做空动能的出现；绿柱持续变短时，意味着做空动能在减弱；绿柱变长时，意味着做空动能的变强。当红、绿柱较短小时，意味着股价的震荡盘整。

其次，红柱与绿柱之间的水平线为 0 轴，是多空趋势的分界线，同样是 MACD 指标中不可忽视的一个组成部分。

学习缠论时，必须要对 MACD 指标的构成有所了解，才能准确地使用 MACD 来判断趋势和背驰形态等。

案例解读

图 1－4 是包钢股份（600010）日线图。从图中可看出，A 区域的竖

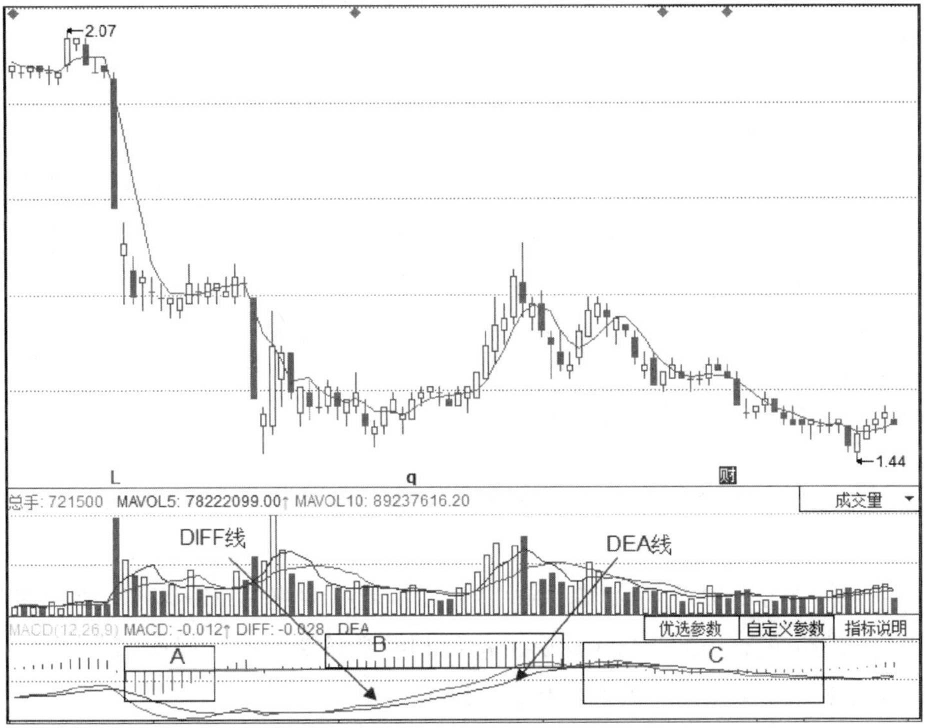

图 1－4　包钢股份日线图

线为位于 0 轴下方的 MACD 绿柱；B 区域的竖线为位于 0 轴上方的 MACD 红柱；C 区域 MACD 柱较短小，为小红柱和小绿柱；在 B 区域 0 轴下方有两条线，上面一根为 DIFF 线，属于快线，下面一根为 DEA 线，为慢线；在上方红柱与下方绿柱之间的水平线，为 0 轴。

实战要点

（1）MACD 指标主要由 DIFF 线和 DEA 线、MACD 柱和 0 轴构成。其中 DIFF 线和 DEA 线合称为双线。MACD 柱有红柱与绿柱之分，位于 MACD 指标显示区域上方的红色竖线为红柱，下方的绿色竖线为绿柱，柱子较短时为小绿柱或小红柱，如图 1－4 中的情况。

（2）在 MACD 指标中，0 轴是位于上方红柱与下方绿柱之间的水平线，在 MACD 指标显示区域不会显示，但通过红柱与绿柱之间的位置判断即可，如图 1－4 中的情况。

小贴士

观察 MACD 指标时，不同周期的 K 线图上的显示都是一样的。但观察 MACD 双线时，如果一定要区分，可用鼠标对准 MACD 区域中任意一根线，那么屏幕就会显示出具体是哪一根线。但是，由于双线颜色的显示，在不同的炒股软件中是不一样的，所以用颜色来区分容易出错。

1.2.2 利用 MACD 判断趋势的方法

在“教你炒股票”第 25 课中，缠中说禅说：“把 MACD 当作一个辅助系统，还是很有用的。MACD 的灵敏度和参数有关，通常都取 12、26、9 作为参数，用来应对一般的走势就可以了。”

其中，缠中说禅提到的“一般的走势”，指的就是关于 MACD 这一指标判断多空趋势的方法。众所周知，0 轴是多空趋势的分界线，所以对多空趋势的判断是通过 MACD 双线与 0 轴的位置综合进行的。

（1）上涨趋势。

当 MACD 双线向上突破 0 轴后，即为多头主导的上涨趋势，其间只要双线不出现向下跌破 0 轴，无论是 DIFF 线还是双线出现向下运行，均为上涨趋势中的调整行情。

（2）下跌趋势。

当 MACD 双线向下跌破 0 轴后，即为空头主导的下跌趋势，其间只要双线不出现向上突破 0 轴，无论是 DIFF 线还是双线出现向上运行，均为下跌趋势中的反弹行情。

（3）震荡盘整趋势。

当 MACD 双线处于相距较近、几近黏合状态下的水平小幅震荡形态时，为震荡盘整趋势，这时候趋势通常不够明朗，应回避任何操作。

案例解读

（1）上涨趋势。

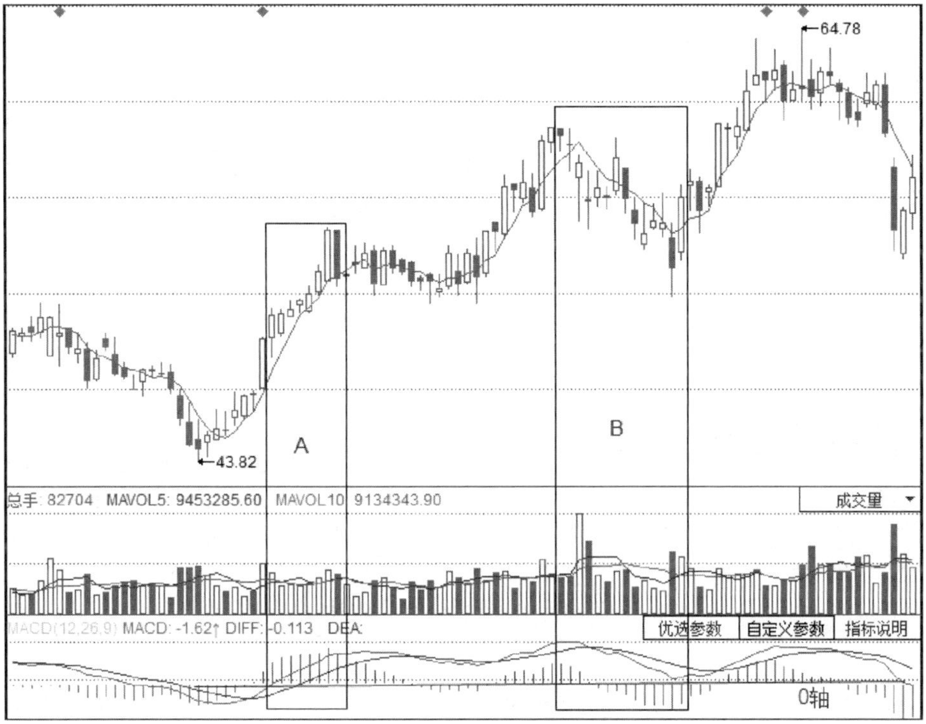

图 1－5　上海机场日线图

图 1－5 是上海机场（600009）日线图。在 A 区域，MACD 双线出现由下向上相继突破 0 轴后持续向上运行，为标准的多头上涨趋势，说明股价进入了由多头主导的行情。随后的 B 区域，出现 MACD 双线向下运行，但并未跌破 0 轴即回转向上运行，说明是上涨趋势的调整行情，可在调整结束时买入股票。

（2）下跌趋势。

图 1－6 是首创股份（600008）日线图。在 A 区域，MACD 双线出现向下相继跌破 0 轴后持续在 0 轴下方运行，说明市场进入了以空头为主导

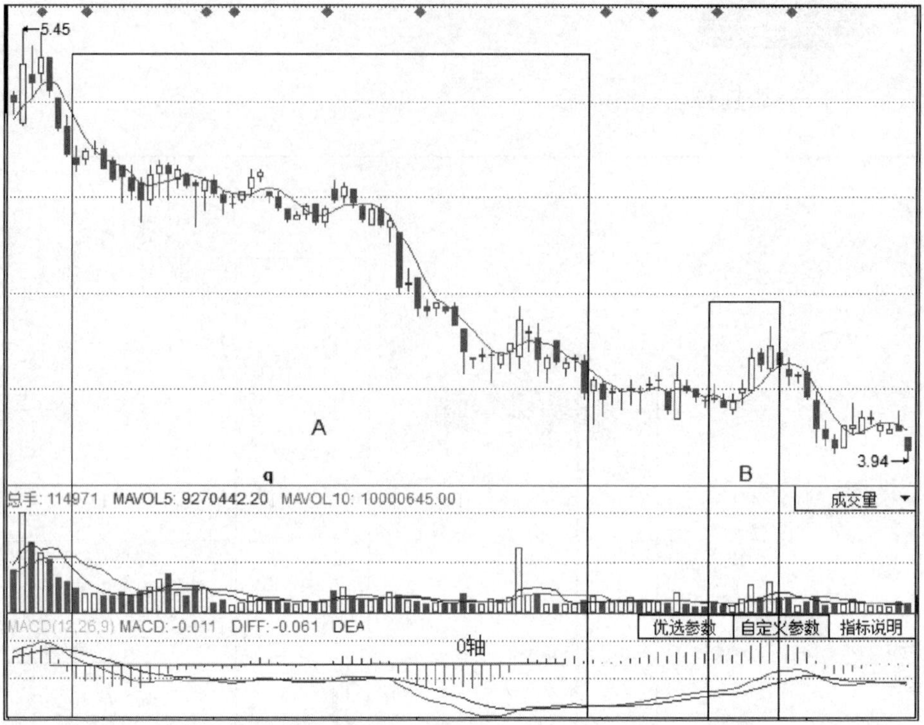

图1-6 首创股份日线图

的行情，这时应拒绝买入股票的操作。随后的B区域，出现MACD双线向上运行，但尚未向上接触到0轴即转为下行，说明只是下跌趋势中的反弹行情，可控制好仓位适当参与。

（3）震荡盘整趋势。

图1-7是东风汽车（600006）日线图，进入A区域后，MACD双线处于相距较近、几近黏合状态下的水平小幅震荡形态，MACD柱为小红柱与小绿柱形状，说明市场进入了震荡盘整趋势，应回避操作，以观望为主。

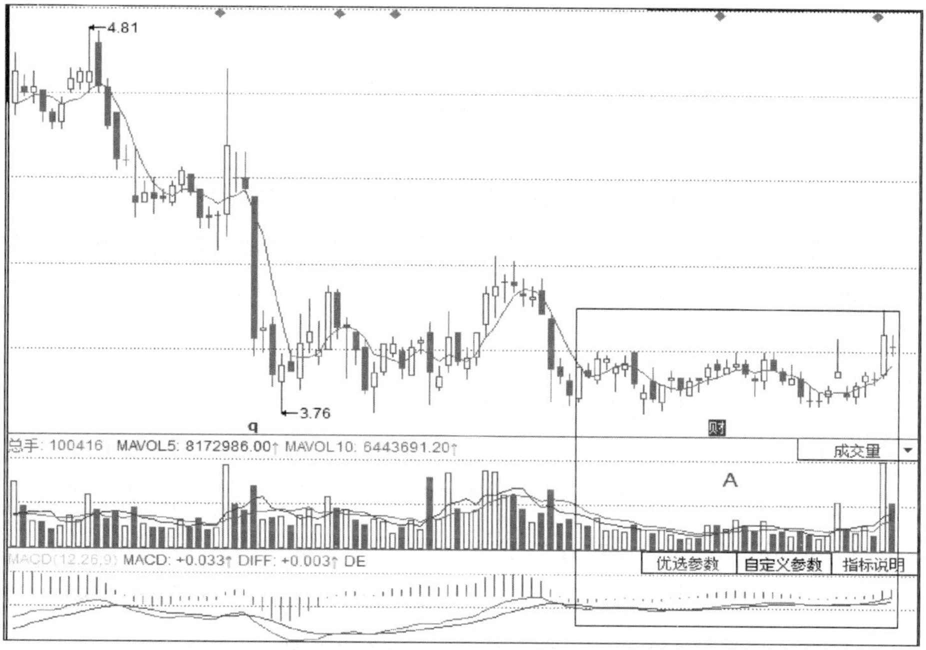

图1－7　东风汽车日线图

实战要点

（1）在利用MACD判断上涨与下跌趋势时，只要发现双线向上突破0轴后继续上行，即可确认为多头上涨趋势，如图1－5中的情况；当双线出现向下跌破0轴且无法再回升到0轴以上时，为空头下跌趋势，如图1－6中的情况。

（2）在利用MACD判断震荡盘整趋势时，以MACD双线处于相距较近、几近黏合状态下的水平小幅震荡形态为主，其间MACD往往表现为小红柱与小绿柱，如图1－7中的情况。

小贴士

利用MACD判断三种趋势形态时，对于上涨与下跌趋势的判断，只要观察双线与0轴的位置即可得出结果，但在判断震荡盘整趋势时，主要观察的是MACD双线处于相距较近、几近黏合状态下的水平小幅震荡形态，此时双线与0轴的位置无关紧要。

1.3 利用均线判断趋势的方法

缠论中的均线指标同样重要。但缠论中的均线设置与普通的均线参数有所不同，所以必须严格按照缠论的均线参数进行修改，然后方可按照修改后的均线来判断趋势和行情。

1.3.1 缠论的均线设置

均线就是移动平均线，是以一定周期的收盘价相加，然后再除以这一周期而得出的平均值。通常在炒股软件中，有5条均线：5日均线、10日均线、20日均线、30日均线、60日均线。但在利用缠论的均线判断行情时，要对均线系统的参数进行修改，因为缠中说禅在“教你炒股票”第106课中提道：“均线系统的设置，一定要参照实际走势，即你设置的均线系统，一定要和实际已有走势相吻合。在此，我们选择5、13、21、34、55、89、144、233这些参数构成均线系统。”

这些参数的修改，是缠中说禅根据判断走势的需要而确定的，因为这样设置，可以更准确地通过均线变化反映股票的趋势。所以在使用缠论技术中的均线指标判断趋势前，一定要先对均线的参数进行修改。

案例解读

（1）修改均线参数步骤一。

选择所要修改的大盘指数或任意一只股票的一个周期图，鼠标对准其中任意一根均线。如图1-8中选择的是华能国际（600011）日线图，点击其中的60日均线，就会出现一个小对话框。

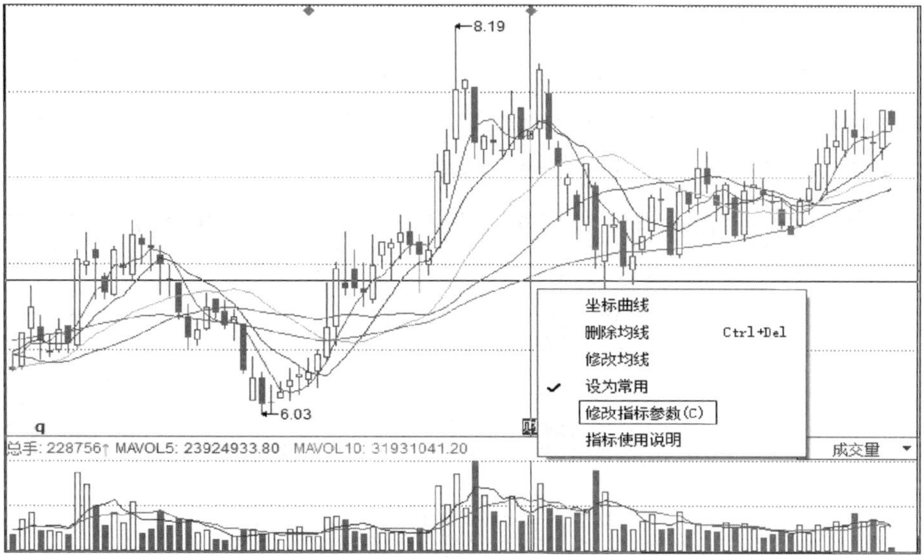

图 1－8　华能国际日线图

（2）修改均线参数步骤二。

鼠标对准图 1－8 中小对话框内的"修改指标参数（C）"，点击鼠标左键，就会再次跳出一个对话框，如图 1－9 所示。

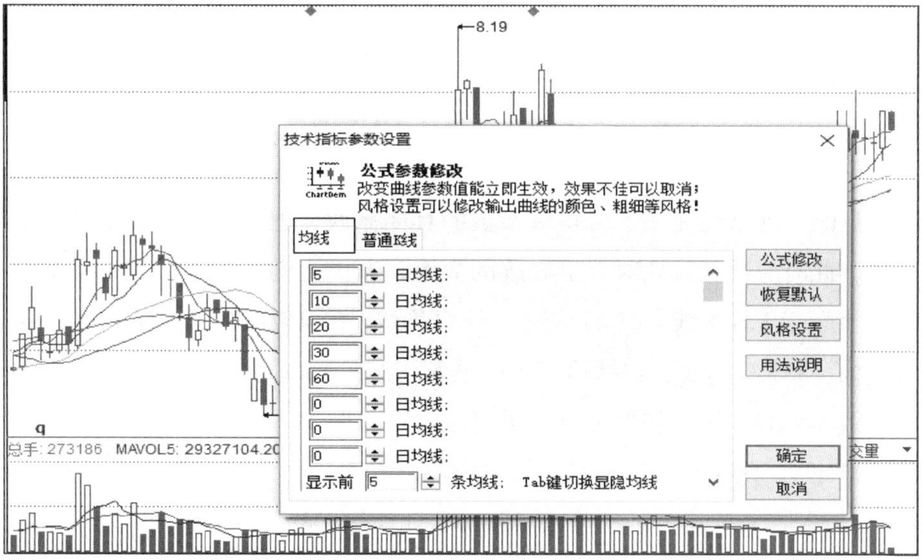

图 1－9　华能国际日线图

（3）修改均线参数步骤三。

此时只要点击小对话框内上方的“均线”，下方即会显示出相应的均线参数，如图1－9所示。然后，根据缠论的均线参数要求，将均线数值由上向下改为5日均线、13日均线、21日均线、34日均线、55日均线、89日均线、144日均线、233日均线，并将最下方的“显示前5条均线”中的“5”改为“8”。如图1－10所示。

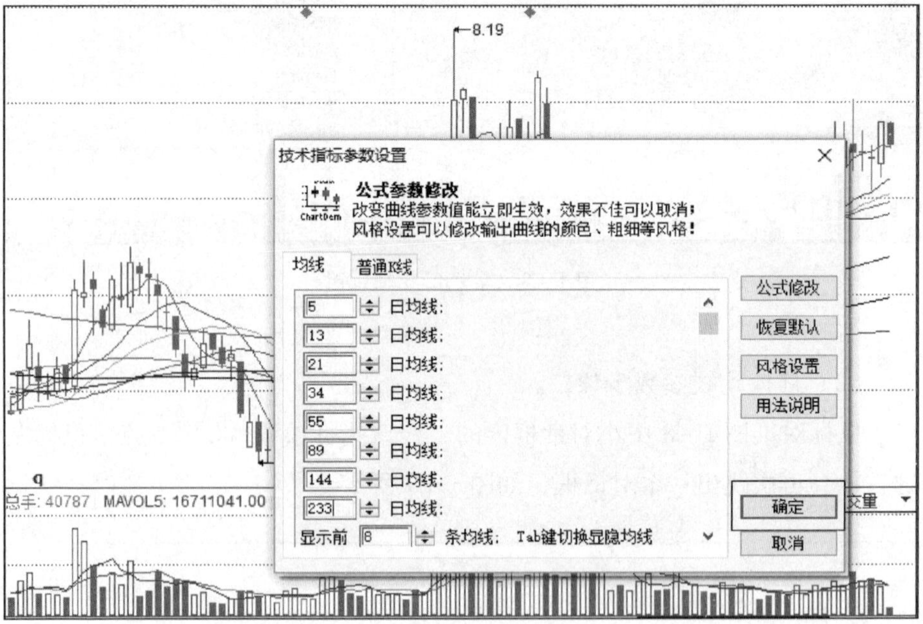

图1－10　华能国际日线图

（4）修改均线参数步骤四。

这时，就已经完成了对均线参数的具体修改，但为了确保参数修改得正确，此时应再认真核对一下修改的数值，看由上向下对应的数字是否为5日均线、13日均线、21日均线、34日均线、55日均线、89日均线、144日均线、233日均线，包括最下方的显示均线的数量是否已变为8，因修改后均线为一共8根。如果无误，再用鼠标点击图1－10中小对话框内右侧的“确定”，此时日线图上的均线参数就自动生成数字对应为“5日均线、13日均线、21日均线、34日均线、55日均线、89日均线、144日均线、233日均线”的8条均线了。如图1－11所示。

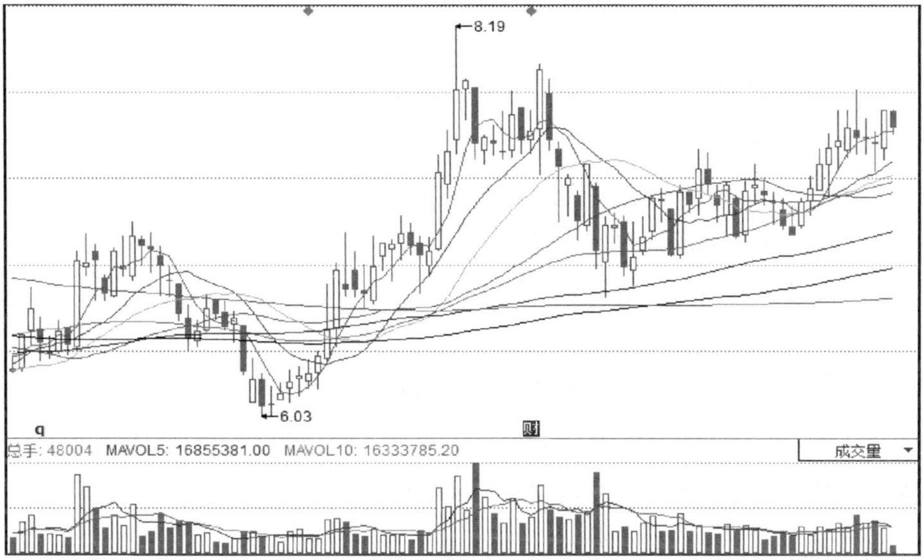

图 1－11　华能国际日线图

由于炒股软件中的参数显示都是自动生成的，所以如此操作后不仅是华能国际这只股票的日线图上均线参数修改了，软件中所有日 K 线图上均已变为了在“5 日均线、13 日均线、21 日均线、34 日均线、55 日均线、89 日均线、144 日均线、233 日均线”均线参数之下的显示了，如图1－12 中的创业板指日线图的情况。

图 1－12　创业板指日线图

实战要点

（1）投资者在按照缠论要求修改均线参数时，一定要按照图1-8、图1-9、图1-10、图1-11中的具体步骤进行修改和确认，之后方可确保已经对均线参数的设置完成了修改。如果不能确认，可在修改后再调出均线参数显示的情况，进行核对。

（2）在修改均线参数的过程中，最容易忽略的就是在完成图1-10所示修改步骤的过程中，忘记对均线显示数目的修改。这样会造成虽然参数已经修改，但却出现没有显示的情况。这时，只要再调出均线指标参数设置对话框，修改一下显示的均线数目值即可。

小贴士

投资者在根据缠论要求修改参数时，可不局限于日线级别的修改，也可根据自己习惯观察的周期图进行修改，如30分钟图或周线图。修改方法是一样的，只要对一个周期的K线图进行修改后，所有这一级别的K线图上就会自动生成修改后的均线显示情况。

1.3.2 利用均线判断趋势的方法

在利用均线系统判断趋势时，缠中说禅在“教你炒股票”第14课中写得很明白：“多头趋势是短期均线在长期均线之上；空头趋势就是短期均线在长期均线之下；震荡盘整趋势就是各均线之间出现相距较近状态下的缠绕状态。”

缠中说禅这里所提到的“多头趋势”和“空头趋势”就是指多头上涨趋势与空头下跌趋势，这一点和普通的对均线多头上涨趋势和空头下跌趋势的判断相同。不同的是，由于缠论上的均线条数较多，所以在判断时很容易出现失误。

（1）均线多头上涨趋势：又叫均线多头排列，就是各均线呈短期均线在长期均线之上，依次向下排列，向上分散运行的状态。

（2）均线空头下跌趋势：又叫均线空头排列，就是各均线呈短期均线在长期均线之下，依次向上排列，向下分散运行的状态。

（3）震荡盘整趋势：短期均线与长期均线相距较近，呈相互缠绕的状态。

案例解读

（1）均线多头上涨趋势。

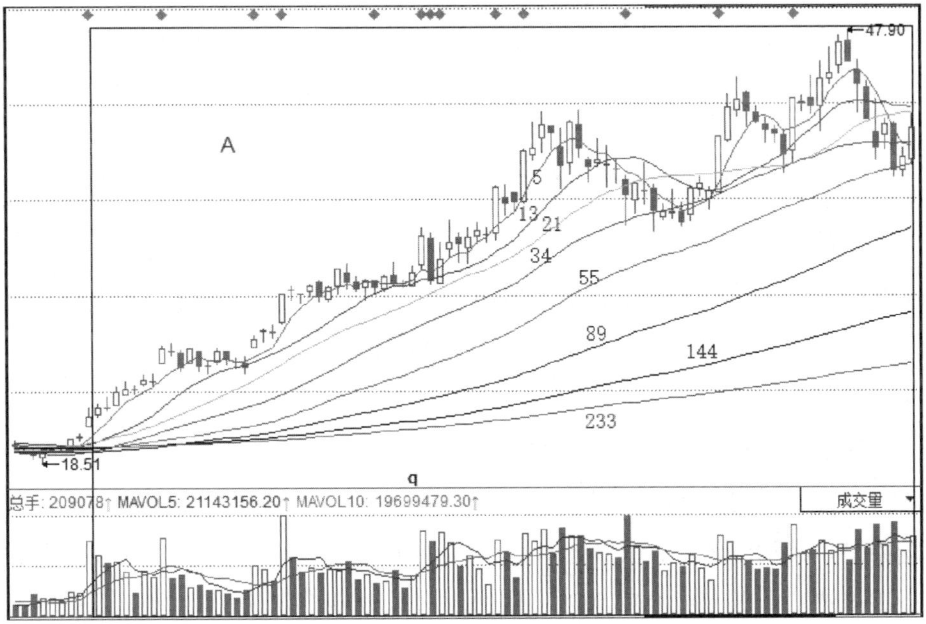

图 1－13 顺鑫农业日线图

图 1－13 是顺鑫农业（000860）日线图。在 A 区域，5 日均线、13 日均线、21 日均线、34 日均线、55 日均线、89 日均线、144 日均线、233 日均线依次由上至下排列，呈向上发散运行的状态，为均线多头上涨趋势，此期间应以买入股票为主，买入点应选择在短期均线结束向下运行转为向上运行时。

（2）均线空头下跌趋势。

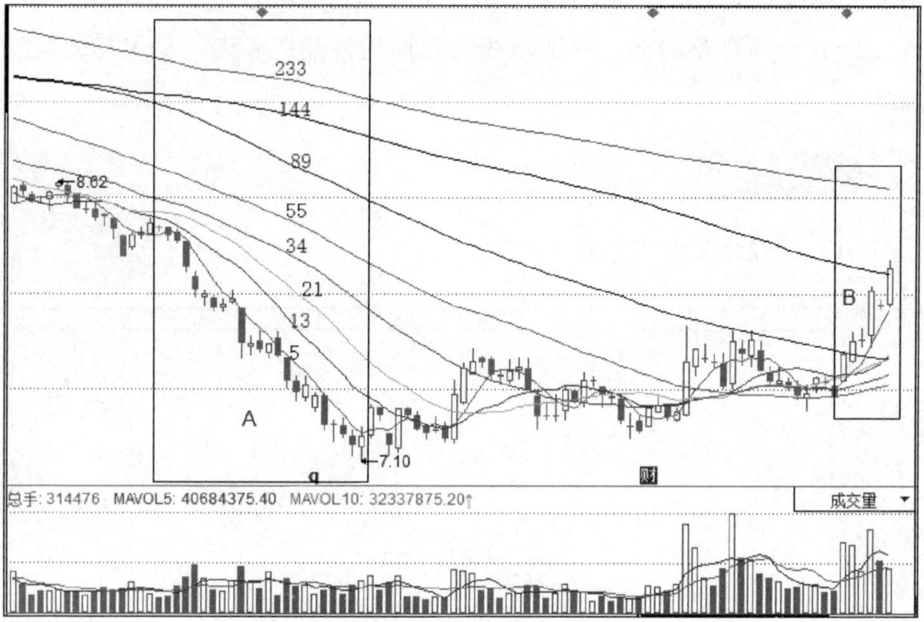

图 1－14　华夏银行日线图

图 1－14 是华夏银行（600015）日线图。在 A 区域，5 日均线、13 日均线、21 日均线、34 日均线、55 日均线、89 日均线、144 日均线、233 日均线呈短期均线依次在长期均线之下，向下发散运行的状态，为均线空头下跌趋势。此期间应持币观望，直到 B 区域出现多条短中期均线形成多头向上格局时，再买入股票。

（3）均线震荡盘整趋势。

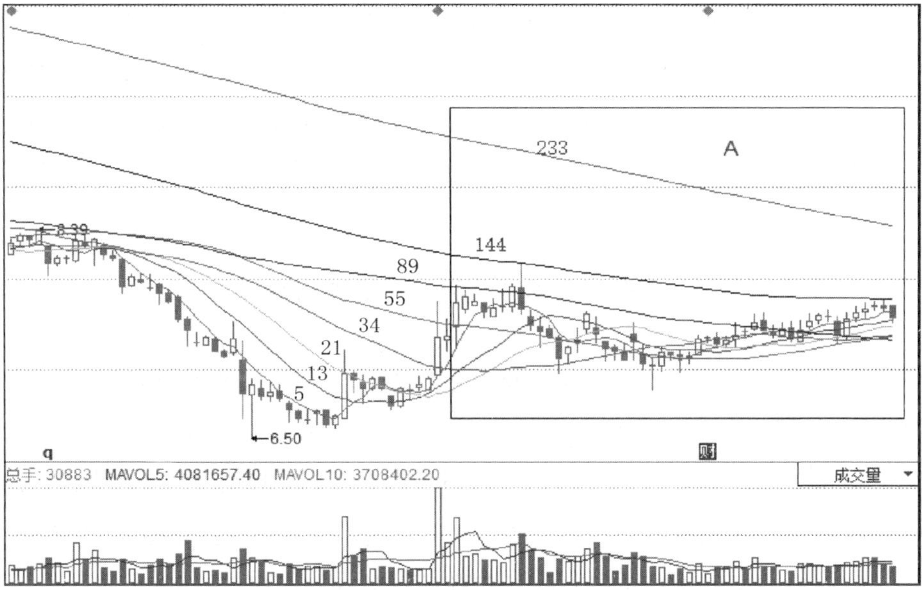

图 1－15　上海电力日线图

图 1－15 是上海电力（600021）日线图。在 A 区域，5 日均线、13 日均线、21 日均线、34 日均线、55 日均线、89 日均线出现了相距较近状态下的相互缠绕，只有 144 日均线和 233 日均线未出现缠绕，说明中期趋势已转强，但由于长期均线未出现缠绕，所以未来仍然会出现震荡，应继续观望后再决定是否买入股票。

实战要点

（1）在利用均线判断趋势时，均线多头上涨趋势为各均线依次向上发散运行，如图 1－13 中的情况；均线空头下跌趋势为各均线依次向下发散运行，如图 1－14 中的情况。

（2）在利用均线判断震荡盘整趋势时，以均线相距较近状态下形成的均线缠绕状态为主，如图 1－15 中 A 区域的情况。但如果是趋势反转前的震荡盘整，则必须包含长期均线也形成了均线缠绕状态。

小贴士

在利用均线判断趋势时，必须确保之前已经将均线参数改为了缠论的要求，即改为5日均线、13日均线、21日均线、34日均线、55日均线、89日均线、144日均线、233日均线后再进行判断，否则不能用缠论来判断。

1.3.3 利用均线判断趋势变化的三种方法

关于利用均线判断趋势变化的三种方法及其形态，缠中说禅在“教你炒股票”第14课中是这样讲的：“短期均线略走平后继续按原来趋势进行下去；短期均线靠近长期均线但不跌破或升破，然后按原来趋势继续下去；短期均线跌破或升破长期均线甚至出现反复缠绕，如胶似漆。”看似是三种形态，但由于趋势的不同，实则是一共六种情况。

（1）短期均线略走平后继续按原来趋势进行下去。

这种形态有两种情况：

一种是短期均线在长期均线下方运行，短期均线向下运行过程中，出现略走平后，又恢复了之前的向下运行。这种情况属于下跌趋势中股价略止跌后再次转弱的征兆，应继续保持观望。

另一种是短期均线在长期均线之上运行，当短期均线中止继续上行时，出现了略走平，而后又恢复了原来的向上运行。这种情况属于上涨趋势中的短暂间歇，是股价快速调整结束时的买入征兆。

（2）短期均线靠近长期均线但不跌破或升破，然后按原来趋势继续下去。

这种形态同样有两种情况：

一种是在短期均线于长期均线之上运行的上涨趋势中，出现短期均线向下运行，在即将接触到长期均线时，未出现向下跌破长期均线即止跌回升，是短线调整结束时的买入股票征兆。

另一种是在短期均线于长期均线之下运行的下跌趋势中，出现短期均线向上运行，在即将向上接触到长期均线时，未出现向上升破长期均线即止涨回调，是短线反弹结束时的卖出股票征兆。

（3）短期均线跌破或升破长期均线甚至出现反复缠绕，如胶似漆。

这种形态同样存在两种情况：

一种是在短期均线于长期均线之上运行的上涨趋势中，当短期均线向下跌破长期均线时，出现反复的均线缠绕，如胶似漆。也就是上涨趋势中出现的短期均线向下与长期均线形成的反复缠绕，是趋势转为下跌时破位下行的卖出股票征兆。

另一种是在短期均线于长期均线之下运行的下跌趋势中，当短期均线向上升破长期均线时，出现反复的均线缠绕，如胶似漆。也就是下跌趋势中出现的短期均线向上与长期均线形成的反复缠绕，是趋势转为上涨时向上突破的买入股票征兆。

案例解读

（1）短期均线略走平后继续按原来趋势进行下去。

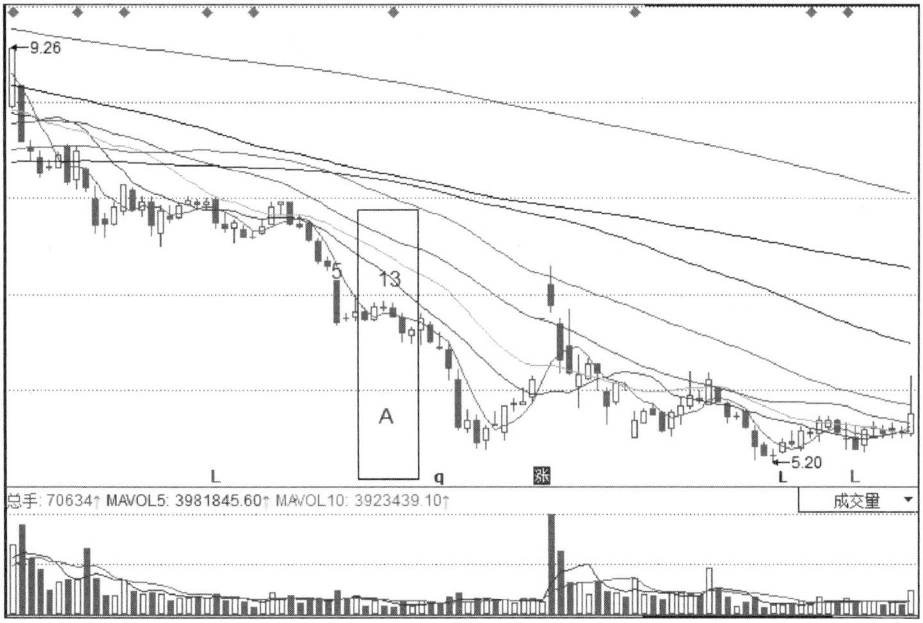

图 1－16　世纪鼎利日线图

图1-16是世纪鼎利（300050）日线图。在下跌趋势中，短期均线中的5日均线在向下运行时，出现了走平的情况，但结束走平后出现了继续向下运行的现象，形成了短期均线略走平后继续按原来趋势进行下去的形态，说明跌势渐缓后出现了再下跌，应回避操作，以观望为主。

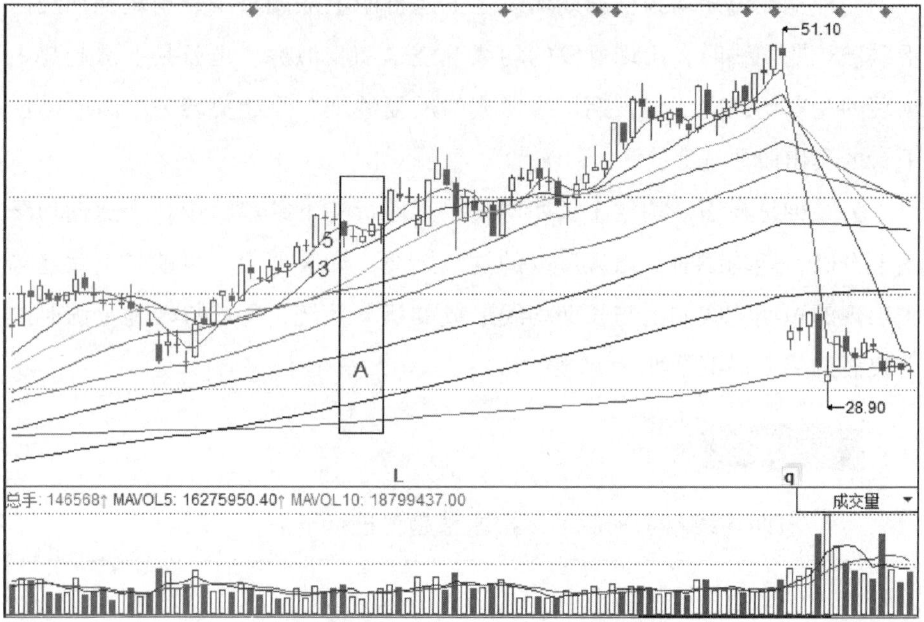

图1-17　爱尔眼科日线图

图1-17是爱尔眼科（300015）日线图。该股在上涨趋势中，进入A区域后，出现了5日均线中止上行略走平后又恢复上行的情况，形成了短期均线略走平后继续按原来趋势进行下去的形态，说明该股短线的调整已经结束，恢复了上涨，应及时买入该股。

（2）短期均线靠近长期均线但不跌破或升破，然后按原来趋势继续下去。

图 1－18　亿纬锂能日线图

图 1－18 是亿纬锂能（300014）日线图。在下跌趋势的反弹行情中，进入 A 区域后，5 日均线中止上行，与上方的 233 日均线未形成交叉，即转为向下运行，形成了短期均线靠近长期均线但不升破，然后按原来趋势继续下去的形态，说明反弹行情已经结束，应及时卖出股票。

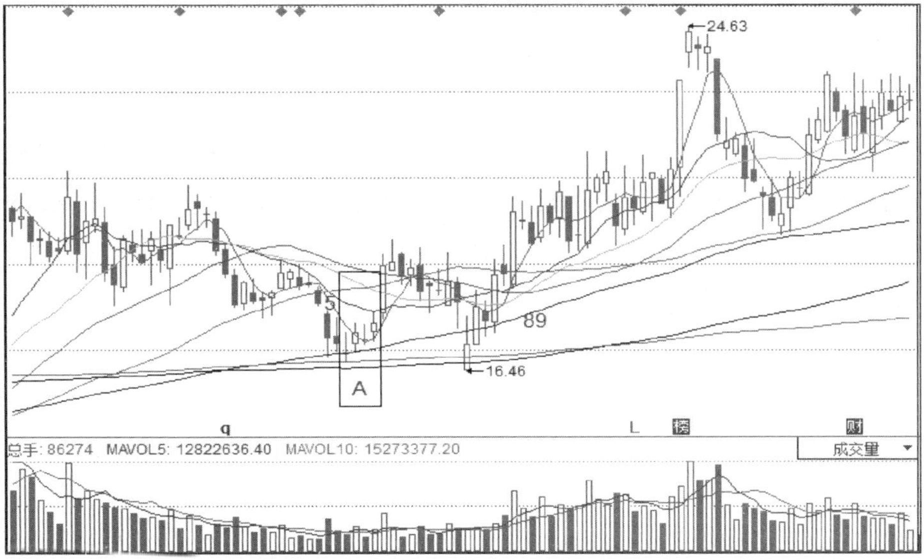

图 1－19　超图软件日线图

图 1－19 是超图软件（300036）日线图。在上涨趋势的调整中，进入 A 区域后，出现了 5 日均线向下即将与 89 日均线形成交叉时，未交叉即转为向上运行，形成了短期均线靠近长期均线但不跌破，然后按原来趋势继续下去的形态，说明调整已结束，应果断买入股票。

（3）短期均线跌破或升破长期均线甚至出现反复缠绕，如胶似漆。

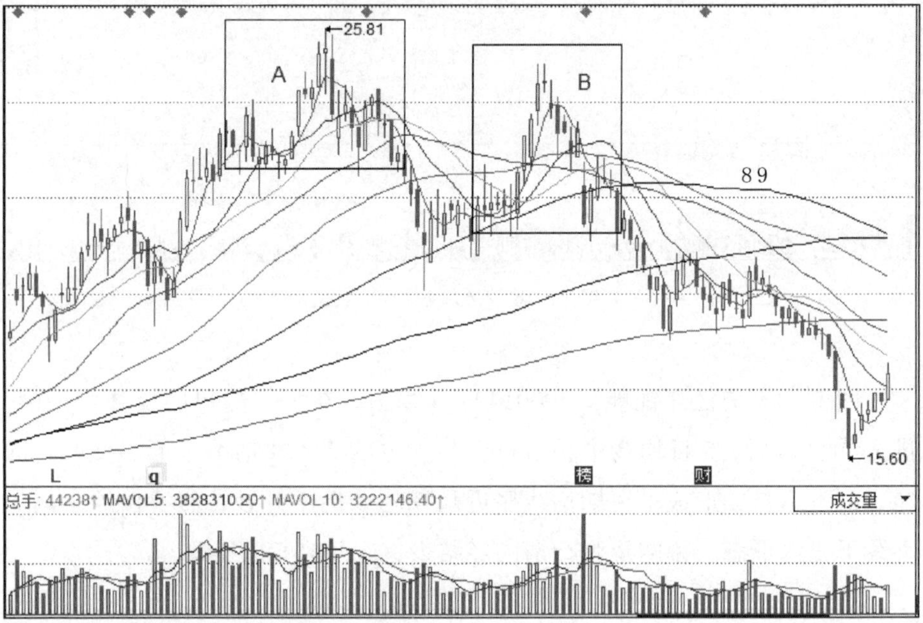

图 1－20　葵花药业日线图

图 1－20 是葵花药业（002737）日线图。在上涨过程中，在 A 区域先是出现了短期均线之间的反复缠绕，到了 B 区域，又出现短期均线与 89 日均线的缠绕，形成了短期均线跌破长期均线，甚至出现反复缠绕、如胶似漆的形态，说明趋势已逐渐转为弱势，应及时卖出股票。

图 1－21　三联虹普日线图

图 1－21 是三联虹普（300384）日线图。在弱势震荡中，进入 A 区域，出现了短期均线与中、长期均线的反复缠绕，只有上方的 233 日均线未与其他均线缠绕，形成了短期均线升破长期均线，甚至出现反复缠绕、如胶似漆的情况，说明趋势已转为上涨，应在结束缠绕时果断买入股票。

实战要点

（1）在利用均线判断趋势变化时，“短期均线略走平后继续按原来趋势进行下去”和“短期均线靠近长期均线但不跌破或升破，然后按原来趋势继续下去”这两种形态都属于一种短期趋势变化时的征兆，如图 1－16、图 1－17、图 1－18、图 1－19 中的情况。

（2）“短期均线跌破或升破长期均线甚至出现反复缠绕，如胶似漆”的形态，属于一种大趋势反转变化时的征兆，应引起注意。但在进行均线缠绕的判断时，如果短期均线只与中期均线形成了缠绕，且时间较长，即可判断趋势的反转在即。因均线缠绕由短期均线与中期均线缠绕向短期均线与长期均线缠绕过渡有一个较长的过程，若一味等待短期均线与长期均线缠绕出现，行情早已差之千里。

小贴士

在按照均线来判断趋势变化时，通常5日均线、13日均线、21日均线为短期均线，34日均线、55日均线、89日均线为中期均线，144日均线、233日均线为长期均线，但在运用时应灵活对待，如5日均线为短期均线，只要周期比5日均线长的均线均为长期均线。

第 2 章

分型与趋势判断

分型在缠论中是重要的判断趋势的工具，例如大趋势转折时的分型强弱，直接关系到趋势是否出现了反转。同时，分型也是最基本的一个元素，因为接下来对于笔和线段的判断，都要根据不同的分型组合来判断。

2.1　分型的种类及判断

不同种类的分型，代表着不同趋势演变的方向，如底分型代表着趋势的转强，顶分型代表着趋势的转弱。所以，必须严格分清底分型和顶分型。

2.1.1　底分型

在"教你炒股票"第62课中，缠中说禅是这样定义底分型的：第二K线低点是相邻三K线低点中最低的，而高点也是相邻三K线高点中最低的。

由此可以看出，在底分型中，需要有三根相邻的K线，其中第二根K线的低点是这三根K线中最低的，第二根K线的高点也是这三根K线中最低的。因此，缠中说禅说"底分型的最低点叫该分型的底"。

因此，只要确定好操作级别的K线图，底分型完全可以作为一种底部买入股票的形态，所以底分型是一种K线底部形态。

案例解读

图2-1　华电国际日线图

图2-1是华电国际（600027）日线图。在A区域，出现了三根K线，通过比较，发现这三根K线中，中间一根K线的低点和高点都是这三根K线中最低的，形成了底分型。因为这一底分型出现在下跌后的触底回升过程，所以可以适当参与。

实战要点

（1）在判断底分型时，应至少有三根相邻的K线，而这些K线的颜色并不重要，也就是阴线或阳线均可。但往往确定为趋势向上时，底分型的第三根K线为较长的阳线，如图2-1中的情况。

（2）在利用底分型判断趋势的强弱时，应结合成交量及趋势变化来综合判断，同时K线图周期最好不要过短，否则变化太快，来不及做出交易的反应，如1分钟图，而图2-1中的情况为日线图，可以作为买入信号而适当参与。

小贴士

底分型与常见的一些K线底部形态相似，如希望之星或单针探底等，所以在单独利用底分型来判断趋势变化时，应结合趋势和量价指标来判断其强弱。

2.1.2 顶分型

在“教你炒股票”第62课中，缠中说禅是这样定义顶分型的：“第二K线高点是相邻三K线高点中最高的，而低点也是相邻三K线低点中最高的。”

由此可以看出，在顶分型中，需要有三根相邻的K线，其中第二根K线的高点是这三根K线中最高的，第二根K线的低点也是这三根K线中低点最高的。因此，缠中说禅说“顶分型的最高点叫该分型的顶”。

因此，只要确定好操作级别的K线图，顶分型完全可以作为一种顶部卖出股票的形态。所以顶分型是一种K线顶部形态。

案例解读

图 2－2　南方航空日线图

图 2－2 是南方航空（600029）日线图。在上涨趋势中，当进入 A 区域后，出现了三根 K 线，中间的一根 K 线的高点和低点都是三根 K 线中最高的，形成了顶分型，结合趋势变化，可作为卖出股票的依据。

实战要点

（1）在判断顶分型时，此形态应当至少具有三根 K 线，其中中间的一根 K 线的高点和低点，必须分别是这三根 K 线中的最高者，方可确认为顶分型，如图2－2中 A 区域的情况。

（2）在利用顶分型判断趋势变化时，应结合趋势、量价关系来判断，如图 2－2 中 A 区域的顶分型，第二根 K 线是阴量创新高的 K 线，第三根 K 线实体与前一根 K 线实体相比明显呈下降趋势，所以应及时在顶分型成立后卖出股票。

小贴士

顶分型与常见的一些K线顶部形态相似，如黄昏之星或倾盆大雨等，所以在单独利用顶分型来判断趋势变化时，应结合趋势和量价指标来判断其强弱。

2.1.3 包含关系

在判断分型时，包含关系是不容忽视的重要理论。

包含关系是K线的一种从属关系，缠中说禅在“教你炒股票”第62课中这样讲：“也就是一根或多根K线的高低点全在另一根K线的范围里，这种情况下，可以这样处理，当股价向上运行时，把多根K线的最高者当高点，而把多根K线低点中的较低者当成低点，这样就把两根或多根K线合并成了一根新的K线；当股价向下运行时，把多根K线的最低点当低点，而把多根K线高点中的较高者当成高点，这样就把两根或多根K线合并成了一根新的K线。经过这样的处理，所有K线图都可以处理成没有包含关系的图形。”

包含关系是缠论中K线的一种重要理论，是指一根K线完全在另一根K线的高低点范围内，类似于K线形态中的包线。因此，在利用包含关系进行判断时，可将具有包含关系的多根K线视为一根K线，这就很好地解决了股价短期盘整行为的判断问题。

案例解读

图2-3是中信证券（600030）日线图。在A区域，出现了四根K线，其中B区域的两根K线就具有包含关系，后一根K线完全在前一根K线的范围之内，因此这两根K线可视为一根K线，这样和旁边的其他两根K线就构成了一个顶分型。

进入C区域后，一共出现了五根K线，其中D区域的三根K线，后两根均在前一根K线的范围之内，所以这三根K线同样具有包含关系，可视

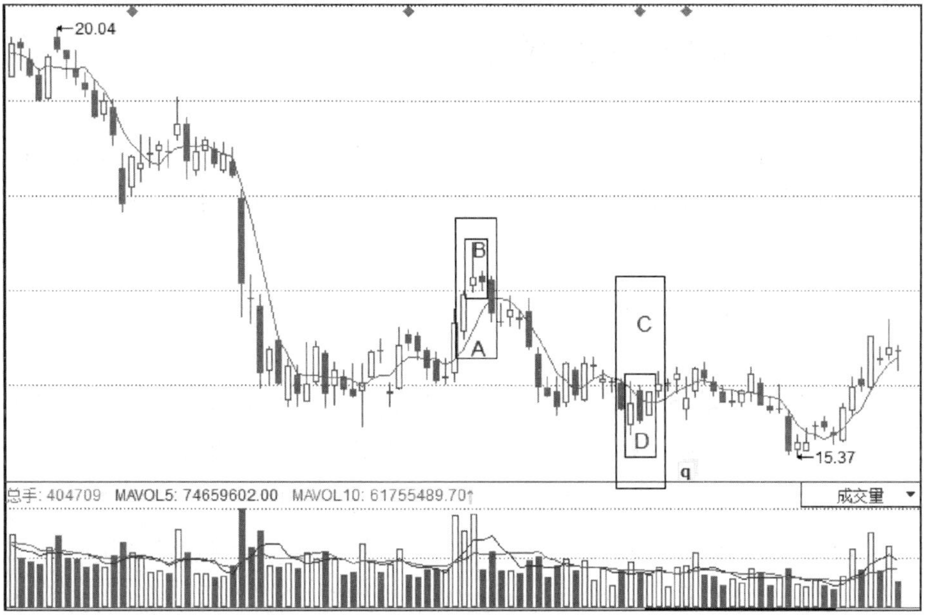

图 2－3　中信证券日线图

为一根 K 线，这样与前后两根 K 线就形成了一个底分型。

实战要点

（1）包含关系，是指多根 K 线出现时，只要其余几根 K 线均在其中一根 K 线的高低范围之内，即可视为同一根 K 线，如图 2－3 中 B 区域和 D 区域的情况。

（2）包含关系出现时，可以如图 2－3 中的情况向后形成包含关系，当然，也可以是 K 线向前形成包含关系。

小贴士

将 K 线视作包含关系是缠论中处理盘整的一种方法，既可以用来判断顶分型或底分型，同时也可以用来判断与笔之间的 K 线。在包含关系中，多条 K 线应视为同一根 K 线。

2.2 底分型与趋势的强弱

底分型的强与弱，直接关系到趋势是否出现了反转向上，还有反转力度的强弱，所以底分型的强弱，直接关系到趋势反转向上的强弱程度。

2.2.1 最强的底分型

在“教你炒股票”第65课中，缠中说禅说：“在底分型中，第三根K线的高点远远高于第一根K线的高点，站在底分型的上边沿，这种情况随后上攻走势延续成笔的可能性极高，是最强的走势。”

在此，我们先放下底分型后是否延续形成上升笔的问题。单从底分型来看，最强的底分型，就是在底分型中的第三根K线，其高点必须为整个底分型K线中最高的，形成底分型右侧的大幅向上倾斜。

所以在判断底分型是否为最强时，只要观察第三根K线的高低与位置即可，但要注意，如果第三根K线形成了上影线较长的K线，应持续观察后再决定是否买入股票。

案例解读

图2-4是招商银行（600036）日线图。在A区域，形成了一个底分型，通过观察发现，底分型的第三根K线为一根中阳线，其高点为三根K线中最高的，远远高于第一根K线的高点，所以属于最强的底分型，此时应及时买入股票。

图2-4　招商银行日线图

实战要点

（1）最强的底分型，就是反转向上力度最大的底分型，所以要求底分型的第三根K线为最高者，尤其是此K线高出第一根K线的高点，原则上是越高越强，如图2-4中A区域的情况。

（2）在观察是否形成最强的底分型时，首先此形态要符合底分型的要求，而不能出现丝毫的勉强，如图2-4中A区域的底分型，第二根K线的高点与低点，均为这三根K线中最低的。

小贴士

如果某股票的底分型在形态上满足了最强的底分型，但第三根K线为阴线，且具有较长的上影线，成交阴量也出现了明显放大，那么应继续观察后再决定是否买入该股票。

2.2.2 最弱的底分型

在“教你炒股票”第65课中，缠中说禅说：“在底分型中，如果第三根K线的高点低于第一根K线的高点，或者说第三根K线的高点低于底分型的最高点上沿，则表明走势较弱，上攻走势延续成笔的可能性极低。”

因此，通常来说，这种底分型表明多方力量较弱，成为真正底的可能性非常小，是趋势最弱的底分型，多为中继型的底分型，底分型后，趋势会继续延续之前的弱势格局。

所以，当最弱的底分型出现时，是不能买入操作的，应保持继续持币观望的策略。

案例解读

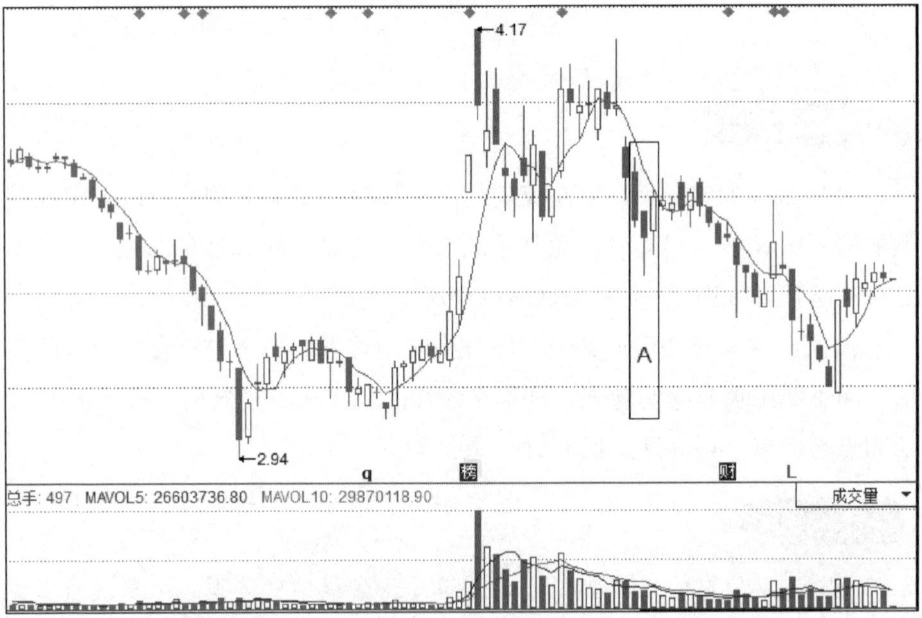

图2-5 四川路桥日线图

图 2－5 是四川路桥（600039）日线图。在 A 区域，形成了由三根 K 线组成的底分型，可以明显看出，其中第三根 K 线的高点要远远低于第一根 K 线的高点，所以为最弱的底分型，之后趋势依然会延续之前的震荡下跌，应回避买入，保持持币观望。

实战要点

（1）在判断底分型的强弱时，首先必须确保这一底分型符合底分型的基本判断要求后，方可根据底分型分析强弱程度，如图 2－5 中 A 区域的情况，在三根 K 线中，中间一根的高低点均为三根 K 线中的最低者，所以为底分型，随后方可分析其强弱程度。

（2）最弱的底分型，就是底分型的第三根 K 线的高点必须低于第一根 K 线的高点，原则上是越低趋势越弱，如图 2－5 中 A 区域的情况。

小贴士

最弱的底分型出现时，是不宜买入股票的，往往随后会延续前期的弱势，所以只有最强的底分型出现时，才适合买入股票。

2.2.3　一般的底分型

在“教你炒股票”第 65 课中，缠中说禅说：“在底分型中，如果第三根 K 线的高点正好是第一根 K 线的高点，或者是略微高于第一根 K 线的高点，则表明走势一般，上攻走势延续成笔的可能性较小。”

通常来说，这种底分型成为真正底的可能性很小，为中继型的底分型的可能性较大。所以，此时是不适合买入操作的。

然而，一般的底分型出现后，并不能确认趋势依然为弱势，因缓慢走强的股票也不少，所以一般走势的底分型出现后，应持续观察，根据趋势的变化来决定是否操作。

案例解读

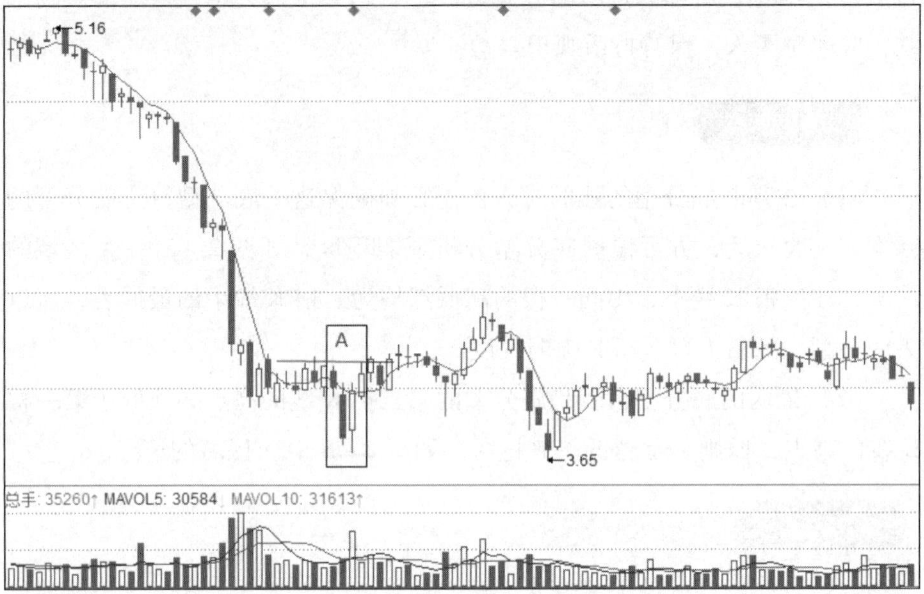

图 2-6 冠城大通日线图

图 2-6 是冠城大通（600067）日线图。弱势震荡中，进入 A 区域后，形成了一个由四根 K 线组成的底分型，中间两根 K 线为具有包含关系的 K 线，可视为一根 K 线，四根 K 线中最右侧的一根 K 线的高点明显要比第一根 K 线的高点略高，说明这是一种一般的底分型，为中继型的底分型，其后成笔上攻的可能性不大，延续之前震荡趋势的可能性较大，这时应继续保持持币观望，待趋势转强时再操作。

实战要点

（1）判断一般的底分型时，股票走势必须形成了底分型后，方可根据底分型中的最右侧 K 线与左侧的第一根 K 线的高低点进行分析，如图 2-6 中 A 区域的情况，虽然有四根 K 线，但符合底分型的要求。

（2）一般的底分型出现，是不适合买入操作的，应持续观察后，发现趋势转强时方可买入股票，如图 2－6 中的情况，A 区域为一般的底分型，趋势仍未转强，所以应继续保持观望。

小贴士

一般的底分型从原则上讲，趋势要强于最弱的底分型，不绝对，但同样不适合在底分型成立后买入股票，也需要持续观察后方可决定是否操作。

2.3 顶分型与趋势的强弱

顶分型的强弱，关系到趋势反转向下的强弱，只有明白了顶分型的强弱，才能明白趋势反转向下的力度强弱。

2.3.1 最强的顶分型

缠中说禅在“教你炒股票”第 82 课中说：“一个完全没有包含关系的分型结构，意味着市场双方都是直截了当，没有太多犹豫。包含关系（只要不是直接把阳线以长阴线吃掉）意味着一种犹豫，一种不确定的观望等。”

这就意味着，如果在顶分型中，K 线之间不具有包含关系，也就是三根 K 线组成了顶分型，第三根 K 线远在第一根 K 线实体之上，低点未回跌到第一根 K 线的一半，甚至是高于第一根，那么就意味着该股依然保持着强势，所以是强势未改的顶分型，为最强的顶分型，多数为中继型顶分型。因此，当最强的顶分型出现时，是不应卖出股票的。

案例解读

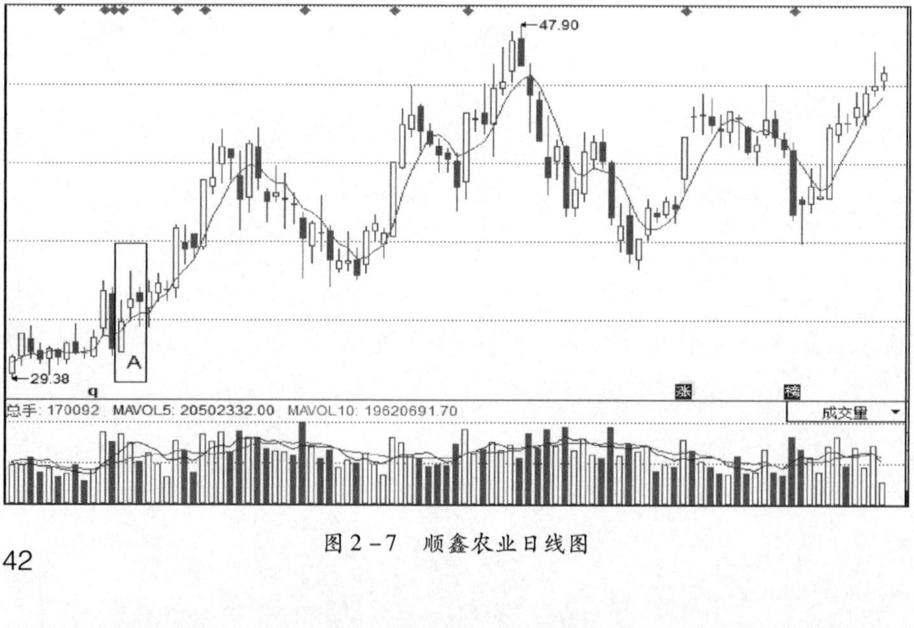

图 2－7 顺鑫农业日线图

图2－7是顺鑫农业（000860）日线图。在上涨趋势中，进入A区域后，形成了一个由三根K线组成的顶分型，观察后发现，在这一顶分型中，第三根K线虽然有较长的下影线，但实体却远在第一根K线之上，即使从其低点观察，也远未向下达到第一根K线的一半位置，所以属于最强的顶分型，意味着之前的上涨趋势尚未终结，应继续保持持股状态。

实战要点

（1）最强的顶分型出现时，在分析其趋势前，一定要确保顶分型的成立，如图2－7中A区域的情况，三根K线中第二根K线的高低点分别为三根K线的高低点中最高的，所以可以确认顶分型的成立。

（2）当最强的顶分型出现时，主要观察第三根K线低点与第一根K线的位置，只有第三根K线的低点未跌破并收盘在第一根K线区间一半以上时，方可确认为最强的顶分型，如图2－7中的情况。

小贴士

最强的顶分型出现，说明的是趋势的强势未改，所以是一种继续持股的特征，因为之前的上涨趋势未改。但若之前为震荡趋势，则说明震荡趋势未改，应继续观望。因此，最强的顶分型的出现，是要保持之前的策略不变的。

2.3.2　最弱的顶分型

缠中说禅在“教你炒股票”第82课中说：“非包含关系处理后的顶分型中，第三根K线如果跌破第一根K线的底，而且不能高收到第一根K线区间的一半之上，属于最弱的一种，也就是说这顶分型有着较强的杀伤力。”

这就是说，在比较顶分型的强弱时，是以顶分型中的第三根K线与第一根K线的比较得到的，即第三根K线跌破了第一根K线的低点，且收盘无法收在第一根K线区间的一半以上时，就属于最弱的顶分型。

最弱的顶分型出现意味着趋势的快速转弱，所以在出现时应以卖出股票为主。

案例解读

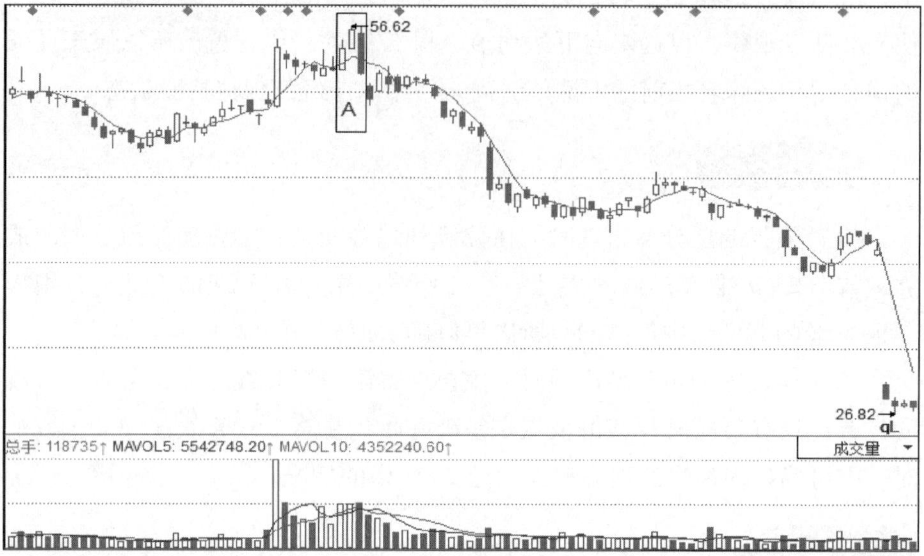

图 2-8 步长制药日线图

图 2-8 是步长制药（603858）日线图。在上涨趋势中，进入 A 区域后，形成了一个由三根 K 线组成的顶分型，观察后发现，在这一顶分型中，第三根 K 线出现了跌破并收盘在第一根 K 线之下的情况，所以为最弱的顶分型，意味着趋势的快速转弱，应及时卖出股票。

实战要点

（1）在判断顶分型为最弱的顶分型时，应先确保顶分型的成立，方可进行强弱的判断，如图 2-8 中 A 区域的情况，这三根 K 线中，第二根 K 线的高点和低点均为三根 K 线中的高点和低点的最高者，所以可以确认其为顶分型。

（2）在判断顶分型为最弱的顶分型时，主要是观察第三根 K 线与第一根 K 线的位置，只有第三根 K 线收盘在第一根 K 线实体一半以下，或是直接收盘在第一根 K 线以下，方可确认其为最弱的顶分型。

小贴士

最弱的顶分型出现，意味着股价趋势的快速转弱，因此最弱顶分型是一种卖出股票的形态。尤其是当第三根K线为阴线高开低走低收于第一根K线低点之下时，越低则意味着反转向下的意愿越强烈。

2.3.3　中继型顶分型

缠中说禅在“教你炒股票”第82课中说：“还是用没有包含关系的顶分型为例子。如果第一K线是一长阳线，而第二、第三根都是小阴线、小阳线，那么这个分型结构的意义就不大了。一般来说，这种顶分型，成为真正顶的可能性很小，绝大多数都是中继的。”

这就是说，当没有包含关系的顶分型出现，且第三根K线是一种实体较小的小阴线或是小阳线时，往往这种顶分型属于中继型，是没有结构意义的，应根据具体的趋势变化来决定是否操作。如果是在上涨趋势中，可忽略这一顶分型的出现；如果是在震荡行情中，可继续保持持币观望的策略。

案例解读

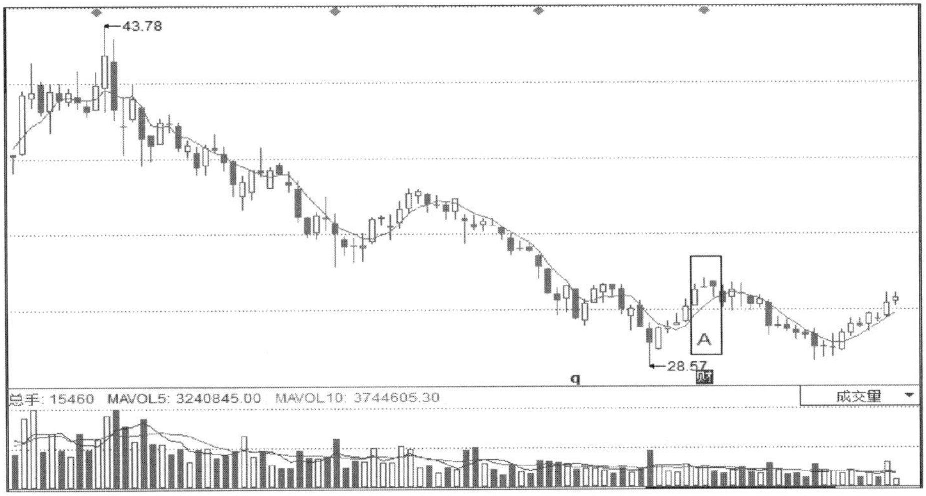

图2-9　同仁堂日线图

图2－9是同仁堂（600085）日线图。在弱势震荡中，进入A区域后，形成了一个由三根K线组成的顶分型，观察后发现，第三根K线为一根实体较小，且下影线较短的小阴线，所以可判断为一般走势的顶分型，即中继型顶分型，说明趋势将会维持之前的震荡趋势，应忽略这一顶分型的出现，继续保持持币观望的策略。

实战要点

（1）中继型顶分型往往属于一种不够强烈、走势一般的顶分型，因此第三根K线往往表现为小阴小阳线，如图2－9中A区域的第三根K线为一根小阴线。

（2）在判断顶分型是否为中继型顶分型时，同样要先确保顶分型的成立，否则不能按照顶分型来判断趋势的强弱，如图2－9中A区域的情况，就属于中间一根K线的高低点分别为三根K线中低点最高和高点最高的顶分型。

小贴士

中继型顶分型，就是走势一般的顶分型，在具体的操作中可以忽略这一顶分型的出现，保持之前的操作策略。

第3章

笔与趋势判断

笔的方向，就是趋势运行的方向，所以笔是判断线段的重要组成部分，而第一笔的出现，往往代表着趋势初转时期的方向。因此，笔和分型一样，是判断趋势时一个重要的依据。

3.1　笔的定义及判断

笔有着严格的定义，但判断新笔与旧笔时，有着不同的方法，尤其是对新笔的判断。在判断笔时，一定要注意结合律的问题。

3.1.1　笔

缠中说禅在“教你炒股票”第62课中是这样定义笔的：“两个相邻的顶和底之间构成一笔，所谓笔，就是顶和底之间的其他波动，都可以忽略不算，但注意，一定是相邻的顶和底，隔了几个就不是了。”

这里说到的“顶”和“底”，就是特指顶分型的高点和底分型的低点。也就是，单独的一个笔是由两个相邻的顶分型和底分型组成的，这里的顶分型和底分型没有先后顺序之分，就是笔可以表现为“顶分型+底分型”，也可以表现为“底分型+顶分型”，只要两个不同的分型是相邻的即可。

案例解读

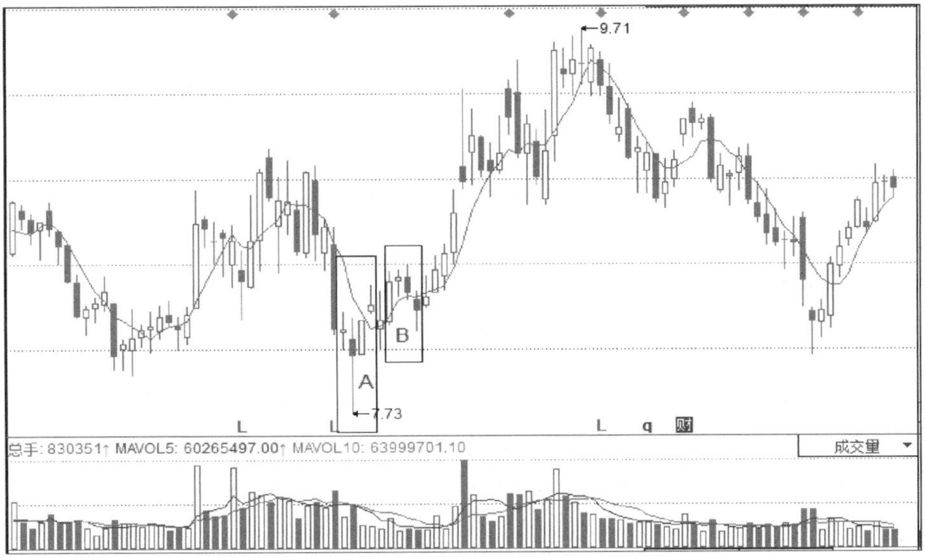

图 3-1　三一重工日线图

图3－1是三一重工（600031）日线图。在进入A区域时，形成了一个中间K线具有包含关系的底分型，随后的B区域，同样形成了一个中间K线具有包含关系的顶分型，并且这一底分型和顶分型相邻，因此可以确认，A区域与B区域的底和顶就形成了一个笔。

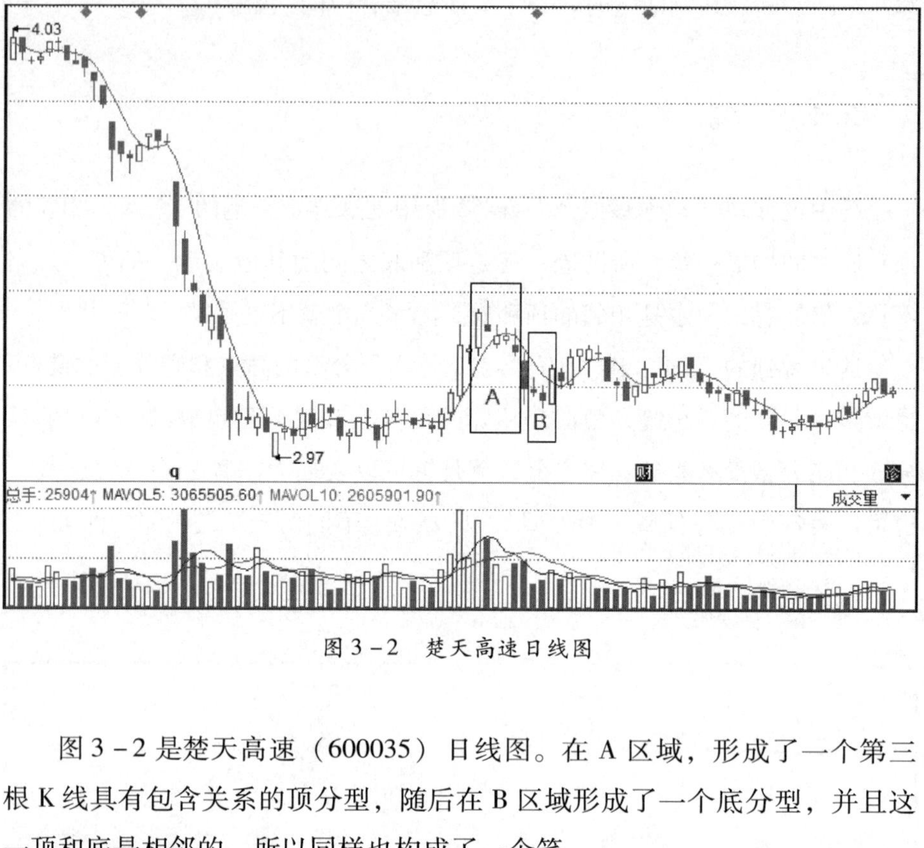

图3－2 楚天高速日线图

图3－2是楚天高速（600035）日线图。在A区域，形成了一个第三根K线具有包含关系的顶分型，随后在B区域形成了一个底分型，并且这一顶和底是相邻的，所以同样也构成了一个笔。

实战要点

（1）在判断笔时，必须是相邻的底分型和顶分型出现后，方可确认为笔，并且这些底分型或顶分型，是允许具有包含关系的，如图3－1中A区域和B区域、图3－2中A区域的情况。

（2）当相邻的顶分型和底分型出现时，顶分型与底分型是不分先后顺序的，可以如图3－1中表现为“底分型＋顶分型”，也可以如图3－2中表现为“顶分型 + 底分型”。

小贴士

在判断笔时，必须确保该笔是由相邻的两个不同类型的分型构成，即顶分型和底分型，同时这两个分型中间不能共用一根 K 线，必须符合结合律。否则，就不能确认为笔。

3.1.2　新笔

缠上说缠在《忽闻台风可休市，聊赋七律说〈风灾〉》的博文中是这样定义新笔的：

“计算了一下能量力度，觉得以后可以把笔的成立条件略微放松一下，就是一笔必须满足以下两个条件：①顶分型与底分型经过包含处理后，不允许共用 K 线，也就是不能有一 K 线分别属于顶分型与底分型，这条件和原来是一样的，这一点绝对不能放松，因为这样，才能保证足够的能量力度；②在满足①的前提下，顶分型中最高 K 线和底分型中最低 K 线之间（不包括这两 K 线），不考虑包含关系，至少有三根 K 线。显然，第二个条件，比原来分型间必须有独立 K 线的一条，要稍微放松了一点。”

这样，对新笔的判断就有了一个新的标准，就是顶分型的最高 K 线与底分型的最低 K 线之间，在不考虑包含关系的情况下，必须至少有三根 K 线。这是对笔的判断进行了一定的放松。但有一点需要牢记：对新笔的判断，必须是在原有已经形成一个或多个笔后，当再次形成笔时，即可按照这一标准判断。

案例解读

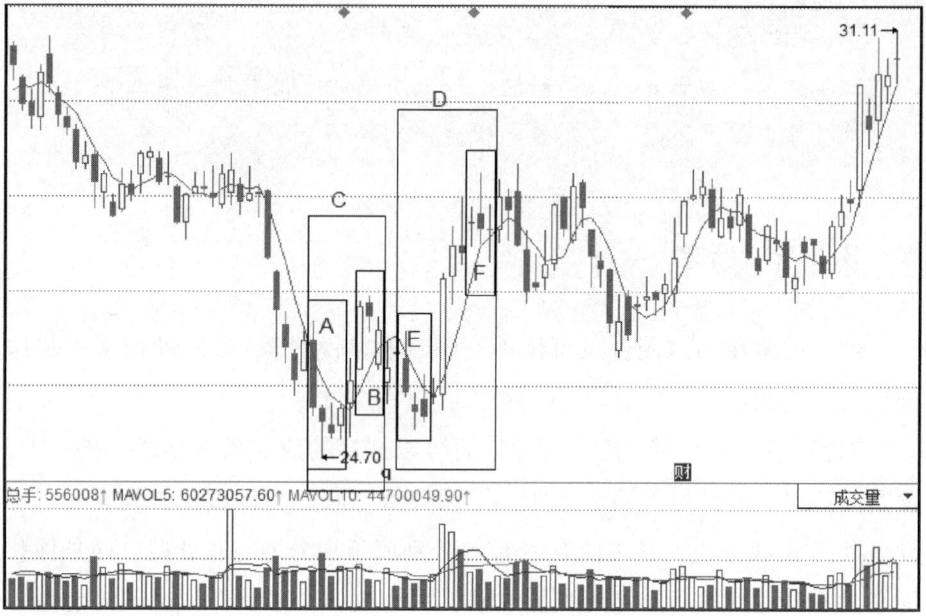

图 3－3　招商银行日线图

图 3－3 是招商银行（600036）日线图。从图中可以看出，整个 C 区域是由 A 区域的底分型和 B 区域的顶分型组成，构成了笔 C，随后的 E 区域又形成了一个底分型，随后，在不考虑包含关系的情况下，在相隔 4 根 K 线后，才在 F 区域形成了另一个顶分型，所以 E 区域和 F 区域符合新笔的特征，可以将 D 区域确认为新笔。

实战要点

（1）在判断新笔前，必须形成了至少一个笔，当再次形成笔时，方可适用新笔的判断特征进行判断，如图 3－3 中 D 区域的新笔，就是在基于之前 C 区域的笔出现后进行判断的。

（2）判断新笔时，在顶分型高点 K 线与底分型低点 K 线之间，应在不考虑包含关系的情况下，有至少三根 K 线，方可确认为新笔。

小贴士

对新笔的判断，必须是在形成至少一个笔后，对笔的再判断中使用，但必须确保在判断新笔时，在新笔的结构中，应与之前的笔保持一致，即如果之前的笔是“顶分型 + 底分型”的结构，新笔同样应保持这种顺序；如果之前的笔是“底分型 + 顶分型”的结构，新笔同样要保持这种顺序。

3.1.3　判断笔时的重要规则：结合律

在“教你炒股票”第 70 课中，缠中说禅说：“对于走势来说，结合律就是连接走势之间关系最重要的规则，不深切明白这一点，如何能明白走势本身?”但具体谈到结合律，缠中说禅是在“教你炒股票”第 62 课中谈到笔时讲到的：“这里有一个细微的地方要分清楚，因为结合律是必须遵守的，顶和底之间共用一根 K 线，这就违反结合律了，所以这不算一笔，而光是顶和底了，中间没有其他 K 线，一般来说，也最好不算一笔。而笔的最基本的图形，是顶和底之间还有一根 K 线。在实际分析中，必须把顶和底之间至少有一根 K 线当成一笔的最基本要求。”

这样就可以清楚地明白，在判断笔时，一定要根据结合律来判断，就是底分型与顶分型之间必须至少有一根 K 线相隔，才能确定为笔。

案例解读

图 3－4　万东医疗日线图

图 3－4 是万东医疗（600055）日线图。从图中可看出，A 区域形成了一个底分型，相隔一根 K 线后，进入 B 区域，形成了一个具有包含关系的顶分型，由此可以确认，A 区域和 B 区域形成了一个笔。这两个分型之间有一根 K 线相隔，合乎结合律。

图 3－5 是黄山旅游（600054）日线图。在 A 区域时，形成了一个标准的底分型，随后在 B 区域形成了一个顶分型。虽然中间相隔了四根 K 线，但这四根 K 线都在第一根 K 线的范围内，形成了包含关系，所以同样可以将这四根 K 线视为一根 K 线，所以 A 区域和 B 区域同样为一个笔。这两个分型之间的四根具有包含关系的 K 线，就是在结合律下视作一根 K 线的。

图 3-5　黄山旅游日线图

实战要点

（1）在考虑结合律时，主要是判断笔的构成中，底分型和顶分型之间必须有一根 K 线相隔，所以这根 K 线是判断两个相邻的不同分型是否能够成为笔的关键，如图 3-4 中 A 区域的底分型与 B 区域的顶分型之间的一根 K 线。

（2）在使用结合律来判断笔时，不同分型之间的这一根 K 线可以是图 3-4中的一根 K 线，也可以是图 3-5 中 A 区域与 B 区域之间的，具有包含关系的数根 K 线。

小贴士

当顶分型和底分型之间没有相隔的一根 K 线时，最好不算一笔，此时若硬要以笔来判断行情，可结合其他的情况综合判断趋势的演变。

3.2 笔的种类

不同种类的笔，有着不同的组合方式，所以在判断笔时，一定要注意组成笔的分型的前后顺序，以及分型与分型之间的K线状态。

3.2.1 上升笔

在“教你炒股票”第62课中，缠中说禅说：“上升的一笔，由结合律，就一定是底分型+上升K线+顶分型。”

这样，对上升笔就有了清楚的界定。所谓上升，就是在笔的构成中，最先出现的必须是底分型，随后才是顶分型。在底分型和顶分型之间的一根K线，或是具有包含关系的K线中，必须呈上升的状态，才会形成上升K线。

所谓上升的状态就是从K线趋势看，这根K线（或具有包含关系的K线）与之前的底分型右侧K线相比，一定要高。在单独利用上升笔判断趋势和行情时，若这根上升K线收盘高于之前整个底分型的最高点，则往往意味着趋势的快速上升，就会构成强烈的买入信号。

案例解读

图3-6是上海梅林（600073）日线图。A区域形成了一个不具有包含关系的底分型，B区域形成了一个具有包含关系的顶分型。在A区域和B区域之间，出现了四根具有包含关系的K线，均在第一根阳线的范围之内，而这一根阳线实体较长，远在A区域底分型之上收盘，所以A区域到B区域所形成的这一个笔就是上升笔，是趋势转暖的征兆，应积极参与行情。

图 3－6　上海梅林日线图

实战要点

（1）在判断上升笔时，应确认在这一笔的构成中，首先出现的是底分型，其次才是顶分型，如图 3－6 中 A 区域的底分型与随后 B 区域的顶分型。

（2）判断上升笔的关键，在于底分型和顶分型之间的上升 K 线的判断，即是这根 K 线（或具有包含关系的 K 线）与上一根构成底分型的右侧 K 线相比必须呈上升状态，即收盘必须高于构成底分型的右侧 K 线，如图 3－6 中 A 区域与 B 区域之间具有包含关系的第一根 K 线的情况。

小贴士

上升笔代表的是趋势的回暖，但低点回升中形成的笔中，只有上升 K 线高于底分型高点时，才表明上升趋势的坚决，方可积极参与行情。

3.2.2 下降笔

在“教你炒股票”第62课中，缠中说禅说：“下降的一笔，就是顶分型+下降K线+底分型。注意，这里的上升、下降K线，不一定都是3根，也可以是无数根，只要一直保持这定义就可以。当然，简单的也可以是1、2根，只要不违反结合律和定义就可以。”

由此可见，在下降笔中，首先出现的是顶分型，其次才是底分型。而两个分型之间的K线，可以是一根，也可以是数根具有包含关系的K线，只要不违反结合律和笔的定义即可。

在判断顶分型和底分型之间的下降K线时，同样是以收盘价计算，只要中间这根K线或具有包含关系的一组K线的收盘价低于之前顶分型的低点，即可确认为下降笔。

在利用下降笔判断趋势时，原则上是以下降K线来确定，这根下降K线低于之前顶分型的低点越多时，则趋势转弱的概率越大，同时也可以通过下降笔中的顶分型强弱来判断。

案例解读

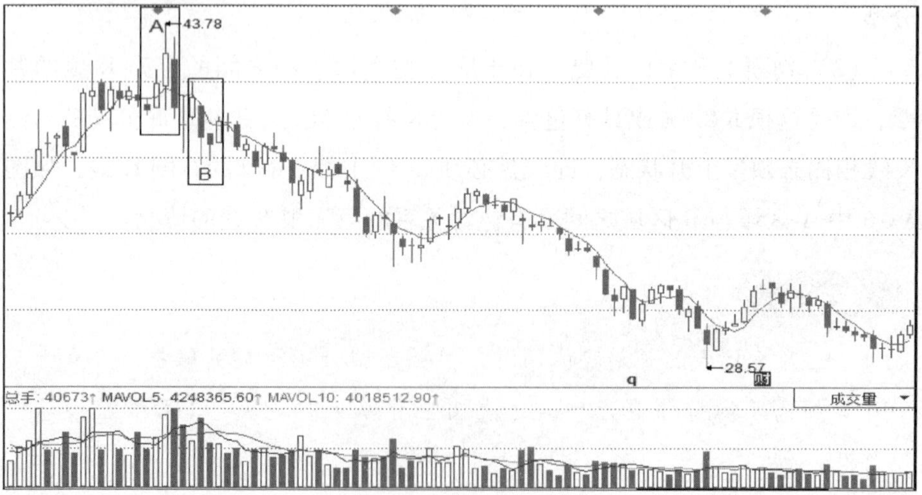

图3-7 同仁堂日线图

图3－7是同仁堂（600085）日线图。在上涨趋势中，进入A区域时，形成了一个具有包含关系的顶分型，在B区域又形成了一个具有包含关系的底分型，同时在A区域与B区域之间出现了一根上下影线均较长的阴十字星。从趋势上来看，这根阴十字星收盘远远在A区域顶分型低点之下，为下降K线，构成了下降笔，说明趋势已转弱，应及时卖出股票。

实战要点

（1）在判断下降笔时，首先构成笔的是顶分型，其次才是底分型，如图3－7中的A区域为顶分型，B区域为底分型。

（2）在下降笔中，顶分型与底分型之间的K线，可以是一根K线，也可以是具有包含关系的一组K线，但其高点必须与之前顶分型的低点相比，呈下降趋势，如图3－7中A区域与B区域之间的阴十字星的情况。

小贴士

在利用下降笔判断行情时，原则上是下降K线越是向下，表明趋势越弱，应及时卖出股票。但是在判断下降笔时，必须以近期高点回落时形成的下降笔为准。

3.3 笔与趋势反转

不同类型的笔往往代表着一段不同走势的开始，所以通过笔判断趋势时，重要的是第一笔的判断，因为第一笔的方向，往往代表着这一趋势反转的开始。

3.3.1 上升笔向上的趋势强弱判断

由缠中说禅对上升笔的定义中可得知，判断上升笔的关键在于“底分型+顶分型”中间的一根或具有包含关系的一组K线是否为“上升K线”。

在判断股价走势时，不少投资者都是以K线的趋势来判定的，但在这里应以上升K线的收盘价为准。因为一根K线的高点或低点，只能代表盘中股价的短时冲高或回落，所以关键在于当日的收盘价，只有当日的收盘价远远高于之前底分型的高点，才代表着上升笔向上的趋势是十分强烈的。如果上升K线只是略高于之前底分型右侧的K线，而未形成收盘在底分型最高点之上，那么意味着上升笔的上升欲望并不强烈，应继续观察其趋势变化，看再次形成底分型时，其低点是否在之前上升笔低点之上来判断。

上升笔对趋势的另一种判断，是通过直接判断上升笔形成时的底分型和顶分型的强弱程度来判断，尤其是在创新低的上升笔形成时，应综合底分型、顶分型的强弱和上升笔的上升K线强弱来判断。

案例解读

（1）上升笔向上较弱的情况。

图3-8是哈高科（600095）日线图。在弱势震荡行情中，在A区域形成了一个底分型，B区域形成了一个顶分型，在A区域与B区域之间，出现了一根上升K线，为小阳线。由此可确认A、B区域形成了一个上升

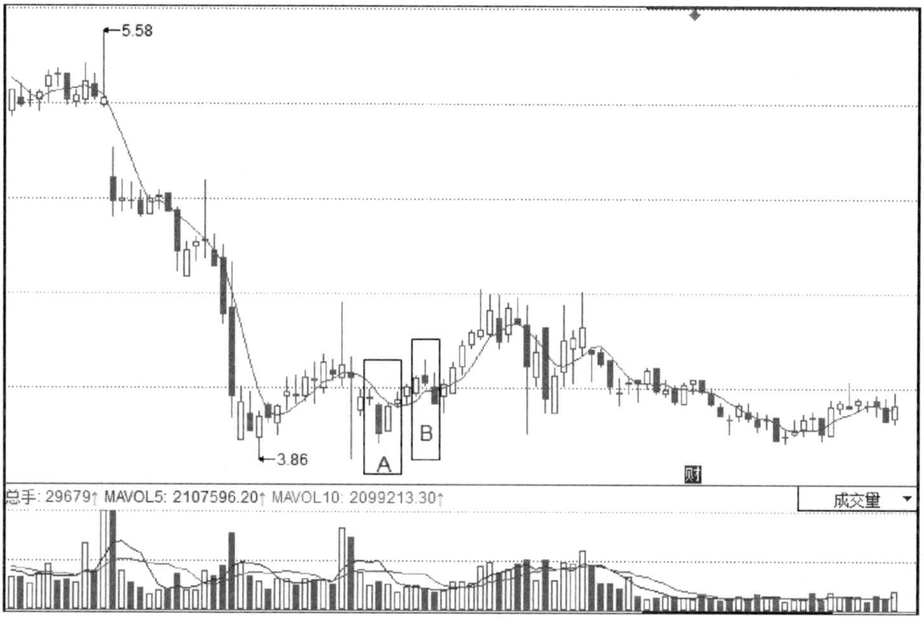

图 3 - 8　哈高科日线图

笔。观察发现，这一上升笔中的上升 K 线为小阳线，位于接近 A 区域底分型高点附近，未出现向上突破底分型高点，随后 B 区域的顶分型右侧低点又接近了上升 K 线的低点，且为最弱顶分型，说明上升笔后的趋势依然偏弱，趋势会维持当前的弱势震荡，应谨慎参与。

（2）上升笔向上较强的情况。

图 3 - 9 是上汽集团（600104）日线图。在弱势震荡中，于 A 区域形成了一个具有包含关系的底分型，B 区域形成了一个顶分型，A、B 区域之间的 K 线为具有包含关系的两根 K 线，可视为一根 K 线，形成了一个上升笔。观察发现，在这一上升笔中，上升 K 线为较长的阳线，明显收盘在 A 区域的底分型上方，距离底分型高点较远，且 B 区域的顶分型右侧为小阴线，属最弱的情况，处于上升 K 线的上沿位置，说明这一上升笔向上的意愿较强，应积极参与。

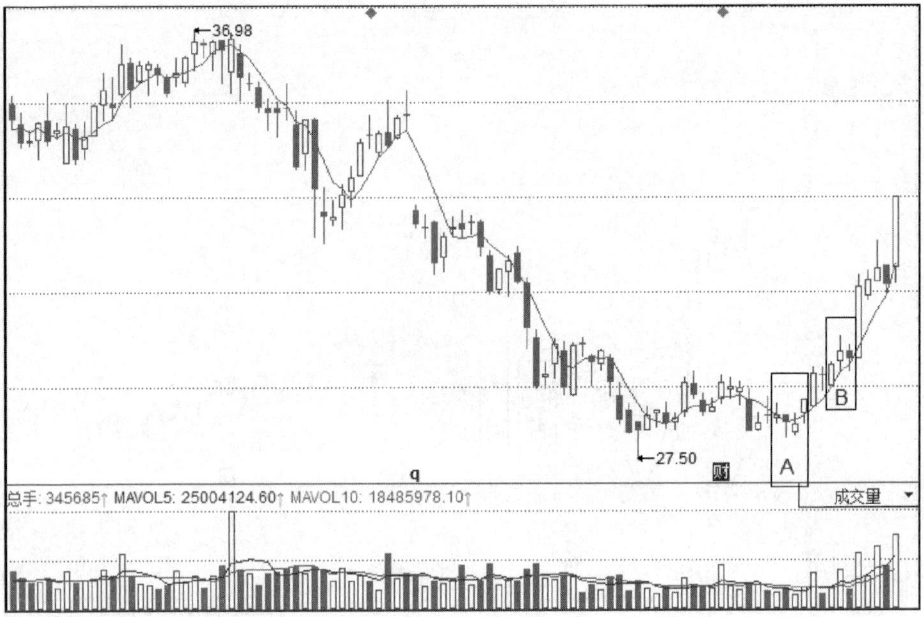

图3-9 上汽集团日线图

实战要点

(1) 在判断上升笔的强弱时，首先是对底分型与顶分型之间的上升K线进行分析，如图3-8、图3-9中A区域与B区域之间的K线情况，其次就是对上升K线前后的底分型和顶分型进行分析。

(2) 当上升笔向上趋势较强时，往往上升K线会收于底分型之上，且随后的顶分型较弱，低点往往位于上升K线的上沿附近，如图3-9中的情况。

(3) 当上升笔向上趋势较弱时，往往上升K线会收于底分型高位附近，且随后的顶分型较强，低点往往位于上升K线的中、下位置，如图3-8中的情况。

小贴士

如果根据上升笔判断买点，应选择股价在创新低后形成了上升笔，判断上升笔为向上趋势较强时介入。对于上升笔较弱的情况，应谨慎参与。

3.3.2　下降笔向下的趋势强弱判断

从缠中说禅对下降笔的定义中可得知，判断下降笔的关键在于“顶分型+底分型”中间的一根或具有包含关系的一组 K 线是否为“下降 K 线”。

在判断股价走势时，不少投资者同样是以 K 线的趋势来判定的，但在这里应以下降 K 线的收盘价为准。因为一根 K 线的高点或低点，只能代表盘中股价的短时冲高或回落，所以关键在于这根 K 线的收盘价，只有这根 K 线的收盘价远低于之前顶分型的低点时，才代表着下降笔向下的趋势是十分强烈的。如果下降 K 线只是略低于之前顶分型高点的 K 线，未形成收盘在顶分型低点之下，那么意味着下降笔的下降欲望并不强烈，应继续观察其趋势变化。

下降笔对趋势的另一种判断，是通过直接判断下降笔形成顶分型和底分型的强弱程度来判断，尤其是在创新高的下降笔形成时，应综合顶分型与底分型的强弱和下降笔的下降 K 线强弱来判断。

案例解读

（1）下降笔向下较强的情况。

图 3－10 是诺德股份（600110）日线图。在短线上涨趋势中，进入 A 区域，形成了一个顶分型，在 B 区域形成了一个具有包含关系的底分型，A 区域与 B 区域之间为一根下降 K 线，形成了一个下降笔。观察这一下降笔发现，下降 K 线为一根低收于 A 区域顶分型低点下方的阴线，随后 B 区

图 3－10　诺德股份日线图

域的底分型又远在下降 K 线下方，于是可以断定为下降笔向下较强的情况，说明趋势已快速转弱，应果断卖出股票离场。

（2）下降笔向下较弱的情况。

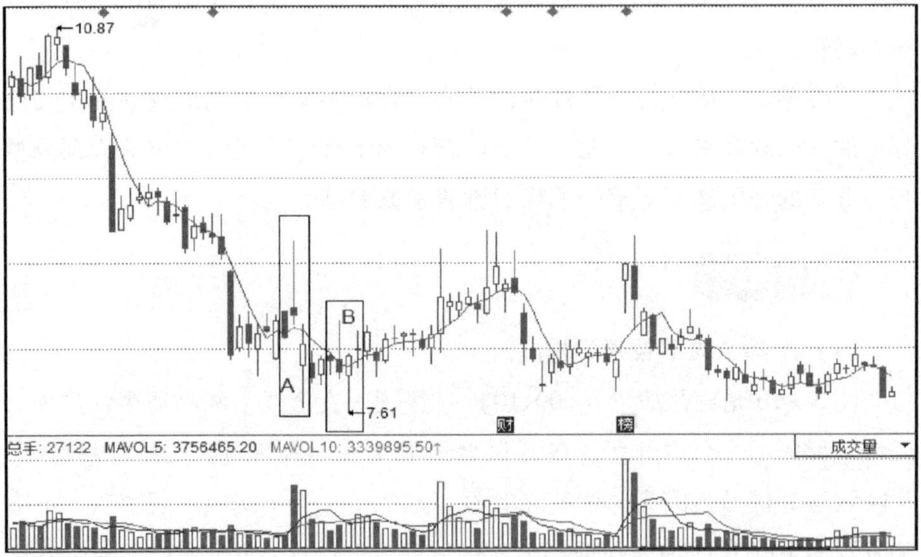

图 3－11　浙江东日日线图

图 3－11 是浙江东日（600113）日线图。在弱势中，A 区域形成了一个顶分型，B 区域形成了一个具有包含关系的底分型，A、B 区域之间出现了两根具有包含关系的下降 K 线，形成了一个下降笔。观察发现，在这一下降笔中，下降 K 线位于 A 区域顶分型下方，B 区域的底分型几乎与下降 K 线位于同一水平。这说明趋势向下的力度较弱，维持继续震荡的概率极高，应保持持币观望的态度。

实战要点

（1）在根据下降笔判断向下趋势的强弱时，应根据下降 K 线向下走势的情况，以及下降 K 线之前的顶分型与之后的底分型的强弱，来综合分析趋势的强弱，如图 3－10 与图 3－11 中的情况。

（2）当下降笔向下趋势较强时，往往顶分型与底分型之间的下降 K 线会形成，并且与顶分型比较收于顶分型之下，而与后面的底分型比较，底分型又在下降 K 线下方。如图 3－10 中的情况，此时应及时远离这种下降笔。

（3）当向下趋势较弱的下降笔出现时，中间的下降 K 线往往会收在顶分型低点与底分型相近的位置，此时应继续观望再决定操作，如图 3－11 中的情况。

小贴士

在根据下降笔判断趋势反转向下时，应选择在股价创高点后形成的下降笔之初来判断，但只有下降笔向下趋势较强时方为卖出信号，否则就应继续观察后再决定操作。

第4章

线段与趋势判断

缠中说禅说，线段都是有方式的。所以，线段的出现，其实就是一段明朗的上涨或下跌趋势，一旦笔与笔形成了线段，就说明一段走势形成了。所以，线段的出现，是趋势明朗化的表现。

4.1　线段概述

线段有着严格的定义和鲜明的特点，因此，在划分线段时，也必须严格按照线段的定义来划分。

4.1.1　线段及其特点

在“教你炒股票”第 65 课中，缠中说禅说：“有了笔，那么线段就很简单了，线段至少有三笔。”这样一来，所谓的线段就变得简单而容易判断了，只要接连判断出三个笔就可以了。

在判断线段时，一定要注意对笔的判断，尤其是第一个笔形成后，当再次判断笔时，可以使用新笔的定义。这时，只要持续出现三个笔，就可以确认为线段了。

线段判断中的笔，还必须满足一个条件，就是每一个笔的类型必须是一样的，就是“顶分型 + 底分型”的笔形成后，接下来形成的至少三个笔都要属于这种类型；如果是以“底分型 + 顶分型”的笔来判断的，那么后面的笔也必须都属于这种类型。这样接连三个及三个以上的笔，就是线段。

另外，缠中说禅还在“教你炒股票”第 65 课中强调：“线段有一个最基本的前提，就是线段的前三笔，必须有重叠的部分。”这样一来，线段就是由三个及三个以上的笔构成，其中前三个笔之间必须有重叠部分。

案例解读

图 4－1 是兴发集团（600141）日线图。从股价下跌过程中的创新低时开始，A 区域形成了一个具有包含关系的“底分型 + 顶分型”的笔，隔一根 K 线后，B 区域再次形成了一个具有包含关系的“底分型 + 顶分型”的笔，再隔一根 K 线后，C 区域又形成了一个具有包含关系的“底分型 + 顶分型”的笔。这样，就形成了三个由“底分型 + 顶分型”构成的笔，并

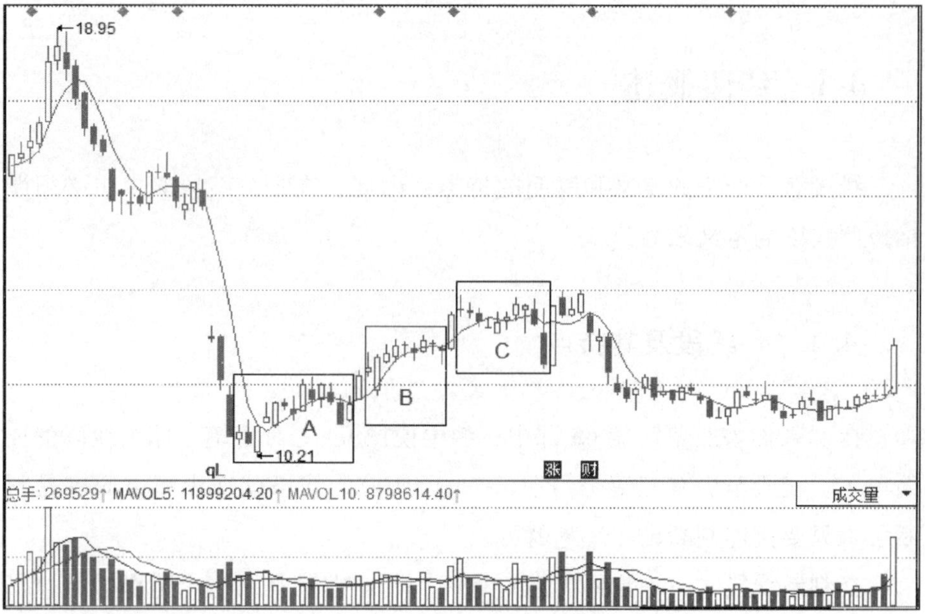

图 4－1　兴发集团日线图

且，三个笔之间都有重叠的部分，如此就形成了线段。

实战要点

（1）在判断线段时，必须满足三个及三个以上的笔接连出现，且笔与笔之间有重叠的部分，方可确认为线段，如图 4－1 中 A、B、C 区域三个笔，就组成了线段。

（2）在线段中，每个笔之间必须有一根 K 线相隔，即满足结合律时，方可确认为线段，如图 4－1 中 A 区域与 B 区域之间、B 区域与 C 区域之间的情况。如果线段中的笔与笔之间的 K 线是多根的，则必须具有包含关系。

小贴士

在判断线段时，第一个笔必须符合新笔的定义，随后出现的笔，可以使用新笔的定义，也可以不使用新笔的定义，依然使用笔的定义来判断。

4.1.2　线段的划分标准

在“教你炒股票”第 67 课中，缠中说禅对线段的划分，给出了具体的方法：“笔的划分标准在前面已经严格给出，因此，下一关键问题，就是如何划分线段。下面，给出类似笔划分，但有重大区别的划分标准。用 S 代表向上的笔，X 代表向下的笔。那么所有的线段，无非两种：①从向上笔开始；②从向下笔开始。”

这样，在划分线段时，就有了开始的判断，即由高点开始的线段是从“顶分型 + 底分型”的向下笔开始的，由低点开始的线段是从“底分型 + 顶分型”的向上笔开始的。

那么，线段的终点该如何判断呢？缠中说禅在“教你炒股票”第 67 课的后面，又给出了具体的方法：“以向上笔开始的线段的特征序列，只考察顶分型，该线段在该顶分型的高点处结束，该高点是该线段的终点；以向下笔开始的线段，只考察底分型，该线段在该底分型的低点处结束，该低点是该线段的终点。”

这样一来，关于线段的起始点的判断，就变得十分清晰了。

案例解读

图 4 – 2 是维科技术（600152）日线图。在趋势转跌初期的 A 区域，形成了一个“顶分型 + 底分型”的向下笔，在判断线段时，应以此向下笔为开始，随后 B 区域再次形成了一个具有包含关系的向下笔，C 区域和 D 区域同样接连形成了两个具有包含关系的向下笔，于是形成了一个由 A、B、C、D 四个向下笔组成的线段，但随后再未形成顶分型，所以，D 区域的底分型就成了 A、B、C、D 四个笔组成的线段的终点。

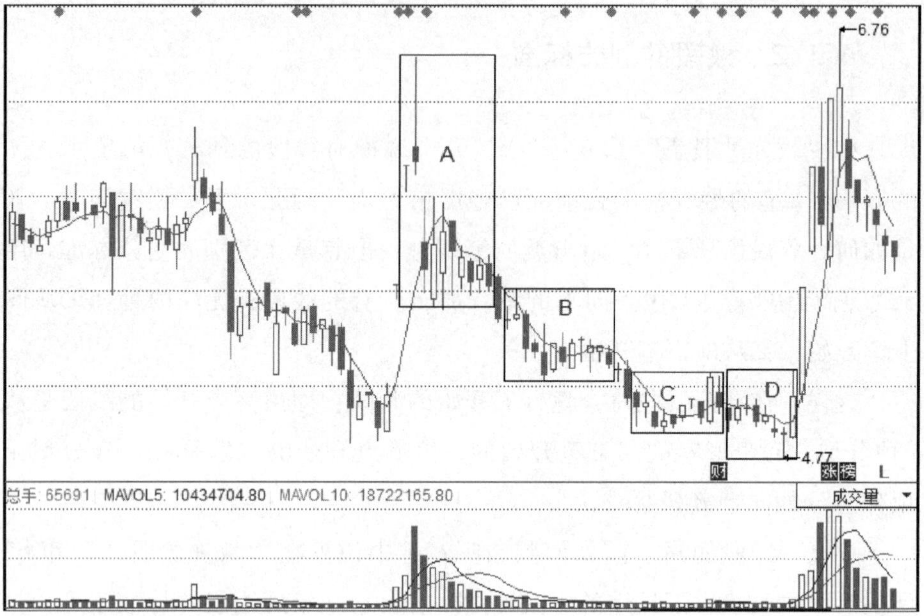

图 4－2 维科技术日线图

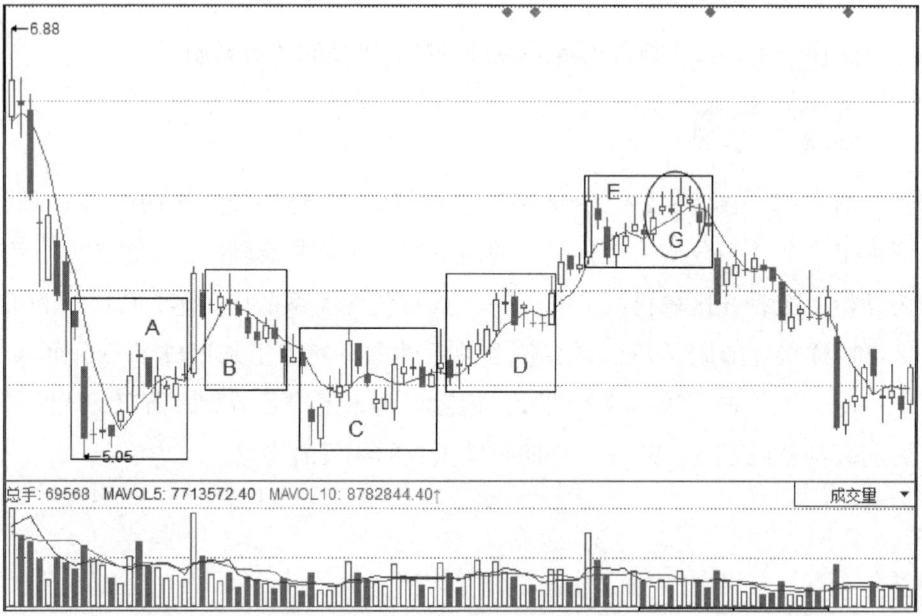

图 4－3 格力地产日线图

图 4－3 是格力地产（600185）日线图。在下降趋势的末端，于 A 区域形成了一个具有包含关系的“底分型＋顶分型”结构的向上笔，可作为线段开始时的第一笔计算，随后的 B、C、D、E 四个区域，同样形成了四个具有包含关系的“底分型＋顶分型”的向上笔，这样就形成了由五个笔组成的线段。考察 A、B、C、D、E 线段发现，在 E 区域的笔中，当 E 笔形成后，未再出现底分型，说明这一线段已经结束，G 区域的具有包含关系的顶分型就成了 A、B、C、D、E 线段的终点。

实战要点

（1）在判断线段的起始点时，是以下跌过程中创新低点的位置开始，以“底分型＋顶分型”的向上笔开始计算，或以上涨过程中创新高点的位置开始，以“顶分型＋底分型”的向下笔开始计算，如图 4－3 和图 4－2 中 A 区域的情况。

（2）在判断线段的结束点时，是通过考察最后一笔形成后，无法再形成笔，从而确定这一线段的终点，如图 4－2 中 D 区域之后和图 4－3 中 E 区域之后的情况。

小贴士

在判断线段的起点和终点时，不同的线段有着不同的方法，所以对线段的起点判断，如果是向上，应以创新低的低点时形成的向上笔为起点，终点以最后一个向上笔完成后，无法继续形成底分型时为准；如果是向下，应以创新高的高点时形成的向下笔为开始，终点以最后一个下降笔完成后，无法继续形成顶分型时为准。

4.2 线段的种类

线段有着明显的方向，所以线段的种类也只有两种：向上线段和向下线段，分别代表着一段上涨趋势和下跌趋势。

4.2.1 向上线段

在“教你炒股票”第67课中，缠中说禅说：“所有的线段，都是有方向的，无非两种：①从向上笔开始；②从向下笔开始。”

这样就给出了线段的两种种类，向上线段就是其中的第一种情况“从向上笔开始”的线段。再由向上笔的构成可以得知，所谓的向上笔，就是以“底分型+顶分型”为主的笔。如此一来，向上线段就是方向向上的，至少由三个“底分型+顶分型”构成的向上笔组成。

向上线段，代表的是一段上涨趋势，一经发现，应积极参与。

案例解读

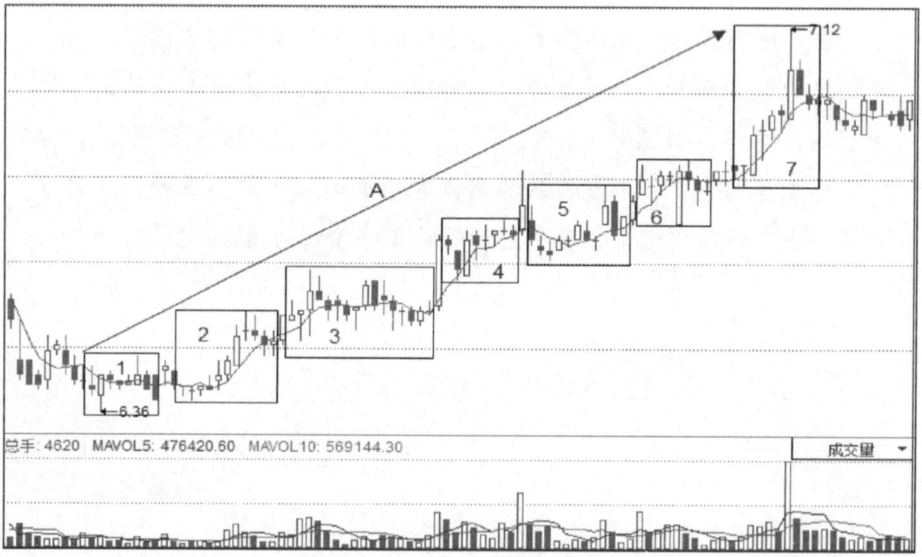

图4-4 上海梅林30分钟K线图

图 4－4 是上海梅林（600073）30 分钟 K 线图。在弱势下跌趋势中，当进入 1 区域时，形成了一个具有包含关系的“底分型＋顶分型”的向上笔，之后又出现了同样具有包含关系的笔 2、笔 3、笔 4、笔 5、笔 6、笔 7，符合线段的要求，笔 1、笔 2、笔 3 三个笔之间有重叠的部分，因此笔 1、笔 2、笔 3、笔 4、笔 5、笔 6、笔 7 这七个笔就构成了一条向上线段。应在向上线段形成后，积极参与行情。

实战要点

（1）在判断向上线段时，笔的类型均应为向上笔，即“底分型＋顶分型”的笔，如图 4－4 中笔 1、笔 2、笔 3、笔 4、笔 5、笔 6、笔 7 的情况。

（2）在判断向上线段时，线段的起始，应从弱势中创新低时的底分型开始计算第一个向上笔，如图 4－4 中 1 区域的情况。

小贴士

在判断向上线段时，笔的类型应为“底分型＋顶分型”的向上笔，且必须符合线段的要求，前三个笔之间具有重叠的部分，而在计算第二个笔时，可使用新笔的定义来判断。

4.2.2　向下线段

根据缠中说禅“教你炒股票”第 67 课中关于线段的介绍可以得知，向下线段就是方向向下运行的线段，即“从向下笔开始”的线段。

所谓向下笔，就是由“顶分型＋底分型”的方式构成的。再结合线段的定义，可得出向下线段的定义：由三个及三个以上的“顶分型＋底分型”组成的向下笔组成的线段，就是向下线段。

向下线段代表的是一段下跌趋势，在操作中应予以回避。

案例解读

图 4－5 是永泰能源（600157）30 分钟 K 线图。在上涨趋势中，当创

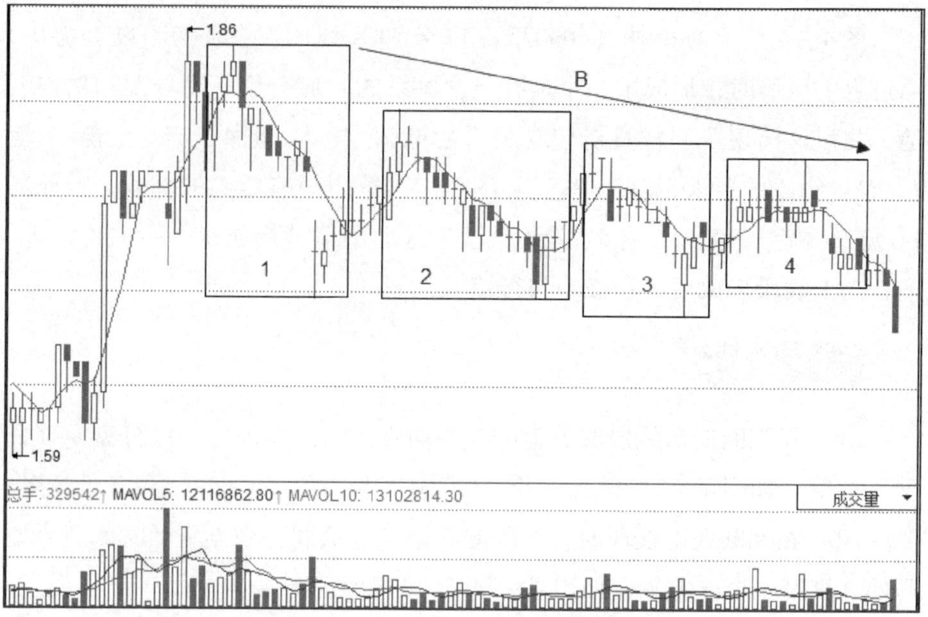

图 4-5　永泰能源 30 分钟 K 线图

出 1.86 元的新高后，股价再未创出新高，并接连形成了 4 个由“顶分型 + 底分型”构成的向下笔，且笔 1、笔 2、笔 3 之间有相互重叠的部分，因此形成了一个向下线段，表明趋势已转为下跌，应在向下线段确认之初及时卖出股票，随后则需要保持持币观望的策略。

实战要点

（1）在判断向下线段时，每一个笔都必须是以“顶分型 + 底分型”的向下笔构成，如图 4-5 中笔 1、笔 2、笔 3、笔 4 的情况。

（2）向下线段必须符合线段的要求，前三个笔之间具有相互重叠的部分，如图 4-5 中笔 1、笔 2、笔 3 之间就具有相互重叠的情况。

小贴士

在向下线段中，对起始点和终结点的判断应根据线段的划分标准进行，至于对笔的高低点判断，应以每一个笔中分型的高低点来确认，从而观察笔与笔之间是否出现了重叠部分。

4.3　线段被破坏的两种情况

线段经常会被破坏，但线段被破坏的情况只有两种：一种是无法形成三个笔，另一种是线段被终结。

4.3.1　线段被破坏

线段被破坏，缠中说禅在“教你炒股票”第 65 课中特意讲道：“线段被破坏，当且仅当被有重叠部分的连续三笔的其中一笔破坏。”

这就是说，在构成线段的前三个连续的笔中，如果其中的一个笔与其他的笔之间没有形成重叠，也就是向上或向下留下了缺口，那么就构不成线段，自然说明线段被破坏了。

另外，就是在形成了连续两个同类型的笔后，无法形成第三个笔，那么根据线段的定义，也自然无法形成线段了。

这两种情况，就是线段在形成过程中遭到了破坏，导致无法形成三个连续的笔，或是这前三个笔中没有出现重叠的部分，以致线段遭到破坏，无法最终形成线段。

案例解读

图 4－6 是巨化股份（600160）30 分钟 K 线图。在弱势震荡行情中，当进入 A 区域时，形成了一个具有包含关系的“底分型＋顶分型”的向上笔，随后又接连形成了两个同样以“底分型＋顶分型”的笔。观察 A、B、C 这三个笔发现，笔 A 与笔 B 之间未出现重叠，所以 A、B、C 三个笔只能是单独的笔，而无法构成一个向上线段，属于线段被破坏。但即使未形成线段，也可以根据笔的情况，或趋势变化，买入股票。

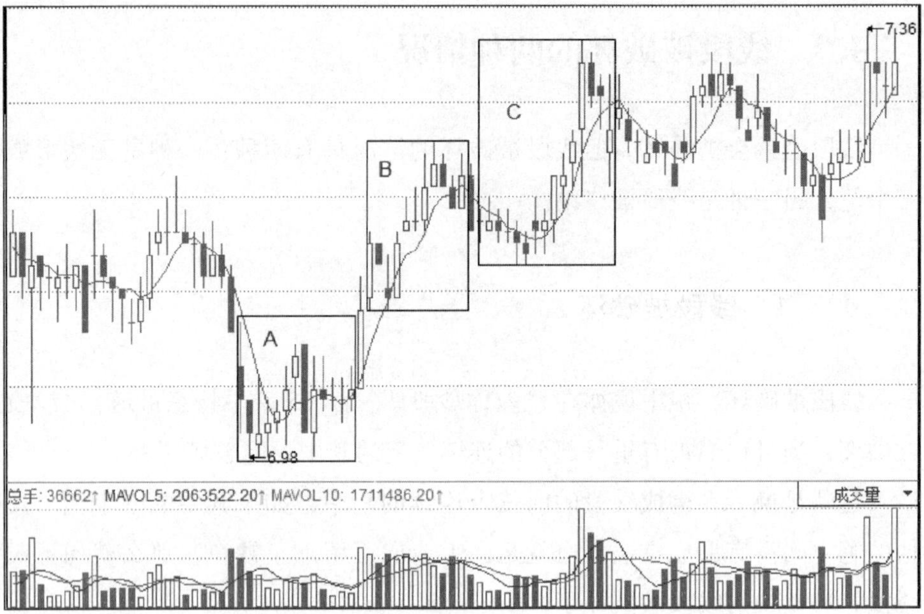

图 4－6　巨化股份 30 分钟 K 线图

图 4－7　上海贝岭 30 分钟 K 线图

图4－7是上海贝岭（600171）30分钟K线图。在上涨趋势中，当进入A区域，形成了一个具有包含关系的“顶分型＋底分型”的向下笔，随后B区域再次形成了一个向下笔，但是随后却无法再形成第三个向下笔中的顶分型，进而无法形成第三个笔，因此无法形成一条线段，属于线段被破坏的情况，但这并不影响根据趋势变化，选择卖出股票。

实战要点

（1）当线段被破坏时，一种情况主要是前三个笔有效，即三个笔的类型相同，但相互之间并不都具有重叠的部分，如图4－6中笔B与笔C之间有重叠部分，但笔A与笔B之间却无重叠部分，所以属于线段被破坏的情况。

（2）线段被破坏的另一种情况，就是无法形成三个相同类型的笔，如图4－7中的向下笔，只形成了笔A和笔B，而无法再次形成第三个笔，所以也属于线段被破坏的情况。

小贴士

当线段被破坏时，应根据其他情况来判断趋势的演变，如底分型或顶分型的强弱，上升笔或下降笔的强弱等，因为并不是股价在运行过程中必然会形成线段的，这一点应引起注意。

4.3.2　线段被终结

在“教你炒股票”第65课中，缠中说禅讲到了一个线段分解定理：“线段被破坏，当且仅当被有重叠部分的连续三笔的其中一笔破坏。而只要构成有重叠部分的前三笔，那么必然会形成一线段，换言之，线段破坏的首要条件，就是被另一条线段破坏。”

这就是说，当一条线段形成后，只要拥有了三个互相有重叠部分的笔，就会形成一条新的线段。即当一条线段被终结时，必然会形成一条全新方向的相反线段。这是因为，线段都是有方向的，向上线段是被向下线段终结的，而向下线段是被向上线段终结的。

但有一点需要注意的是，缠中说禅在“教你炒股票”第78课中讲道：“这里有一个细节必须注意，线段最终肯定都会被线段破坏，但当线段被破坏后，最终并不一定在该方向由该笔发展形成线段破坏。”这就是说，当一条线段形成后被终结时，都是最先由一个不同类型的笔破坏的，但这个不同类型的笔并不一定会形成一条新的反方向线段，只有不同类型的笔至少达到三个且相互有重叠部分时，才会构成一条新的线段。

案例解读

图4-8 黄河旋风30分钟K线图

图4-8是黄河旋风（600172）30分钟K线图。在弱势中，在A、B、C区域，形成了三个具有包含关系的以“底分型+顶分型”组成的向上笔，相互之间有重叠部分，形成了一条向上线段。但在随后的D区域，只是形成了一个底分型，没有再出现顶分型，所以无法形成向上笔，说明向上线段遭到了终结性的破坏。同时，在X区域，形成了一个“顶分型+底

分型”的向下笔，至于是否能够继续形成连续的三个向下笔的向下线段，则应在随后的观察中决定。而此时，则只说明了向上线段被一个向下笔终结了，根据X区域与C区域重叠部分的顶分型的较弱状态判断，此时应及时卖出股票。

实战要点

（1）在判断线段被终结时，应根据线段的类型，只要发现无法继续形成之前类型的笔，即意味着线段的结束，如图4-8中之前的线段为向上线段，所以观察的应是向上笔无法持续时，便可确认线段的结束。

（2）当线段被终结时，同时会在终结点形成另一个不同类型的笔，如图4-8中X区域，即是在之前向上笔C形成期间，形成了一个向下笔，所以说明趋势已转为向下，应根据向下笔和这一向下笔中顶分型的弱势情况判断，及时卖出股票。

小贴士

在一条线段被终结时，并不能说明接下来必然会形成方向相反的线段，只有相反类型的笔接连出现三个，符合了线段的要求时，方可确认形成了方向相反的线段。

4.4 线段与趋势的判断

由于线段有着明显的方向性，所以向上线段代表着上涨趋势，向下线段代表着下跌趋势。

4.4.1 以向上笔开始的线段与上涨趋势

缠中说禅在“教你炒股票”第78课中说：“任何线段都有方向。若其方向是上，也就是由向上笔开始的线段，那么其结束笔肯定也是向上笔。”

同时，缠中说禅也在“教你炒股票”第67课中说：“用S代表向上的笔，X代表向下的笔。以向上笔开始的线段，可以用笔的序列表示：S_1，S_2，S_3，…，S_n。容易证明，任何S_i与S_{i+1}之间，一定有重合区间。而考察序列X_1，X_2，X_3，…，X_n，该序列中，X_i与X_{i+1}之间并不一定有重合区间，因此，序列更能代表线段的性质。”

综合这两段话可知，以向上笔开始的线段，就是以“底分型+顶分型”的笔开始，代表的是一个向上线段，对应的趋势自然为上涨趋势。所以，只要发现了一段以向上笔开始的线段时，就可以积极参与行情了。因为在上涨趋势中，是适合买入股票的。

案例解读

图4-9是中国巨石（600176）30分钟K线图。在A、B、C、D、E区域，先后形成了5个“底分型+顶分型”的向上笔，且前三个笔A、B、C之间具有相互重叠的部分，所以为向上线段，观察首个笔A的情况，为具有包含关系的1区域的底分型和2区域的同样具有包含关系的顶分型组成，所以这一线段为以向上笔开始的向上线段，代表的是一种趋势的上涨，而在上涨趋势中，应及时逢低买入股票。

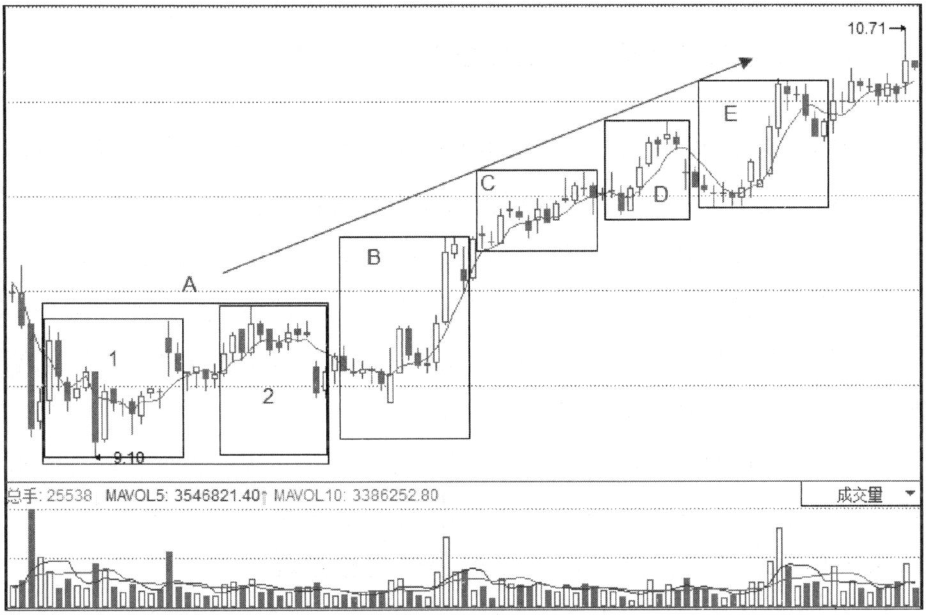

图 4－9　中国巨石 30 分钟 K 线图

实战要点

（1）以向上笔开始的线段为向上线段，代表的是趋势的上涨，所以应在股价处于上涨趋势时，积极逢低参与行情，如图 4－9 中的情况。

（2）在判断以向上笔开始的向上线段时，应注意对线段的起始位置的判断，在股价处于弱势、创新低的时候以“底分型＋顶分型”的向上笔开始计算，如图 4－9 中 A 区域的情况。

小贴士

以向上笔开始的线段为向上线段，代表的是趋势的上涨，但在实际应用中，不一定非要在向上线段成立时再买入股票，可在第一个向上笔形成时，通过向上笔的强弱或向上笔中底分型的强弱，甚至是整个趋势的变化来决定是否操作。

4.4.2 以向下笔开始的线段与下跌趋势

以向下笔开始的线段，就是缠中说禅在“教你炒股票”第67课中讲的“序列 S_1，S_2，S_3，…，S_n 成为以向下笔开始线段的特征序列”，也就是“其方向是下，也就是由向下笔开始的线段，那么其结束笔肯定也是向下笔”。

因为线段的方向无非是向上与向下，所以向下笔的线段，其方向自然是向下运行的，所以以向下笔开始的线段，是以“顶分型+底分型”的笔开始计算的，对应的趋势自然是下跌趋势。

根据线段的划分，起始点就是由股价创出新高后无法再创出新高时形成的“顶分型+底分型”开始计算向下笔，之后只要形成了至少三个这样的相互重叠的向下笔，就构成了以向下笔开始的线段。

由于以向下笔开始的线段对应的是下跌趋势，而在下跌趋势中是不宜参与行情的，所以在以向下笔开始的线段形成后，应时刻保持持币观望的策略。

案例解读

图4-10 兖州煤业日线图

图 4－10 是兖州煤业（600188）日线图。股价在上涨趋势中创出新高 15.63 元后，再无创新高行为，且在 A 区域形成了 1 区域的顶分型和 2 区域的底分型，形成了一个向下笔，并在随后又接连形成了两个“顶分型＋底分型”的向下笔 B 与 C，这样就构成了三个相互有重叠的笔，成了以向下笔开始的向下线段，说明趋势已经由上涨转为了下跌，应及时卖出股票。

实战要点

（1）以向下笔开始的线段为向下线段，表明的是一段下跌趋势，因此在向下线段期间是不宜参与行情的，应时刻保持持币观望的策略，如图 4－10中的情况。

（2）以向下笔开始的向下线段形成时，应注意第一个向下笔的形成，即向下线段的起始，应从股价创出近期新高后无法继续创新高时开始计算，如图 4－10 中 A 区域的情况。

小贴士

当以向下笔开始的线段形成后，轻易不要参与行情，因向下线段代表着下跌趋势，而在下跌趋势中是不宜操作的，所以应保持持币观望。对于此前持股者来说，应以向下线段开始时的第一个向下笔的走势强弱来判断是否应及时卖出股票。

第5章

走势中枢与趋势演变

走势中枢是缠论中判断趋势和趋势反转的重要依据，所以一定要明白走势中枢出现的方式和构成，以及如何准确寻找出一个走势中枢的三段走势。这样才能够根据走势中枢的情况，准确地判断出趋势的变化，以及趋势转折时的征兆。

5.1　走势中枢概述

走势中枢有着严格的定义，是由三小段走势组成，所以在判断走势中枢时，一定要准确判断出这三小段走势，然后才能根据走势中枢的情况来判断趋势及其演变。

5.1.1　走势中枢的定义及特点

在“教你炒股票”第 17 课中，缠中说禅对走势中枢给出了一个明确的定义：某级别走势类型中，被至少三个连续次级别走势类型所重叠的部分，称为“缠中说禅走势中枢”。换言之，缠中说禅走势中枢就是至少由三个连续次级别走势类型重叠部分所构成。

对于走势中枢中的三个连续次级别走势，缠中说禅在“教你炒股票”第 20 课中也给出了具体的判断标准，根据走势中枢的数学表达式：A、B、C，分别对应的高、低点是 a1/a2，b1/b2，c1/c2，则中枢的区间就是 [max（a1，b1，c1），min（a2，b2，c2）]。其中，“B 的中枢级别比 A、C 里的中枢级别都要大，否则 A、B、C 就连成了一个大趋势或大中枢了。A 段之前，一定是和 B 同级别或更大级别的一个中枢，而且不能是一个和 A 逆向的趋势，否则这三段就会在一个大的中枢里了。”（“教你炒股票”第 24课）

这样一来，对于走势中枢及其特点就可以清晰地梳理出来：在一段明显的上涨或下跌走势中，如果出现了三段连续次级别的 A、B、C 走势后，其中 B 段由三小段走势组成，形成了一个由 A、C 两段同向的走势后，就形成了走势中枢。

案例解读

图 5－1 是杭钢股份（600126）15 分钟 K 线图。从中可以看到，在上涨走势中，B 区域出现了连续三个下跌、上涨、下跌的次级别走势，将之

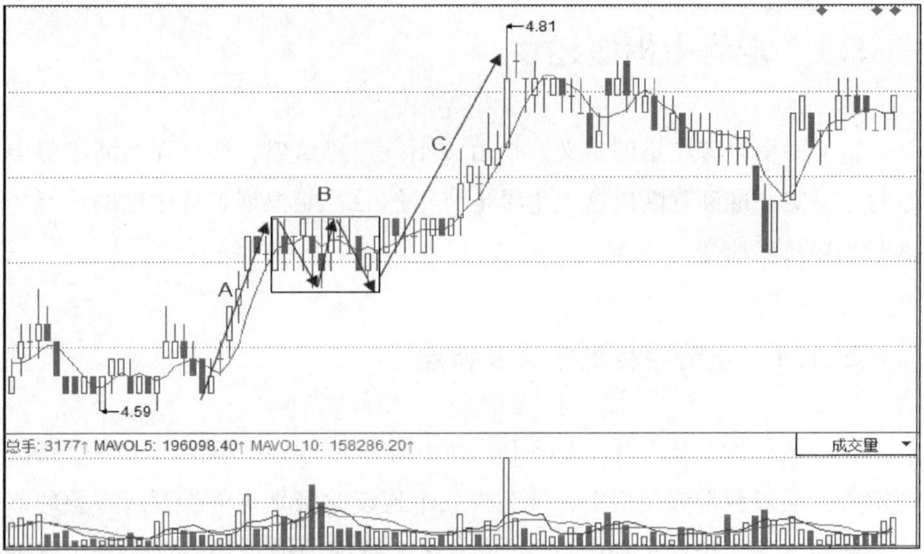

图 5－1　杭钢股份 15 分钟 K 线图

前的 A 段和之后的 C 段这两段同向的走势相连，即形成了由 A、B、C 三段走势组成的一个走势中枢。

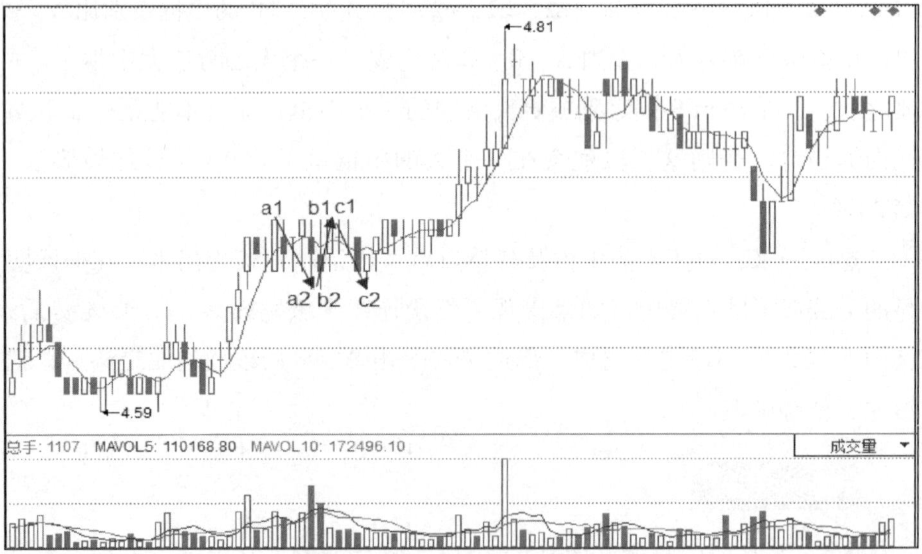

图 5－2　杭钢股份 15 分钟 K 线图

如图 5 - 2 中所示，在图 5 - 1 中的 B 区域出现三小段走势，在图5 - 2 中可以清晰地看到，a2 = b2，b1 = c1，中枢的区间就是［max（a1，b1，c1），min（a2，b2，c2）］，事实上也就是图 5 - 1 中整个 B 区域的高低点范围。

实战要点

（1）在判断走势中枢时，主要是对 B 段走势的判断，只要在上涨或下跌走势中出现三小段的盘整，再向前与向后顺延出各一段，就会形成 A、B、C 三段走势，如图 5 - 1 中的情况。

（2）当走势中枢确定后，就是应当对中枢的区间予以确定，中枢区间就是 B 段走势的高低点范围，如图 5 - 2 中的情况。

小贴士

正如缠中说禅所言，在判断走势中枢及区间时，“实际上用目测就可以，不用这么复杂”，因此，对于走势中枢中的三小段的判断也是这样，只要目测就可以。

5.1.2　走势中枢的实战意义

在“教你炒股票”第 18 课中，缠中说禅在给出走势的定义和判断要求后，又提出了以下定理：

“缠中说禅技术分析基本原理一”：任何级别的任何走势终要完成。

“缠中说禅技术分析基本原理二”：任何级别任何完成的走势类型，必然包含一个以上的缠中说禅走势中枢。

由原理一、原理二以及缠中说禅走势中枢的定义，就可以严格证明：

“缠中说禅走势分解定理一”：任何级别的任何走势，都可以分解成同级别盘整、下跌与上涨三种走势类型的连接。

“缠中说禅走势分解定理二”：任何级别的任何走势类型，都至少由三段以上次级别走势类型构成。

由此可看出，走势中枢是和走势息息相关的。一个走势中枢的出现，往往代表的是一段明显的走势，所以可以通过走势中枢来观察趋势及其变化。另外，走势中枢是判断背驰时的重要理论，可以用来判断趋势是否出现了反转。同时，中枢扩张也是判断买卖点的重要依据。

案例解读

（1）利用走势中枢判断背离的实战意义。

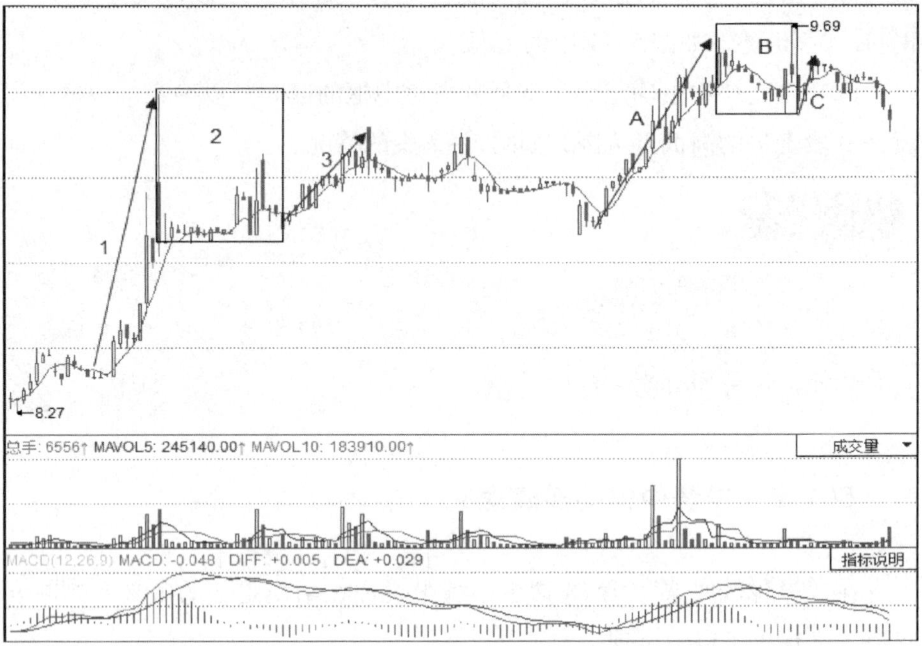

图 5－3　岷江水电 15 分钟 K 线图

图 5－3 是岷江水电（600131）15 分钟 K 线图。在上涨走势中，之前已经形成了一个 1、2、3 三小段走势组成的中枢的情况，当再次形成由 A、B、C 三段走势组成的中枢时，出现 C 段走势小于 A 段走势，C 段走势对应下方的 MACD 红柱小于 A 段走势对应的红柱，B 段走势将 MACD 双线拉回到了 0 轴附近，形成了顶背离的第一类卖点，说明趋势已转为下跌，操作中应及时卖出股票。

（2）走势中枢出现扩张时的实战意义。

图 5－4 当代明诚 15 分钟 K 线图

图 5－4 是当代明诚（600136）15 分钟 K 线图。在震荡上涨中形成了一个由 A、B、C 三段走势组成的走势中枢，在随后的中枢震荡中，进入 H 区域，股价在向上突破中枢高点 ZG 时，未再次跌回中枢内，形成了中枢向上扩张，说明趋势开始转强，应果断在 H 区域的止跌回升处形成第三类买点时买入股票。

实战要点

（1）走势中枢在实战中是判断背驰的重要理论基础，因为如果无法判断出有效的走势中枢，就无法准确地判断背驰，如图 5－3 中的情况。

（2）走势中枢的扩张，同样需要走势中枢的准确判断，因为只有判断出走势中枢，才能谈中枢扩张或新生，如图 5－4 中的情况，否则，难以把握中枢扩张中的买卖点。

小贴士

走势中枢是缠论中关于走势的重要理论基础，因为走势中枢直接代表的就是一段明朗的走势，以及趋势变化时的情况。

5.2 走势中枢的两种类型

不同类型的走势中枢，代表着不同的趋势变化的情况，也是区分底背驰与顶背驰的重要依据。

5.2.1 回调中枢

在“教你炒股票”第20课中，缠中说禅说：“走势中枢的类型：一种是回升形成的，一种是回调形成的。”随后，缠中说禅又说：“回调形成的中枢，由向下的次级别走势类型的区间重叠确定。”

这样，回调中枢的概念和判断方法就很清晰了。回调中枢是由股价在向上走势中出现的次级别走势类型，因此再结合走势中枢的定义，可以得出，在回调中枢的A、B、C三段走势中，A、C两段同向的走势是向上的，B段是一个由三段组成的盘整走势。

因此，在判断回调中枢时，首先必须是在上涨走势中，一旦出现回调中的三小段的回调，根据由三小段走势组成的B段走势，再加上向前和向后的两段走向相同的走势，自然就出现了A、B、C三段走势。

案例解读

图5-5是中青旅（600138）15分钟K线图。在上涨走势中，当B区域出现了三小段的走势后，形成了B段走势，向前和向后分别延伸两段走势，就是A段和C段走势，从而形成了由A、B、C三段走势组成的回调中枢。

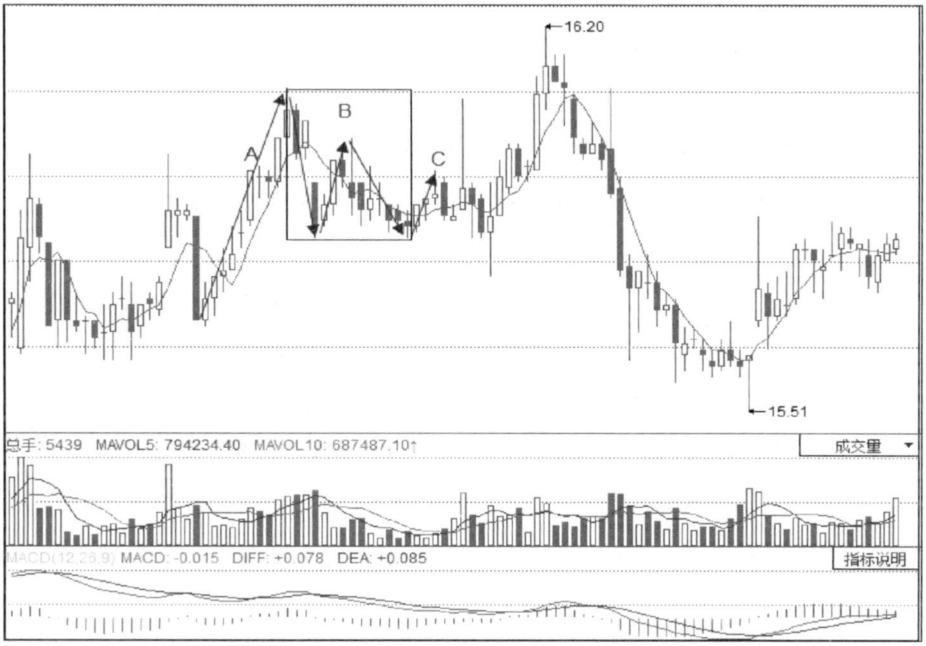

图 5-5　中青旅 15 分钟 K 线图

实战要点

（1）回调中枢，就是上涨走势中因短时间的幅度较小的回调所形成的走势中枢，因此往往是上涨过程中的幅度不会影响到整个大趋势的小幅调整，如图 5-5 中 A、B、C 三段走势的情况。

（2）在回调中枢中，关键是对 B 段走势的判断，只要是发现在上涨走势中出现的小幅度的回调，并形成了三小段走势后，即可向前向后分别延伸一小段走势，即会出现一个回调中枢，如图 5-5 中的情况。

小贴士

在回调中枢内，同样要符合走势中枢的要求，即 A 段与 C 段是同向运行的，所以对回调中枢的判断，关键在于 B 段三小段走势的判断，而这三小段的判断，应以一个明显的上涨走势中出现的回调来进行判断。

5.2.2 回升中枢

回升中枢就是缠中说禅在“教你炒股票”第20课中所提到的另一种走势中枢的类型，即“回升形成的中枢，由向上的次级别走势类型的区间重叠确定”。

这就是说，在下跌走势中，一旦出现了向上的次级别走势，如果形成了三小段盘整后，将之前和之后的两小段走势连接起来，就形成了回升中枢的A、B、C三段走势。

回升中枢的出现，代表的是走势的下跌渐缓或盘整，对于判断走势是否出现反转，有着重要的意义，尤其是在判断底背驰时，是重要的缠论基础。所以必须对此有充分了解和认识，并能够准确判断出回升中枢。

案例解读

图5-6 长春一东15分钟K线图

图 5 -6 是长春一东（600148）15 分钟 K 线图。在明显的下跌走势中，在 B 区域出现上涨、下跌、上涨的三小段走势，形成了 B 段走势，根据 B 段走势，向前和向后分别再延伸两段走势，就得出了 A 段和 C 段两段同向的走势，因是下跌趋势中出现的走势中枢，所以为由 A、B、C 三段走势组成的回升中枢。

实战要点

（1）回升中枢出现时，都是在下跌主要走势中形成的 B 段走势的回升盘整所形成的，必须满足走势中枢的要求，A、C 两段走势为同向向下的走势，如图 5 -6 中的情况。

（2）在判断回升中枢时，主要是对 B 段走势的判断，只要发现在明显的下跌走势中出现了回升，并形成了三小段走势后，即可根据 B 段走势向前与向后分别延伸两段走势，即会得到回升中枢的 A、C 两段同向走势，如图 5 -6 中的情况。

小贴士

回升中枢就是发生在下跌走势中的回升所形成的走势中枢，因此，在判断回升中枢时，关键是寻找下跌走势中的幅度较小的回升和盘整，只要形成了三小段走势，即可确认为 B 段走势的回升和盘整，再分别向前和向后延伸两段走势，即可得到一个回升中枢。

5.3 中枢延伸与扩张

中枢延伸与扩张，是走势中枢发生改变的情况，但中枢延伸只是走势的延续，中枢扩张才是引发趋势向上或向下变化的开始。

5.3.1 中枢延伸

缠中说禅在“教你炒股票”第38课中说：“在某级别中，不定义中枢延伸，允许该级别上的盘整+盘整连接；与此同时，规定该级别以下的所有级别，都允许中枢延伸，不允许盘整+盘整连接；至于该级别以上级别，根本不考虑，因为所有走势都按该级别给分解了。”

这就是说，当一个走势中枢形成后，这一走势中枢的区间也就出现了，而在这一走势中枢范围内的反复盘整，接下来就是中枢延伸。

因此，才会有缠中说禅“教你炒股票”第20课中的“缠中说禅走势级别延续定理一”：“在更大级别缠中说禅走势中枢产生前，该级别走势类型将延续。也就是说，只能是只具有该级别缠中说禅走势中枢的盘整或趋势的延续。”这也就意味着，中枢延伸往往是走势的盘整和延续。

案例解读

图5-7是航天机电（600151）15分钟K线图。在上涨走势中，形成了由A、B、C三段走势组成的回调中枢，由此可以得出，这一走势中枢的高点水平线ZG和低点水平线ZD，也就是该走势中枢的上下区间值，随后的走势中，每一小段上涨与下跌的走势，均是在围绕这一中枢区间进行的震荡，所以C段走势之后的此类走势，均为中枢延伸的结果。

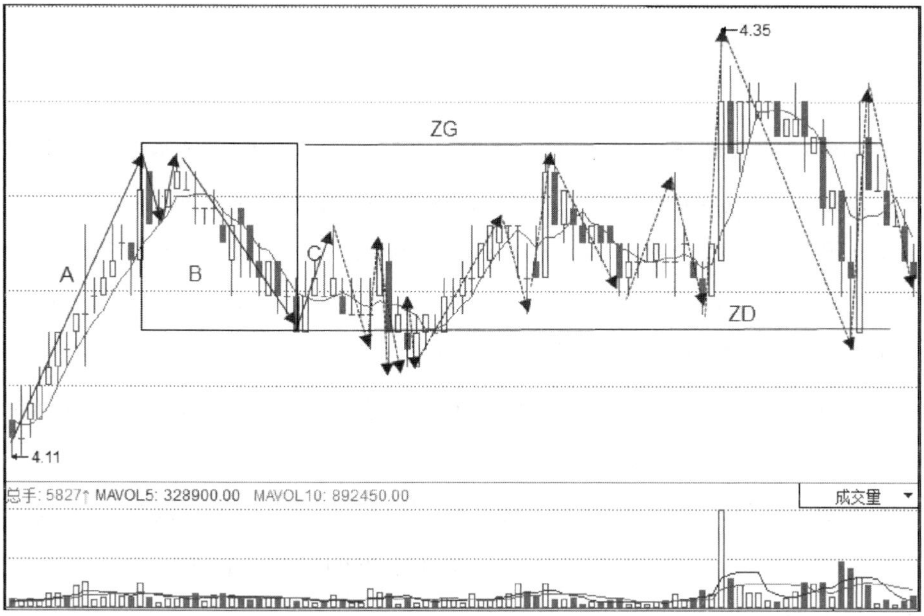

图5－7 航天机电15分钟K线图

实战要点

（1）在判断中枢延伸时，首先必须判断出一个有效的走势中枢，如图5－7中A、B、C三段走势的走势中枢和中枢范围，然后，方可根据这一走势中枢的区间，观察是否出现了中枢延伸。

（2）当走势中枢确立后，再出现的反复涨跌走势，只要一直围绕着这一走势中枢的区间运行，即可确认为中枢出现了延伸，如图5－7中C区域之后所标出的每一段走势。

小贴士

在判断中枢延伸时，只有在走势中枢后的走势中，出现向上或向下的走势后，随后的回升或回跌过程中，无法回到中枢区间时，才说明中枢延伸的结束，出现了中枢扩张。否则，依然是中枢延伸。

5.3.2 中枢扩张

根据缠中说禅在“教你炒股票”第20课中的“缠中说禅走势中枢中心定理二”可以得知：“前后同级别的两个缠中说禅走势中枢，后GG小于前DD等价于下跌及其延续；后DD大于前GG等价于上涨及其延续。后ZG小于前ZD且后GG大于等于前DD，或后ZD大于前ZG且后DD小于等于前GG，则等价于形成高级别的走势中枢。”

这些内容说明，一旦在中枢延伸或一个走势中枢形成后，出现向上或向下突破了这一走势中枢，就说明这一走势中枢出现了扩张。

因此，判断中枢扩张的方法很简单，只要在一个中枢形成后，一旦出现次级别走势向上或向下突破了这一走势中枢的区间，往往就意味着原有的走势中枢出现了向上或向下的扩张。

案例解读

（1）中枢的向上扩张。

图5-8 华创阳安15分钟K线图

图 5 -8 是华创阳安（600155）15 分钟 K 线图。在上涨走势中，出现了由 A、B、C 三段走势组成的回调中枢，并形成了走势中枢的区间高点水平线 ZG，随后 C 段走势后，出现了中枢延伸，但到了 E 段走势时，股价在向上突破中枢区间高点水平线 ZG 后，回跌的 F 段走势，未跌破中枢高点水平线 ZG，即出现了止跌回升，说明走势已出现向上脱离走势中枢的情况，形成了中枢的向上扩张，此时应积极参与行情。

（2）中枢的向下扩张。

图 5 -9　维科技术 15 分钟 K 线图

图 5 -9 是维科技术（600152）15 分钟 K 线图。在上涨走势中，形成了由 A、B、C 三段走势组成的回调中枢，但在 C 段走势后的 E 段下跌中，跌破了中枢区间的低点水平线 ZD，随后的 F 段回升时，未回到中枢区间的低点水平线 ZD 即出现了止涨回跌，说明股价走势已经向下脱离了走势中枢，形成了中枢的向下扩张，表明趋势在持续走弱，持有该股者此时应果断卖出回避。

实战要点

（1）当中枢向上扩张时，必须在股价向上突破中枢高点水平线 ZG 后，再回跌时未跌回中枢内即止跌回升时，方可确认中枢的向上扩张，如图 5－8中的情况。

（2）当中枢向下扩张时，必须在股价向下跌破了中枢低点水平线 ZD 后，再回升时未回到中枢内即止涨回跌时，方可确认中枢的向下扩张，如图 5－9 中的情况。

小贴士

中枢扩张往往会形成更大的走势中枢，或出现新的向上或向下中枢，所以中枢向上扩张时，往往会构成第三类买点，而中枢向下扩张时，会构成第三类卖点。

5.4　走势中枢与趋势反转

一个走势中枢形成后，不一定会造成趋势反转，但趋势反转，必然是在走势中枢形成后发生背驰时才引发的。

5.4.1　回调中枢对趋势反转向下的影响

在“教你炒股票”第 20 课中，谈到走势中枢时，缠中说禅说：“如果该中枢是在上涨之中的，在中枢之下并不能必然形成买点，中枢下的买点，只可能存在于下跌与盘整的走势类型中。”

从中可以看出，如果是在上涨趋势中，当形成一个走势中枢后，必然是回调型的中枢，而在这一回调中枢之下，是根本不会形成买点的，只有在中枢之上才会形成买点。这就意味着，当回调中枢出现后，对之前的上涨趋势有可能造成反转。

回调中枢对趋势如果造成了向下的趋势反转，必然有一定明显的迹象，就是在这一回调中枢之下有向下跌破中枢区间的情况出现。这是从趋势的角度进行分析。另外，就是在上涨趋势中出现的第二个回调中枢，如果发生了背驰，就会对趋势造成直接的反转向下。关于回调中枢的背驰点的判断，会在随后的背驰内容中介绍。这里只需要明白，回调中枢是会造成趋势的反转向下即可。这一点，和缠中说禅的背驰理论并不矛盾，因为在回调中枢之下出现向下跌破中枢区间时，必然会造成趋势的反转向下，所以这一回调中枢之下的趋势卖点，被缠中说禅称为“最后的逃命卖点”。

案例解读

图 5 – 10 是苏宁易购（002024）日线图。在上涨趋势中，先是出现了 A 段走势的上涨，接着出现了三小段的 B 段盘整，随后又出现了 C 段走势的上涨，形成了一个明显的回调中枢，在这一中枢内发生了背驰，趋势随后出现了反转向下，这就是回调中枢对趋势反转的影响。

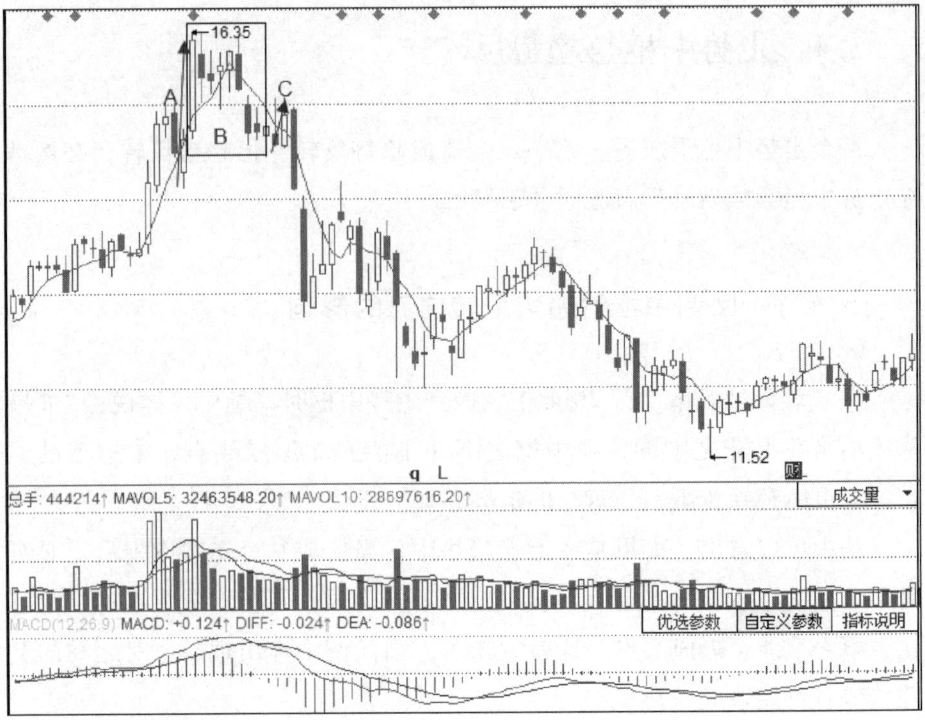

图 5－10　苏宁易购日线图

实战要点

（1）回调中枢均为出现在上涨趋势中的由于回调形成的中枢，所以区分回调中枢时应严格按照回调中枢的定义来判断，如图 5－10 中 A、B、C 区域的情况。

（2）回调中枢由于是上涨中的回调，一旦在回调中枢内发生背驰，必然会引发趋势出现反转向下，如图 5－10 中的情况。

小贴士

并不是所有的回调中枢都会引发趋势的反转向下，只有回调中枢出现向下跌破中枢区间时，才会形成趋势的反转。

5.4.2　回升中枢对趋势反转向上的影响

在“教你炒股票”第 20 课中，缠中说禅是举了向下的例子，但根据上一小节的内容可以推导出向上的情况。在一轮明显的下跌趋势中，一旦出现了走势中枢，必然会是回升型的中枢。根据缠中说禅关于买卖点的判断，“中枢下的买点，只可能存在于下跌与盘整的走势类型中”，所以，回升中枢是判断趋势是否反转向上的标准，因为所有的买点，都是趋势转为上行时才会构成的。

如果再结合“教你炒股票”第 24 课中“缠中说禅背驰—买卖点定理”的理论：“任一背驰都必然制造某级别的买卖点，任一级别的买卖点都必然源自某级别走势的背驰。”从中可以得知，一旦第二个回升中枢内出现了背驰，就必然引发趋势的反转向上。这一点会在随后的背驰理论中详细介绍，这里只需要明白，回升中枢会对趋势反转向上造成影响，一旦回升中枢出现后发生背驰，或是出现股价向上突破中枢的行为，就说明趋势已经反转向上了。所以，哪怕是忽略了背驰等因素，只要回升中枢出现后，发现股价回跌不跌回回升中枢内的情况，就可以证明趋势已出现了反转向上，即可买入股票了。这种情况，就是缠中说禅所说的“第三类买点”的情况。

案例解读

图 5 - 11 是航天电器（002025）日线图。在下跌趋势中，先是出现了 A 段的下跌，紧接着出现了 B 区域的三段走势的回升盘整，最后在 C 段出现了下跌，形成了一个明显的回升中枢。观察这一回升中枢发现，C 段走势小于 A 段走势且对应的 MACD 无绿柱，所以 MACD 绿柱面积自然小于 A 段对应的绿柱面积，而 B 段走势将 MACD 双线拉回到了 0 轴附近，这里形成了底背离，最终该股出现了趋势的反转向上。

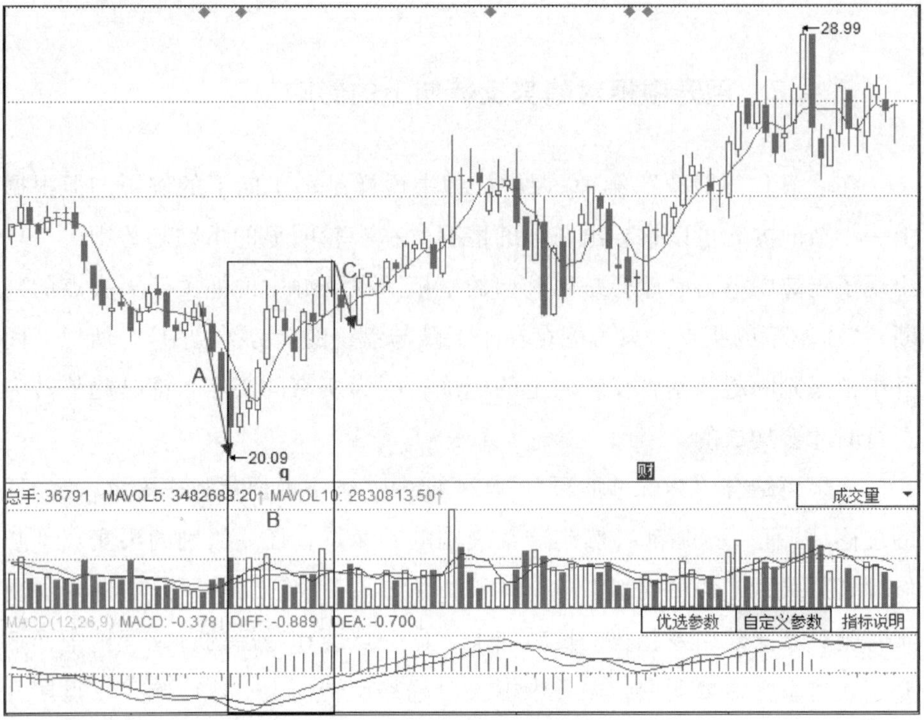

图 5－11　航天电器日线图

实战要点

（1）回升中枢出现时，应是下跌趋势中出现的股价止跌回升期间形成的 A、B、C 三段走势的回升中枢，如图 5－11 中的情况。具体判断回升中枢的方法，可参阅前文中回升中枢一节的内容。

（2）回升中枢对趋势反转向上的影响，大多数都是因背驰引发的，如图 5－11 中回升中枢的情况。至于判断背驰的方法，会在后面的章节中详细讲到。

小贴士

并不是回升中枢内一定要形成背驰，才会引发趋势的反转向上的。只要在回升中枢形成后，次级别走势出现不跌回回升中枢内的情况，同样说明趋势出现了反转向上。

5.4.3　中枢延伸对原有趋势的影响

在“教你炒股票”第20课中，在谈到走势中枢时，缠中说禅说：“如果三个连续次级别走势类型的重叠区间虽然不和前面的走势中枢有任何重叠，但围绕该中枢产生的波动触及前面走势中枢延续时的某个瞬间波动区间，这时，就不能认为该走势类型是趋势，而只是产生一个更大级别的缠中说禅走势中枢。”这就是“走势中枢以及其延伸”的情况，“在这种情况下，所有围绕走势中枢产生的前后两个次级波动都必须至少有一个触及走势中枢的区间。否则，就必然产生一个新的三次连续次级走势类型的重叠部分离开原来的走势中枢，这与走势中枢的延续矛盾”。

由此，得出了“缠中说禅走势级别延续定理一”：在更大级别缠中说禅走势中枢产生前，该级别走势类型将延续。也就是说，只能是具有该级别的缠中说禅走势中枢的盘整或趋势的延续。

从这些内容可以得知，当一个走势中枢形成后，一旦出现盘整，就必须是围绕着这一走势中枢区间的，一旦出现向上或向下的延伸，必然会出现向上或向下的脱离原有走势中枢的情况，即形成“回调中枢+盘整+向上离开中枢”和“回升中枢+盘整+向下离开中枢”的延伸，一旦向上或向下延伸无法回到原中枢，就会形成新的走势中枢，成为向上走势或向下走势的延续。所以，中枢延伸的结果往往是对原有走势的一种持续，只有向上离开或向下离开原有中枢时，中枢延伸的结果才会造成大幅的向上或向下的走势。

案例解读

（1）中枢向下延伸。

图5-12是山东威达（002026）日线图。在下跌趋势中，形成了由A、B、C三段走势组成的回升中枢，在随后的盘整中，均是在中枢范围之内。但在H段的走势中，出现了跌破中枢区间的情况，说明中枢出现了向下延

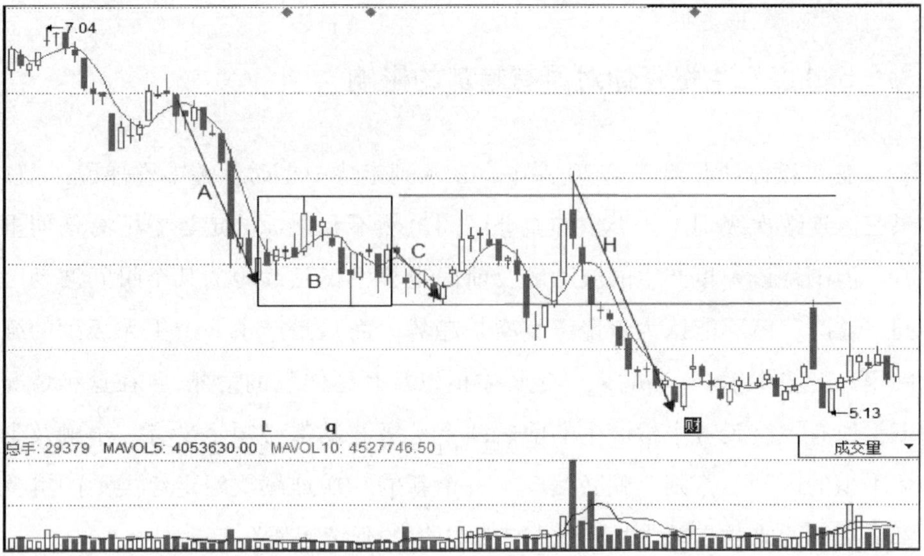

图 5－12 山东威达日线图

伸，此时应采取回避观望的策略，这就是中枢向下延伸所造成的对原有下跌趋势的持续弱势影响。

（2）中枢向上延伸。

图 5－13 七匹狼日线图

图5－13是七匹狼（002029）日线图。在上涨走势中，形成了由A、B、C三段走势组成的回调中枢，随后的盘整中，始终围绕着这一回调中枢的区间，但在H段走势中，出现了向上突破中枢区间的情况，形成了中枢的向上延伸，可短线参与行情。这就是中枢向上延伸造成的向上走势的延续行情。

实战要点

（1）当中枢向上延伸时，是指股价向上脱离中枢区间的走势，如图5－13中H段走势的情况。但只有出现回调不跌回中枢时才表示上涨行情的持续，否则均应以短线操作为主。

（2）当中枢向下延伸时，是指股价向下脱离中枢区间的走势，如图5－12中H段走势的情况。但由于此期间为弱势，所以应采取观望的态度。

小贴士

判断中枢延伸时，关键在于要先判断出一个走势中枢，并由这一中枢寻找出中枢的区间，即A、B、C三段走势中的B区域的高低点范围，只要次级别走势出现向上或向下脱离这一中枢区间，即可确认为中枢延伸。

5.4.4　中枢扩张对趋势的影响

在“教你炒股票”第20课中，缠中说禅给出了“缠中说禅走势中枢中心定理二”：“前后同级别的两个缠中说禅走势中枢，后GG小于前DD等价于下跌及其延续；后DD大于前GG等价于上涨及其延续。后ZG小于前ZD且后GG大于等于前DD，或后ZD大于前ZG且后DD小于等于前GG，则等价于形成高级别的走势中枢。”

结合中枢扩张的定义，这就是说，当形成了两个走势中枢时，如果后一个中枢的低点高于前一个中枢的高点，就说明中枢出现了向上的扩张，原有的上涨走势会延续，中枢在向上的扩张中，形成了新的走势中枢；同样，如果是后一个中枢的高点低于前一个中枢的低点，一旦随后的回升中无法回到前一个中枢区间，就说明中枢出现了向下的扩张，形成了新的走势中枢。

这是当两个走势中枢形成后的判断。事实上，只要形成了一个走势中枢，通过观察随后的次级别走势，就能够发现走势中枢的扩张行为对原有趋势会造成持续的影响。上涨走势中形成走势中枢后，中枢的向上脱离中枢区间的行为，就是中枢的向上扩张，会引发上涨趋势的持续，导致新的向上移动的中枢形成；下跌走势中形成走势中枢后，向下脱离中枢区间的行为，就是中枢的向下扩张，会引发下跌趋势的持续，导致新的向下移动的中枢形成。

因此，中枢扩张的结果，就是对原有趋势的一种强化。

案例解读

（1）中枢的向上扩张。

图 5－14　苏泊尔 30 分钟 K 线图

图5－14是苏泊尔（002032）30分钟K线图。在上涨走势中，形成了由A、B、C三段走势组成的回调中枢，并有了中枢区间，高点水平线为ZG。在随后的S区域，股价向上突破了中枢高点水平线ZG后的回跌时，未跌破高点水平线ZG回到中枢区间，即出现了止跌回升，说明出现了中枢的向上扩张，应果断买入股票。这就是中枢向上扩张所形成的对原有上涨趋势的强化影响。

（2）中枢的向下扩张。

图5－15　双鹭药业30分钟K线图

图5－15是双鹭药业（002038）30分钟K线图。在上涨趋势中，在创出36.25元的高点后，出现了三小段走势的盘整，形成了一个由A、B、C三段走势组成的回调中枢，从而有了中枢的区间下轨ZD。随后的震荡中，于H区域，股价在跌破中枢区间下轨后的回升过程中，未回到中枢区间内，即出现了止涨回跌，说明中枢出现了向下扩张，此时应以卖出股票操作为主，而不要轻易做买入操作。这就是中枢向下扩张所引发的对原有走弱趋势的强化影响。

实战要点

（1）当中枢向下扩张时，应以在中枢形成后的走势中，股价跌破中枢下轨 ZD 后的回升过程中，无法重新回到中枢内即回跌为准，所以表明的是趋势的继续走弱，如图 5－15 中的情况。

（2）当中枢向上扩张时，应以中枢形成后的走势中，股价向上突破中枢区间上轨 ZG 后的回跌过程中，未跌回中枢内即出现回升为准，所以表明的是趋势的继续走强，应积极参与行情，如图 5－14 中的情况。

小贴士

中枢扩张，无论是向上扩张还是向下扩张，主要是观察中枢形成后的走势中是否出现了向上或向下脱离原中枢区间，一旦出现向上脱离后无法回落到原中枢内或向下脱离后无法回到原中枢内，即可确认形成了中枢扩张。而中枢扩张的结果，必然是会形成新的中枢。

第6章

中枢震荡与趋势盘整

中枢震荡与趋势盘整在形态表现上是相同的，但中枢震荡与趋势盘整又有着一定的区别，要学会如何正确区分中枢震荡和趋势盘整，才能在趋势不够明朗时看清盘整中趋势的细微变化。

6.1　中枢震荡概述

中枢震荡就是围绕走势中枢区间形成的反复震荡整理，但是如果中枢震荡持续时间太长，往往就会形成反复盘整的中阴状态，应严格区分这两种状态。

6.1.1　中枢震荡

对于中枢震荡，缠中说禅并没有给出具体的定义，但是根据“教你炒股票”第 17 课中的“缠中说禅走势分解定理二”，即“任何级别的任意走势类型，都由三段以上次级别走势类型构成”，再结合缠中说禅关于走势中枢的定义，可得知，所谓的中枢震荡，就是当一个走势中枢成立后，所有围绕这一走势中枢区间展开的次级别的走势。

事实上，中枢震荡的概念很简单，从字面上也很容易理解，只要了解走势中枢，并确认走势中枢的区间后，之后形成的围绕这一走势中枢区间的次级别走势，就可以确认为是中枢震荡。

然而，缠中说禅在这一课中又讲：“按照量子力学，物质之分是有极限的。同样，级别之次也不可能无限。”这就意味着，中枢震荡不会一直持续下去，只是在一定时期内造成了股价的盘整，中枢震荡后趋势的演变才是最关键的，因为所有在中枢震荡中向上脱离这一走势中枢的行为，都说明趋势转强，会形成买点；相反，所有中枢震荡中向下脱离这一走势中枢的行为，都说明趋势转弱，会形成卖点。这才是中枢震荡在实战中的重要意义。而“在中枢震荡中的所有追涨杀跌行为，最后只有死路一条”。

案例解读

图 6 - 1 是轴研科技（002046）日线图。在上涨走势中，出现了由 A、B、C 三段走势组成的一个回调中枢，并由此得出了中枢的区间的高点水平线 ZG 和低点水平线 ZD，随后的 1 段、2 段、3 段、4 段、5 段、6 段、7

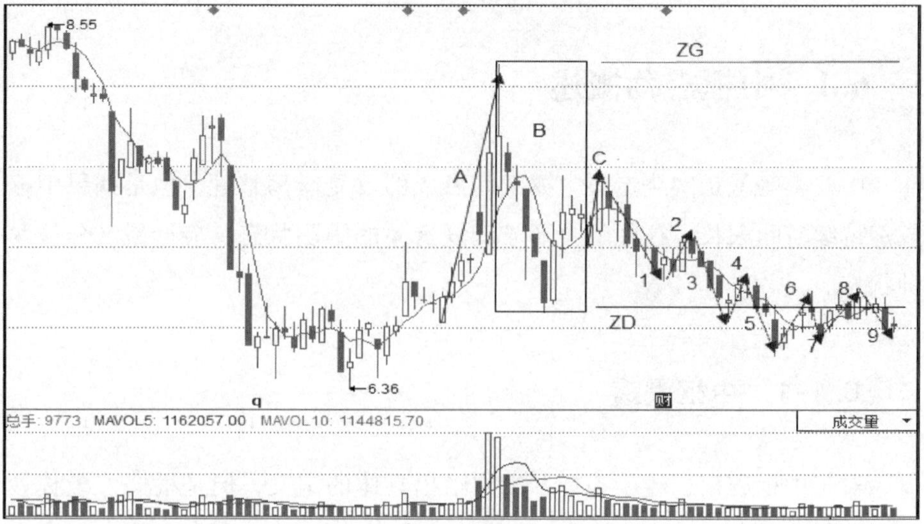

图 6-1　轴研科技日线图

段、8 段、9 段走势，一直是围绕着这一走势中枢区间展开的震荡，属于中枢震荡。

实战要点

（1）在判断中枢震荡时，必须形成一个走势中枢，之后才会有可能形成中枢震荡。如图 6-1 中回调中枢的出现，才有了 1 段、2 段、3 段、4 段、5 段、6 段、7 段、8 段、9 段走势的中枢震荡。

（2）在中枢震荡中，允许次级别的走势向上或向下短时的跌破中枢区间低点水平线 ZD，或升破中枢高点水平线 ZG，但随后必须回到中枢区间内，方为中枢震荡。如图 6-1 中的情况，其中 5 段和 7 段行情出现了向下跌破中枢区间低点水平线 ZD，但紧接着 6 段和 8 段走势又回到了中枢区间。

小贴士

在中枢震荡中，如果股价出现向上升破中枢区间高点水平线 ZG，或是向下跌破中枢区间低点水平线 ZD 后，无法再跌回或升回中枢区间，就说明中枢震荡出现了向上或向下的突破，此时应从中枢扩张的角度来分析。

6.1.2　中阴状态

在“教你炒股票”第88课中，缠中说禅说道：“中阴阶段，无一例外，都是表现为不同级别的盘整（注意：这是只从截取这一阶段的形态来讲，并不是说新的走势类型一定是盘整）。即围绕前一走势的某一部分所构成的中枢震荡，即使是所谓的V型反转也一样，只是震荡的区域更深而已。”从这一段话可以看出，中阴状态就是围绕前一走势的某一部分展开的较长时间的盘整。

这样来看，中阴阶段或中阴状态就变得很容易理解了，还有一点要注意的是，因为缠中说禅在“教你炒股票”第88课中也提到：“注意，一定要注意！为什么很多人逃了顶，最后还是被套住了；抄了底，最终还是没赚到钱，被震出来了？这就是被相应级别的中阴阶段给搞死的，而且，越大级别转折后的中阴阶段，越能搞死人……所以无论任何级别，在一个顶点出来后，都有对应级别长度的中阴阶段。”因此，当长期大幅上涨或下跌后，一旦形成了中阴状态，则都需要回避。

案例解读

图6－2　顺鑫农业日线图

图 6－2 是顺鑫农业（000860）日线图。经过了大幅上涨后，股价在进入 A 区域的高位区后，形成了反复盘整，造成了 A 区域首端的回调中枢的震荡，从而进入了中阴状态。在此期间应采取逢高卖出的策略。

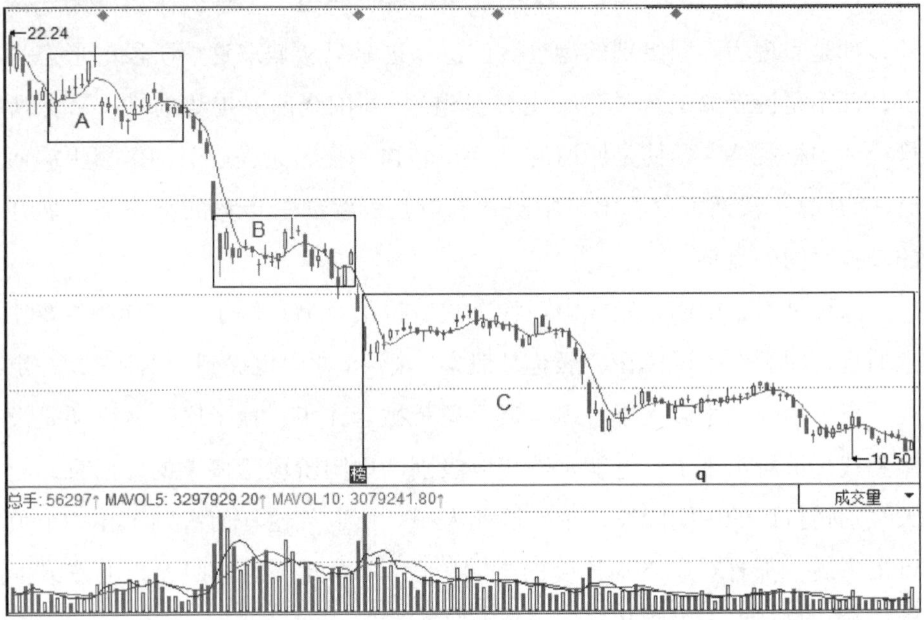

图 6－3　宁波华翔日线图

图 6－3 是宁波华翔（002048）日线图。在经过大幅下跌后，A 区域和 B 区域形成短时的盘整后，在 C 区域再次形成了时间较长的盘整，表明股价进入了中阴状态，此期间应采取回避观望的策略，不要轻易买入股票。

实战要点

（1）中阴状态经常出现在上涨趋势的高位区域，往往表现为高位的长期震荡，如图 6－2 中 A 区域的情况。此期间，应采取逢高卖出股票的策略。

（2）如果中阴状态是出现在下跌趋势里，表现为大幅下跌后的长期盘整，如图 6－3 中 C 区域的情况，此期间应保持持币观望，不要轻易买入股票。

小贴士

从趋势的角度分析，中阴状态往往表现为较长时间的盘整。这种盘整不一定都表现为横盘震荡，其间也会出现或高或低的盘整，所以在中阴状态下，是不宜操作股票的，应采取回避观望的策略。

6.2 中枢震荡监视器

当中枢震荡发生后，可以通过中枢震荡监视器的设定，来观察中枢震荡的强弱变化。因此，要想准确监视中枢震荡的强弱，就必须学会如何设定中枢震荡监视器。

6.2.1 设置中枢震荡监视器的方法

缠中说禅在“教你炒股票”第92课中这样说：“一个中枢确立后，中枢区间的一半位置，称为震荡中轴Z。而每一个次级震荡区间的一半位置，依次用Zn表示，当然，最标准的状态，就是Zn刚好就是Z，但这是很特殊的例子。显然，Zn在Z之上，证明这个震荡是偏强的，反之偏弱。震荡的中枢区间是［ZG，ZD］，那么，ZG、Z、ZD这三条直线刚好是等距的，Zn的波动连成曲线，构成一个监视中枢震荡的技术指标。”

这样，中枢震荡监视器的设置方法就形成了，但前提必须是形成一个走势中枢后，围绕这一中枢区间出现震荡时，方可使用这种方法来监视。正如缠中说禅所说：“当然，只要有波动，就可以用类似中枢、走势类型之类的手段去分析，不过Zn的数量不会过于庞大，不会超过9个数据，超过了，次级别就要升级了，所以这样的分析意义不大。”

案例解读

图6-4是航天电器（002025）日线图。在上涨走势中，当进入B区域时，形成了三小段的盘整走势，再将B区域与其前后两段走势接连，就形成了一个由A、B、C三段走势组成的回调中枢，并因此可得到这一回调中枢的区间，高点水平线ZG，低点水平线ZD和高低点的中轴Z。随后的中枢震荡过程中，四段走势的一半，即Z1、Z2、Z3、Z4，即为中枢震荡监视的区域，从中可以清楚地发现，Z1、Z2、Z3、Z4的走势明显在不断地抬高，表明中枢震荡的结果是不断走强，并且自Z2开始即向上突破了回

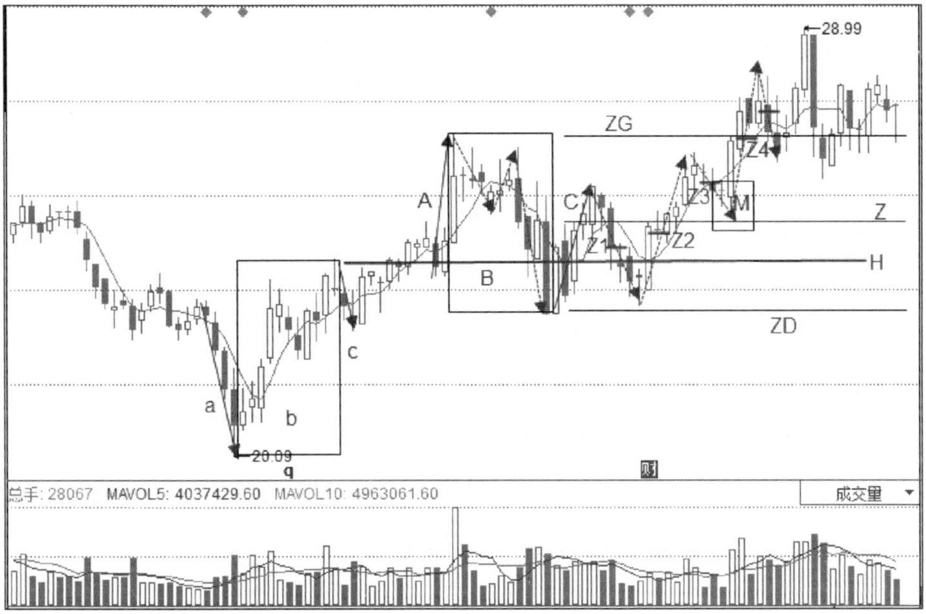

图 6-4　航天电器日线图

调中枢的中轴 Z，表明中枢震荡很快速地转为了强势。

然而在判断具体的买点时，应根据之前上涨初期的由 a、b、c 组成的回升中枢，与此时的情况来判断买卖点，则较为准确。例如回升中枢的中枢区间高点为 H 水平线，而在 M 区域，即股价在向上突破了回升中枢区间高点后回落时，未跌回回升中枢内即出现了止跌回升，所以 M 区域成了可靠的买点。

实战要点

（1）在设置中枢震荡监视器时，首先应该确定一个中枢，然后再根据中枢震荡中的走势一半的位置变化，来判断中枢震荡的强弱情况。如图 6-4中由 A、B、C 组成的回调中枢确立后，Z1、Z2、Z3、Z4 的走势即反映了中枢震荡的强弱情况。

（2）在根据中枢震荡监视走势强弱时，当 Zn 向上突破中轴时，即图 6-4中 Z3 在 Z 之上时，即表明中枢震荡已走强。但在判断买卖点时，应以之前趋势初转时的中枢和此时的走势来判断买卖点，如图 6－4 中的情况，应根据图 6－4 中 M 区域的走势，与之前的由 a、b、c 组成的回升中枢比较，M 区域出现回跌不跌回回升中枢高点 H 水平线即止跌回升的情况时，可买入股票。

小贴士

中枢震荡监视器是用来监视中枢震荡强弱的情况而设定的，中枢震荡中的 Zn 短时向上突破中轴 Z 的情况经常出现，并不能确保之后同样会在 Z 之上运行。因此，在判断具体的买卖点时，应结合之前趋势转折时期首次形成的中枢与当前的走势情况，综合确定具体的买卖点。

6.2.2 中枢震荡监视器的实战意义

在“教你炒股票”第 92 课中，谈到中枢震荡监视器时，缠中说禅说：“这里，存在着一种必然的关系，就是最终 Zn 肯定要超越 ZG 或 ZD，为什么？因为如果不这样，就永远不会出现第三类买卖点了，这显然是不可能的。但同样必须注意，反过来，Zn 超越 ZG 或 ZD 并不意味着一定会出现第三类买卖点的。也就是说，这种超越可以是多次的，只有最后一次才构成第三类买卖点。不过实际上的情况在绝大多数情况下没有这么复杂，一般有这类似的超越，就是一个很大的提醒，也就是这震荡面临变盘了。一般来说，如果这超越没有构成第三类买卖点，那么一般都将构成中枢震荡级别的扩展，这没有 100% 的绝对性，但概率是极大的。”

这就是说，中枢震荡监视器是用来对中枢震荡的强弱进行观察使用的，只有大级别中形成了中枢震荡时，才可根据监视的强弱结果来操作，否则，就应根据中枢震荡的结果来操作，只有出现中枢震荡中向上超越这一中枢后，未回到中枢内时，才会构成中枢向上扩张，形成买入的时机；一旦中枢震荡走弱，向下离开了这一走势中枢，就意味着趋势已转弱，应回避。在中枢震荡形成期间，最稳妥的操作，就是观望，只有彻底转强时再去操作，否则就应始终观望。

案例解读

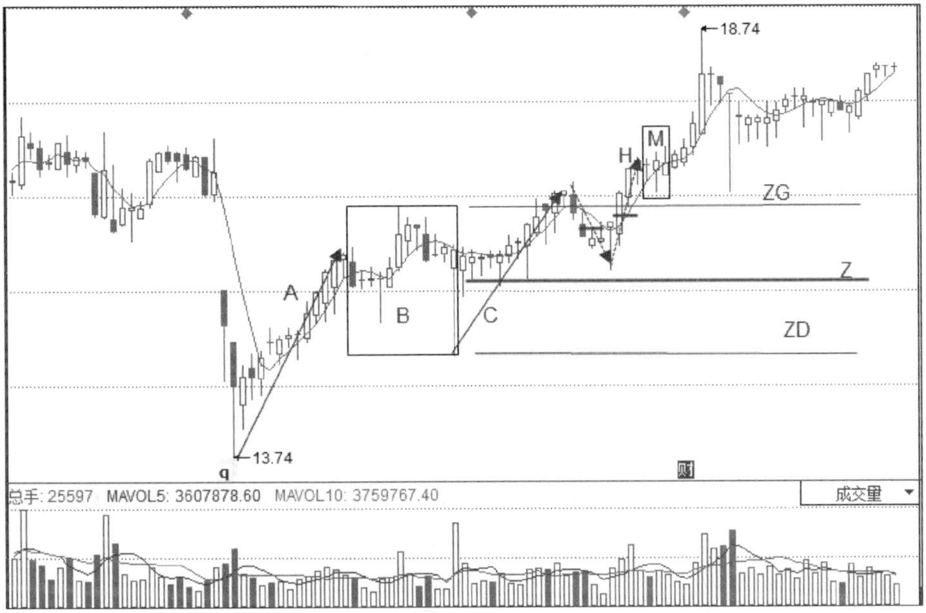

图6-5 达安基因日线图

图6-5是达安基因（002030）日线图。在上涨趋势中，B区域形成了三小段的盘整，再加上A和C前后两段走势，形成了一个由A、B、C组成的回调中枢，并得到了中枢的区间，高点水平线ZG和低点水平线ZD、中轴Z。随后的中枢震荡中，根据监视器的情况发现，Zn明显在中轴之上向上震荡上行，到进入H段走势时，股价向上突破中枢高点水平线ZG后回调时，在M区域，股价未回到中枢区间，Zn自然也远在中枢之上，即出现止跌回升，说明中枢震荡出现了向上的扩张，行情转强，应积极参与行情。

图6-6是联创电子（002036）日线图。在上涨走势中，B区域出现三小段盘整，再加上A和C前后两段走势，得到了一个由A、B、C组成的回调中枢，并得到了中枢区间：高点水平线ZG和低点水平线ZD、中轴Z。在随后的中枢震荡中，根据监视器的走势发现，Zn只是短时向上突破了中

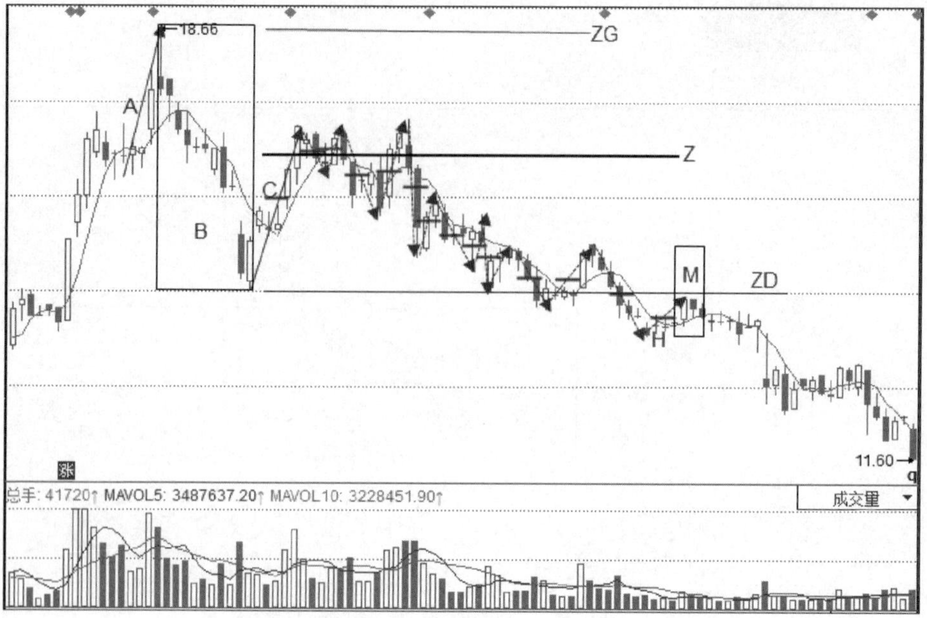

图 6－6　联创电子日线图

枢中轴，而后即一直在中轴 Z 之下向下运行，到 H 段走势时，Zn 出现了向下跌破中枢区间低点水平线 ZD，随后在 M 区域的回升中，未向上重新回到中枢区间即出现止涨回跌，Zn 也远在中枢之下，说明中枢震荡形成了向下扩张，趋势转弱，应回避操作，持币观望。

实战要点

（1）当中枢震荡中走势彻底转强时，中枢监视器中就会出现 Zn 始终位于中轴 Z 上方向上运行，股价向上突破中枢高点水平线 ZG 后的回调中，未跌回中枢即止跌回升，此时 Zn 自然在中枢之上，如图 6－5 中的情况。

（2）当中枢震荡中走势彻底转弱时，中枢监视器中就会出现 Zn 始终位于中轴 Z 下方向下运行，股价向下跌破中枢低点水平线 ZD 后的回升中，未回到中枢区间即出现止涨回跌，此时 Zn 自然在中枢之下，如图 6－6中的情况。

小贴士

在实战的时候，中枢震荡监视器是用来观察中枢震荡的走势强弱的，其中 Zn 走势和与中轴 Z 的位置即代表趋势的具体强弱情况：Zn 持续向上并突破中轴 Z 时，代表中枢震荡的走强；Zn 持续向下并跌破中轴 Z 时，代表中枢震荡的走弱。

6.3　中阴状态与中枢震荡

中阴状态是中枢震荡的延续，所以在实战中，要能够准确区分出中枢震荡与中阴状态，并学会判断中阴状态的结束点，这样才能准确把握住行情变化。

6.3.1　中阴状态是中枢震荡的延续

从中枢震荡与中阴状态的定义中，可以清楚地发现，中枢震荡就是围绕趋势中枢的区间展开的盘整，偶尔可能会出现向上或向下的延伸，造成中枢震荡的走势脱离这一走势中枢，但最终只要能够回到中枢区间即可，并且中枢震荡中的次级别走势不能超过9个，否则就会出现变盘。这就是说，中枢震荡的时间相对中阴状态要短。

中阴状态呢，首先从时间上来看，往往要长于中枢震荡，所以可以看作是中枢震荡的延续。其次，就是中阴状态只是对前期走势中的一部分展开的盘整震荡，所以与中枢震荡是围绕中枢区间展开的盘整震荡相比，在范围上有一定差异。

因此，无论是中枢震荡，还是中阴状态，都可视为一种盘整状态，不过是时间的长短不同而已。因此，在此应当明白缠中说禅在“教你炒股票”第17课中讲的“缠中说禅盘整”：“在任何级别的任何走势中，某完成的走势类型只包含一个缠中说禅走势中枢，就称为该级别的缠中说禅盘整。”

案例解读

图6-7是久联发展（002037）日线图。在上涨转下跌趋势中，先是形成了由A、B、C三段走势组成的回升中枢，随后出现了E段和F段走势的中枢震荡，进入Z区域，股价向下跌破了回升中枢的区间，进入了中阴状态，而中阴状态的盘整明显是针对回升中枢的下沿区域的，这从Z区

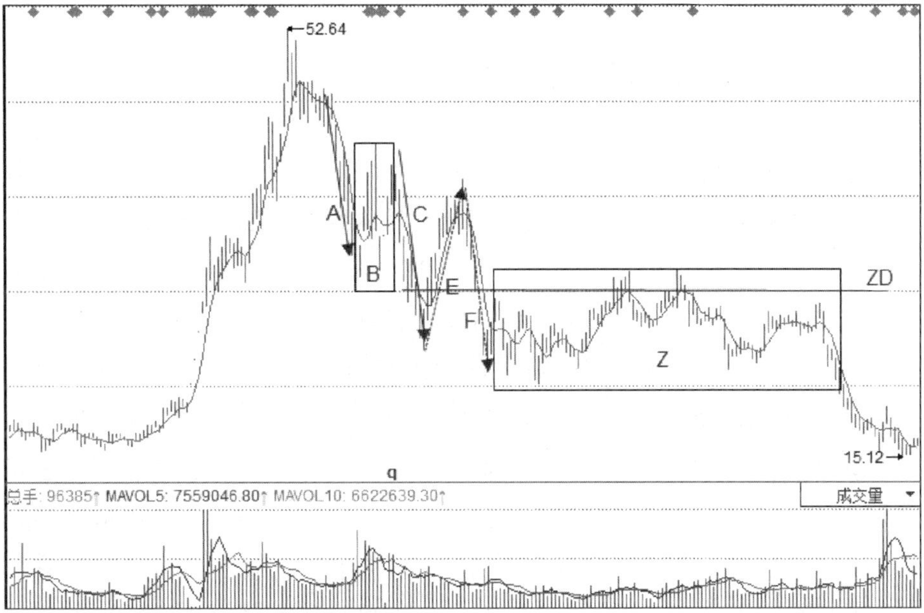

图 6－7　久联发展日线图

域的盘整中不时出现向上触及回升中枢的下沿行为中即可看出。因此，可以说，Z 区域的中阴状态的盘整，是针对回升中枢震荡的下沿位置展开的震荡整理，是 E 段和 F 段中枢震荡的弱势延续。

实战要点

（1）中枢震荡的时间往往较短，如图 6－7 中 E 段和 F 段的走势，即为中枢震荡，是围绕回升中枢展开的盘整。

（2）中阴状态往往是针对某一部分走势进行的盘整，如图 6－7 中 Z 区域，就是针对回升中枢的下沿展开的盘整。

小贴士

在区分中枢震荡与中阴状态时，往往从中枢形成后的盘整时间也可以分辨出来，往往整理时间短的盘整多为中枢震荡，时间长的盘整为中阴状态。

6.3.2 判断中阴状态结束的方法

在“教你炒股票”第90课中，缠中说禅表示：“这里给出的是中阴阶段结束时间的辅助判断，并不是一个绝对性的判断，如同用MACD判断背驰一样，只是一个辅助性的判断，但由于准确率极高，绝对的判断反而因为太复杂而不实用，所以就可以一般性地利用这个进行判断。一般来说，这个中阴阶段结束时间的辅助判断的有效性可以接近100%，很少有例外。

“这个辅助判断，可以利用所有软件都有的一个指标：布林通道。一般在软件上都用BOLL表示。该指标一般都有三条线，上、中、下三个轨道。一般性地，在上轨以上和下轨以下运行是超强状态，一般中枢移动时肯定会出现，唯一区别是前者上涨超强，后者下跌超强。

“注意，用这个指标能很好地辅助判断第二类买卖点，有时候也可以用来判断第一类买卖点。一般来说，从上轨以上跌回其下或从下轨以下涨回其上，都是从超强区域转向一般性区域，这时，如果再次的上涨或回跌创出新高或新低但不能重新有效回到超强区域，那么就意味着进入中阴状态了，也就是第一类买卖点出现了。

“但更有效的是对第二类买卖点的辅助判断，一般来说，在进入中阴状态后，上轨和下轨都会有滞后反应，也就是等第一次回跌或回升后再次向上或下跌时，上轨和下轨才会转向，而这时候转向的上轨和下轨，往往成为最大的阻力和支持，使得第二类买卖点在其下或其上被构造出来。”

由此可见，当形成盘整的中阴状态后，在判断是不是结束时，如果是上涨过程中形成的中阴状态，一旦股价在首次向上突破布林线上轨后，当股价站上布林线上轨并创出新高，无法再次站在上轨上保持在极强区域的状态时，往往就会形成中阴状态结束时冲高的卖点；如果是在下跌过程中形成的中阴状态，当股价首次跌破布林线下轨回升后，当第二次跌破下轨，股价再次回升到了上轨上的超强区域时，就意味着中阴状态结束了，形成了极好的买点。这就是判断中阴阶段结束的方法。

至于判断中阴状态开始的方法，由于缠中说禅还说过“中阴状态，无一例外都表现为盘整，只要照中枢震荡来对待即可”，所以，只要发现某股票股价出现了较长时间的中枢震荡和盘整时，即可确认该股票进入了中阴状态。

要想准确判断出中阴状态的结束点，必须事先对布林线指标有所了解。布林线，又称作布林通道或布林带，英文名为BOLL。指标包括上轨、中轨、下轨，股价线就是K线的简化显示，又叫美国线、柱线。这一点，不同的炒股软件中的显示是有区别的，以同花顺为代表的布林线是显示在K线图下方的指标显示区域，以大智慧为代表的布林线是直接显示在K线图的上方。但这只是显示不同，运用的方法是一致的。

案例解读

图6-8　梦网集团日线图（同花顺中向前复权）

图 6－8 是梦网集团（002123）日线图。从图中可以看出，在 K 线图下方的指标显示区域为布林线指标，其中，位于上方的线为布林线上轨，中间的线为中轨，下方的线为下轨，其中的绿色和红色的线为股价线，又称美国线，与上方的 K 线表示相同，不过是简化了一下显示情况。

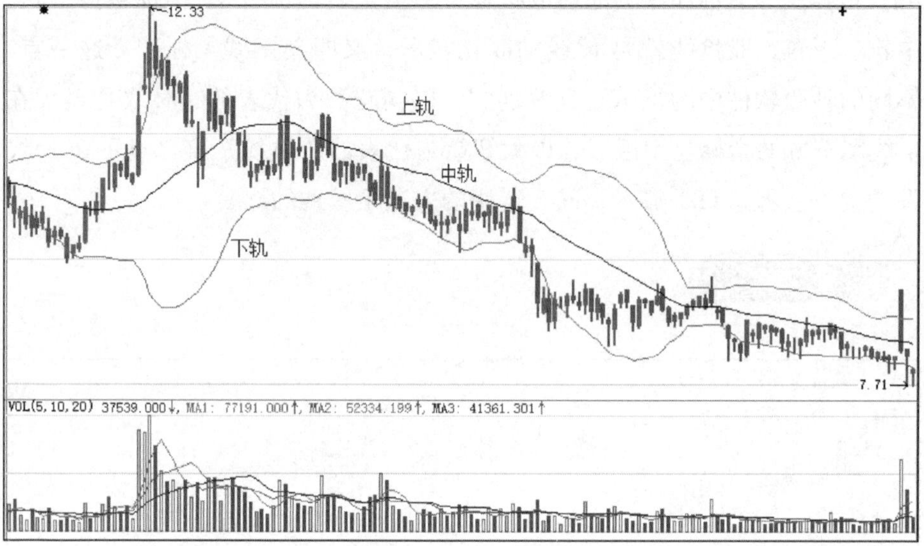

图 6－9　梦网集团日线图（大智慧中向前复权）

然而，大智慧与同花顺上的布林线指标显示是不同的，如图 6－9 中所示，在大智慧中，布林线的三条轨道直接显示在了 K 线图的上方，三条线来代表三条轨道，上方的线为上轨，中间的线为中轨，下方的线为下轨。

图 6－10 是南极电商（002127）日线图。在 Z 区域，股价进入中阴状态的盘整，随后的 A 区域，股价出现向上突破上轨后回落到上轨以下，随后的 B 区域股价出现了二次突破上轨，但未能在上轨以上的极强区域向上运行，所以虽然股价创出新高，但表明走势已转弱，为中阴状态结束时趋势向下运行的情况，应及时卖出股票。

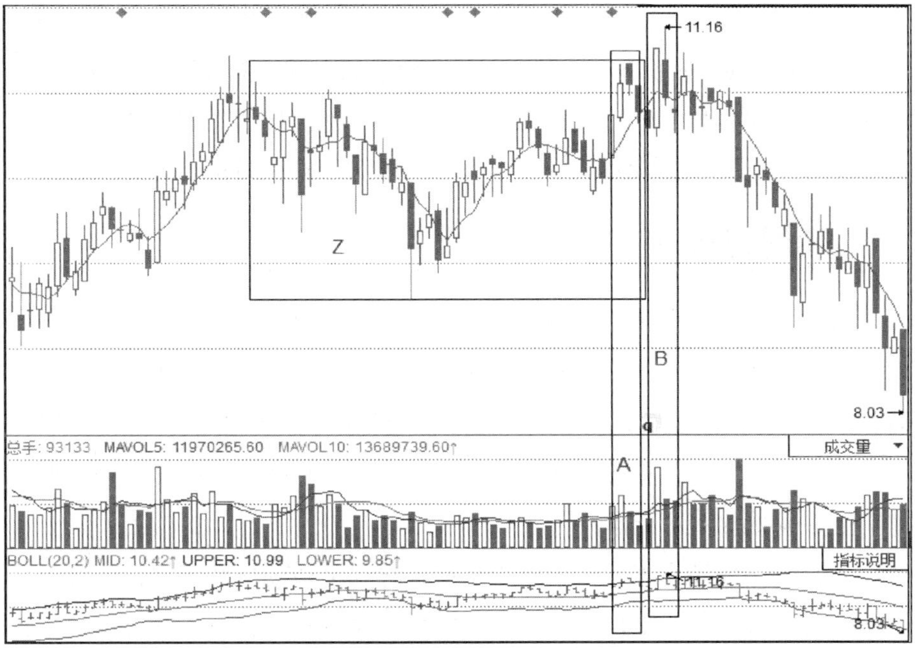

图6－10 南极电商日线图

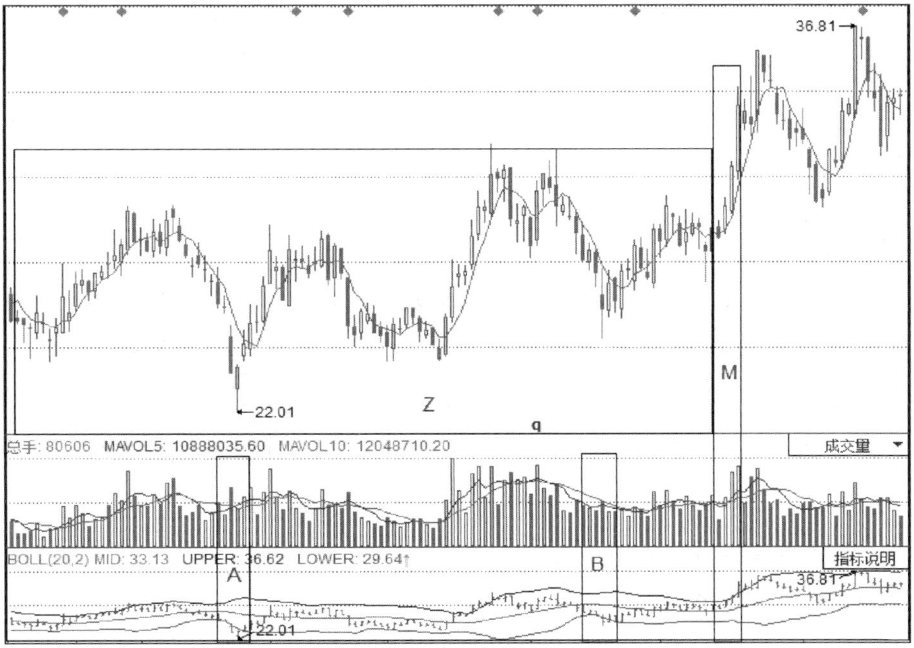

图6－11 石基信息日线图

图6－11是石基信息（002153）日线图。在Z区域的中阴状态的盘整中，A区域出现了股价向下跌破布林线下轨后的回升，随后的B区域出现了股价再次跌破布林线下轨后的回升，在M区域股价回到了上轨以上的极强区域，表明中枢状态结束时趋势是向上运行的情况，应及时买入股票。

实战要点

（1）在根据布林线指标判断中阴状态的结束点时，首先应学会如何观看布林线指标，因为不同的炒股软件，布林线指标的显示情况是不一样的，如图6－8中的情况为同花顺中的布林线指标显示情况，图6－9中的情况为大智慧中的布林线指标显示情况。但在使用布林线指标做研判时，并不受影响，方法是一样的。

（2）在中阴状态下，如果股价是在布林线上轨的极强区域，应观察股价跌破上轨的情况，即如图6－10中只有二次突破上轨后，股价虽然再创出新高，但却无法再回到上轨以上的极强区域，才是中阴状态结束时趋势转向下的情况，此时应卖出股票。

（3）在中阴状态下，如果股价是在布林线下轨附近的极弱区域运行，应观察股价跌破下轨时的情况，即如图6－11中只有股价二次跌破下轨，再次回升到了下轨之上后，并再次回到了上轨上的极强区域，才是中阴状态结束时趋势转向上的情况，此时应及时买入股票。

小贴士

无论是在上涨趋势还是在下跌趋势中，当股价进入较长时间的盘整后，即可确认进入了中阴状态。在强势中，即股价在超强区域的布林线上轨附近向上运行时，观察的是股价二次突破上轨后回落到上轨以下的情况，只有股价无法再回到超强区域时，才是中阴状态结束时的卖点；在弱势中，即股价在布林线下轨附近运行时，观察的是股价二次跌破布林线下轨后的情况，只有股价再次回到超强区域时，才是中阴状态结束时的买点。

第7章 背驰与趋势反转

缠中说禅说："没有趋势，就没有背驰。"可见，背驰是造成趋势反转的真正原因。所以，在研究背驰的形态时，一定要学会如何区分底背驰和顶背驰，这样才能够准确判断出趋势是反转向上，还是反转向下。

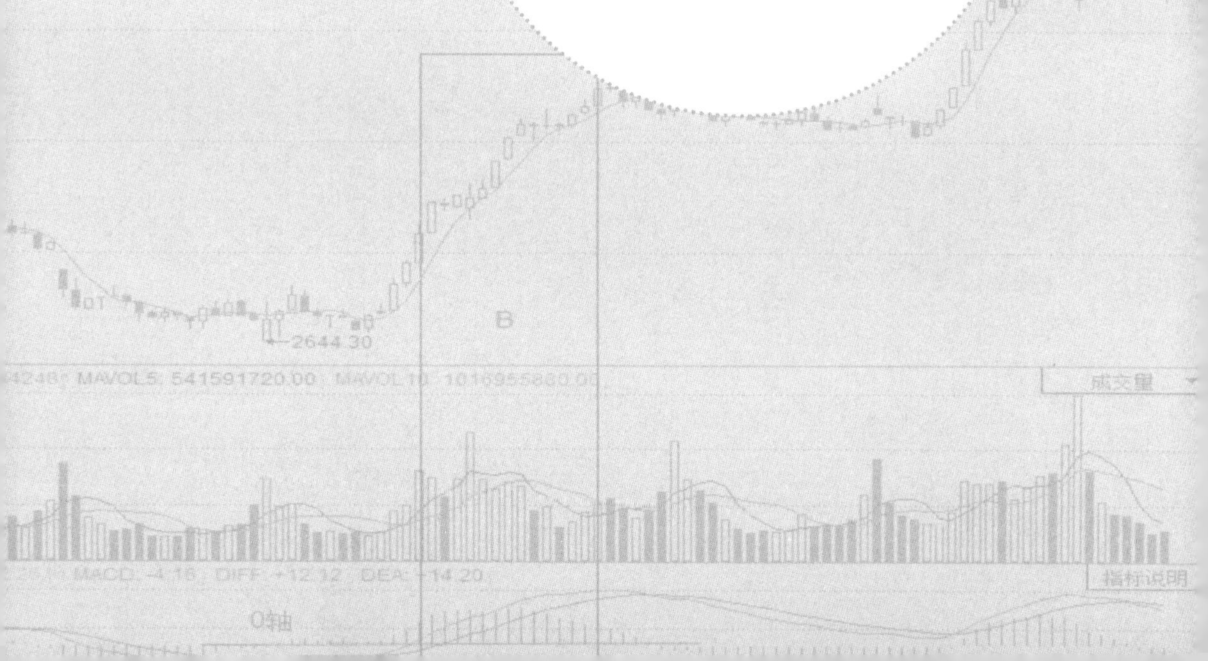

7.1 背驰概述

背驰有着严格的定义和特点，所以判断背驰时，一定要根据背驰的要求进行判断，只有完全符合背驰的要求，才能确认为背驰。

7.1.1 背驰的定义及特点

在“教你炒股票”第15课中，缠中说禅说：“没有趋势，就没有背驰。”因此，在理解背驰时，可以把背驰看作是与原有上涨或下跌趋势相反的趋势。

缠中说禅在“教你炒股票”第33课中讲得很明白：“总体围绕中枢的操作原则很简单，每次向下离开中枢只要出现底背驰，就意味着可以介入了，然后看相应回拉出现顶背驰的位置是否能超越前面一个向上离开的顶背驰高点，不行一定要走，行也可以走。但次级别回抽一旦不能重新回到中枢，就意味着第三类买点出现了，这时一定要买回来。如果从底背驰开始的次级别回拉不能重新回到中枢里，就意味着第三类卖点出现，必须走，然后等待下面去形成新的中枢来重复类似过程。”

因此，背驰其实就是在上涨趋势中，形成一个回调中枢，出现了后一段向上的力度小于前一段向上的力度时，股价就会向下出现跌破这一中枢区间的情况，形成与原有上涨趋势不同的向下背驰；或在下跌趋势中，如果形成一个回升中枢，一旦在这个中枢内出现后一段向下的力度小于了前一段向下的力度，股价就会向上出现突破这一中枢区间的情况，形成与原有下跌趋势不同的向上背驰。

所以，背驰是站在中枢的角度，对与趋势运行相反的中枢进行力度的分析，一旦出现向上离开中枢，就构成了强势的趋势反转，而一旦出现向下离开中枢，就构成了弱势的趋势反转。

案例解读

图7-1 三维通信日线图

图7-1是三维通信（002115）日线图。在明显的上涨趋势中，当创出10.79元的新高后，形成了一个与原有趋势相反的由A、B、C三段走势组成的回调中枢。观察这一中枢发现，其中C段走势小于A段走势，即在前后两段相同走势中，出现后一段上涨的力度小于前一段上涨力度的情况，说明上涨的力度在变小，形成了背驰，从而造成了随后H段走势的向下离开回调中枢的反转向下走势。这就是回调中枢背驰引发的上涨趋势反转向下的情况。

图7-2是宁波银行（002142）日线图。在下跌趋势中，创出新低15.84元后，形成了由A、B、C三段走势组成的与原有下跌走势相反的回升中枢。观察后发现，这一中枢内，C段走势明显小于A段走势，形成了背驰，导致了之后S段的向上离开回升中枢的反转向上走势。这就是回升中枢背驰引发的下跌趋势反转向上的情况。

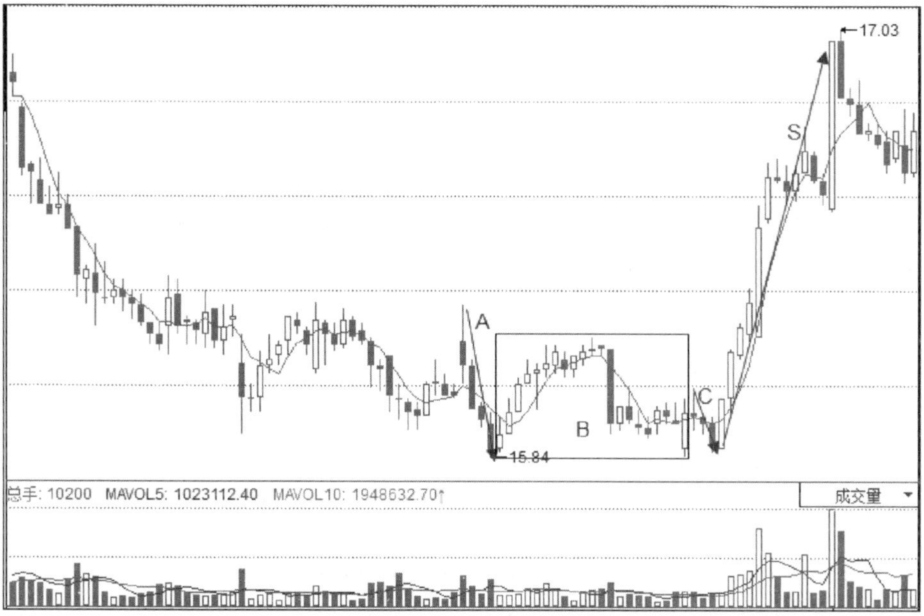

图7-2 宁波银行日线图

实战要点

(1) 如果是上涨趋势中出现的背驰，必然是回调中枢内C段走势小于A段走势，此时的A段走势和C段走势均为同步向上运行的，如图7-1中的情况。

(2) 如果是下跌趋势中出现的背驰，必然是回升中枢内C段走势小于A段走势，此时的A段走势和C段走势均为同步向下运行的，如图7-2中的情况。

小贴士

当背驰出现时，走势中枢的类型都是与原有运行趋势方向相反的，即上涨趋势中出现背驰的走势中枢为回调中枢，下跌趋势中出现背驰的中枢为回升中枢，且背驰后中枢会出现向下或向上离开原有中枢区间的情况。

7.1.2 判断背驰的方法

在“教你炒股票”第 24 课中，缠中说禅专门介绍了“MACD 对背驰的辅助判断”的方法：用 MACD 判断背驰，首先要有两段同向的趋势。同向趋势之间一定有一个盘整或反向趋势连接，把这三段分别称为 A、B、C 段。显然，B 段的中枢级别比 A、C 段里的中枢级别都要大，否则 A、B、C 段就连成一个大的趋势或大的中枢了。A 段之前，一定是和 B 同级别或更大级别的一个中枢，不可能是一个和 A 段逆向的趋势，否则这三段就会在一个大的中枢里了。

归纳上述，用 MACD 判断背驰的前提是 A、B、C 段在一个大的趋势里，其中 A 段之前已经有一个中枢，而 B 段是这个大趋势的另一个中枢，这个中枢一般会把 MACD 的黄白线（也就是 DIFF 和 DEA）回拉到 0 轴附近。而 C 段的走势类型完成时对应的 MACD 柱子面积（向上的看红柱子，向下的看绿柱子）比 A 段对应的面积要小，这时候就构成了标准的背驰。

所以，用 MACD 判断背驰时，在已经有一个中枢的前提下，形成了第二个同类型的中枢，只要这一中枢的 A、B、C 三段走势满足：

（1）C 段走势小于 A 段走势；

（2）C 段走势对应的 MACD 柱面积小于 A 段走势对应的面积（A 段与 C 段同为上涨走势时看红柱子的面积，A 段与 C 段同为下跌走势时看绿柱子的面积）；

（3）B 段走势将 MACD 双线拉回到 0 轴附近。

只要同时满足了以上三个条件，就可以确认为背驰了。

案例解读

图 7－3 是苏泊尔（002032）30 分钟 K 线图。在上涨趋势中，先是形成了由 1 段、2 段、3 段三段走势组成的一个回调中枢，随后的上涨中，又形成了一个由 A、B、C 三段走势组成的回调中枢。比较这一中枢的三段走势发现：C 段走势明显小于 A 段走势；由于 A、C 两段走势为上涨，所以

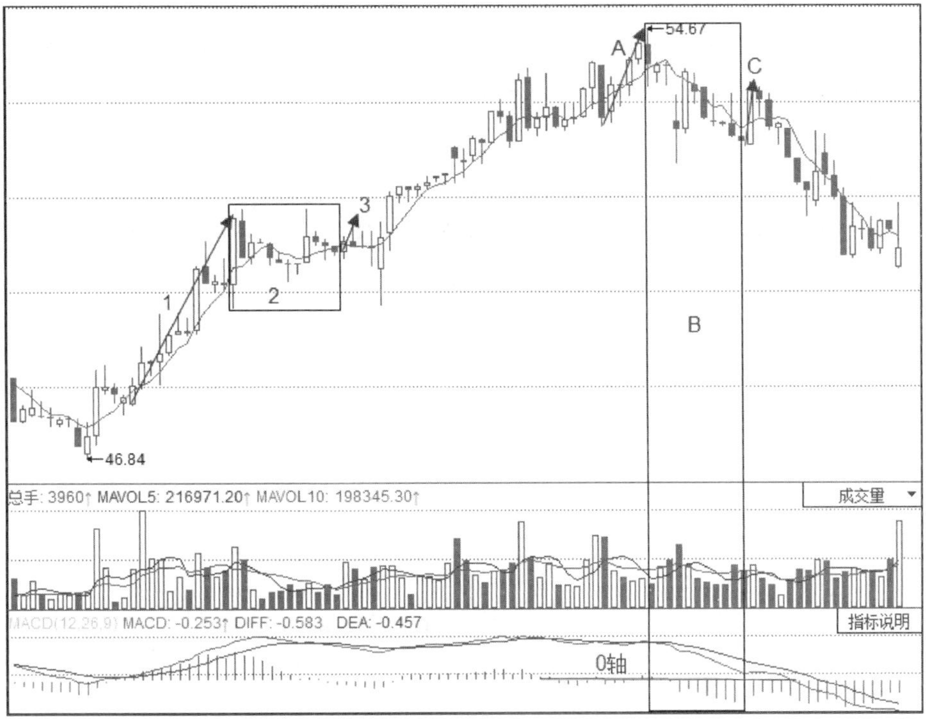

图7-3　苏泊尔30分钟K线图

比较的应该是两段走势对应的MACD红柱的面积，C段对应的MACD红柱面积明显小于A段走势对应的红柱面积；B段走势将MACD双线拉回到了0轴附近。因此，由A、B、C三段走势组成的回调中枢发生了背驰，由于是上涨趋势中发生的背驰，所以说明背驰后的趋势即将转为下跌，建议此时卖出该股票。

实战要点

（1）在利用MACD判断背驰前，应选择在一段明显的上涨或下跌趋势中出现了第二个类型相同的与大趋势相反的走势中枢时，再判断是否发生了背驰。如图7-3中由1、2、3段组成的中枢和由A、B、C段组成的中枢，均为回调中枢，而大趋势为上涨，中枢类型与大趋势走势相反。

（2）利用MACD判断背驰，在分析第二个走势中枢时，要求满足三个条件：B 段走势将 MACD 双线拉回到了 0 轴附近；C 段走势小于 A 段走势且对应的 MACD 柱面积小于 A 段走势对应的 MACD 柱面积（上行时看红柱，下行时看绿柱）。如图 7－3 中由 A、B、C 段组成的走势中枢的情况。

小贴士

利用 MACD 判断背驰只是一种辅助判断，但由于方法简单，准确率极高，所以是判断趋势是否出现反转的重要方法。

7.2　背驰的种类

背驰有着两种不同的形态：底背驰和顶背驰。因此，只有准确区分出现什么是底背驰，什么是顶背驰，才能确认趋势反转的方向。

7.2.1　底背驰

在“教你炒股票”第 33 课中，缠中说禅说：“在 A + B + C 的走势中枢中，对于 A、C 两段同向向下的走势，就构成底背驰。”

结合背驰与走势中枢的定义和判断方法，可以准确地得出这样的结论：底背离，就是发生在下跌走势中，当第二个回升中枢形成时，在由 A、B、C 三段走势组成的回升中枢内，如果发生了背驰，这种形态就是底背驰。判断底背驰时，是 B 段走势中 MACD 双线由下向上拉回到 0 轴附近；C 段走势小于 A 段走势且对应的 MACD 绿柱面积小于 A 段走势对应的 MACD 绿柱面积。

由于背驰意味着趋势的反转，所以底背驰的出现，意味着趋势的由弱转强，因此是买入股票的形态。

案例解读

图 7 -4 是名臣健康（002919）30 分钟 K 线图。下跌趋势中，先是形成了由 1、2、3 三段走势组成的回升中枢，随后的再下跌形成了一个由 A、B、C 三段走势组成的回升中枢。在后一中枢内：C 段走势小于 A 段走势且对应的 MACD 绿柱面积小于 A 段走势对应的 MACD 绿柱面积；B 段走势将 MACD 双线由下向上拉回到了 0 轴附近。因此，形成了底背驰。说明趋势出现了反转向上，应及时买入股票。

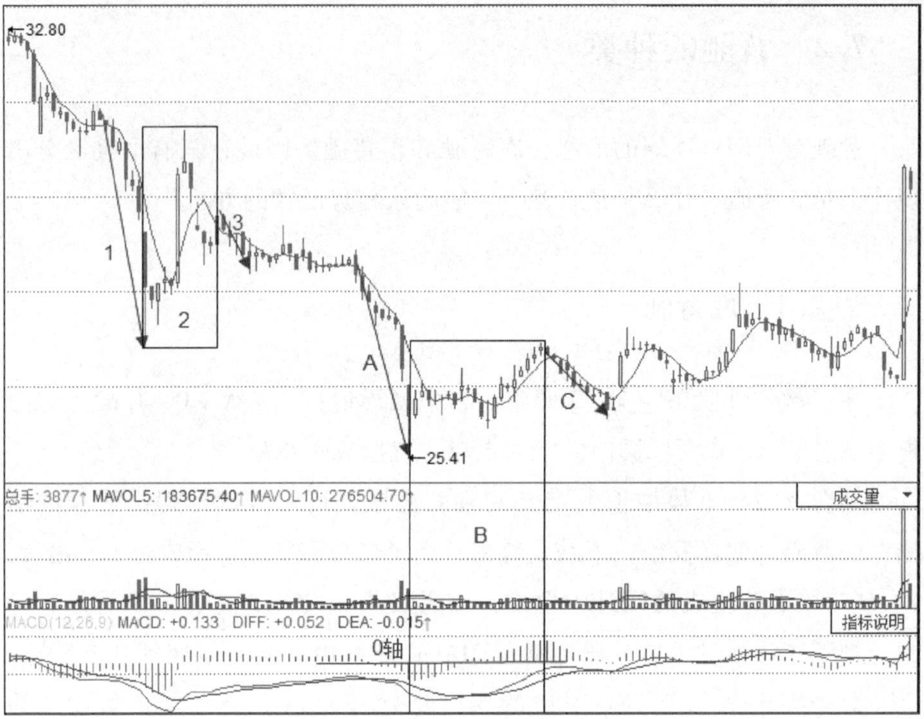

图 7－4　名臣健康 30 分钟 K 线图

实战要点

（1）在判断回升中枢是不是形成趋势反转的底背驰时，应选择在下跌过程中第二次形成回升中枢时，再来判断，如此时出现背驰，即为趋势反转时的征兆，如图 7－4 中的情况。

（2）判断第二个回升中枢是否出现底背驰时，应根据判断背驰的要求：C 段走势小于 A 段走势且对应的 MACD 绿柱面积小于 A 段走势对应的 MACD 绿柱面积；B 段走势将 MACD 双线由下向上拉回到了 0 轴附近。只要满足以上要求，即可确认为趋势反转向上的底背驰，应及时买入股票。

小贴士

在判断底背驰时，并不是在回升中枢内，只要三段走势符合了背驰的要求，即为趋势反转向上前的底背驰，而是必须确保在出现背驰的回升中枢前，出现过一个同样类型的回升中枢，如此在第二个回升中枢内出现背驰时，方可确认为底背驰。

7.2.2 顶背驰

在“教你炒股票”第33课中，缠中说禅说：“在A+B+C的走势中枢中，对于A、C两段同向向上的走势，就构成顶背驰。”

结合背驰的定义和判断方法，可以准确地得出这样的结论：顶背驰，就是发生在上涨趋势中，当第二个回调中枢形成时，在由A、B、C三段走势组成的回调中枢内，如果发生了背驰这种形态就是顶背驰。判断顶背驰时，是B段走势中MACD双线由上向下拉回到0轴附近；C段走势小于A段走势且对应的MACD红柱面积小于A段走势对应的MACD红柱面积。

由于背驰意味着趋势的反转，所以顶背驰的出现，意味着趋势的由强转弱，因此是卖出股票的形态。

案例解读

图7-5是双鹭药业（002038）30分钟K线图。在上涨趋势中，先是形成了由1、2、3三段走势组成的一个回调中枢，随后的上涨过程中，又形成了由A、B、C三段组成的回调中枢，观察发现：C段走势小于A段走势且C段对应的MACD红柱面积小于A段对应的MACD红柱面积；B段走势将MACD双线由上向下拉回到了0轴附近。因此，可以确认形成了顶背驰，说明趋势即将反转向下，应及时卖出股票。

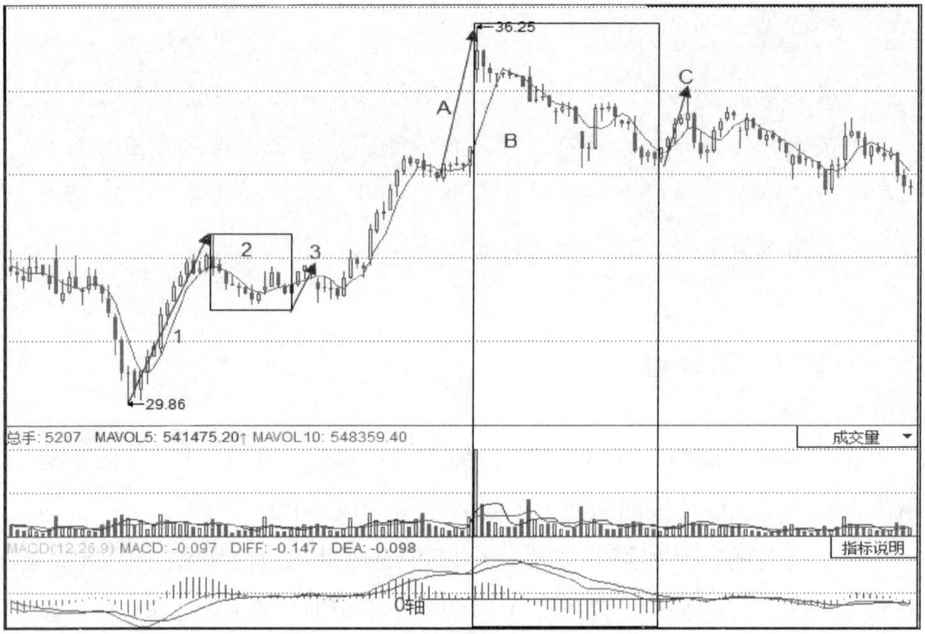

图 7－5　双鹭药业 30 分钟 K 线图

实战要点

（1）背驰必须是出现在上涨趋势中的第二个回调中枢内时，方可确认为趋势反转的顶背驰形态，如图 7－5 中的情况。

（2）判断顶背驰时，应确保第二个回调中枢内发生以下条件：C 段走势小于 A 段走势；C 段对应的 MACD 红柱面积小于 A 段对应的 MACD 红柱面积；B 段走势将 MACD 双线由上向下拉回到了 0 轴附近。此时，方可确认趋势出现了反转向下，应及时卖出股票。

小贴士

在判断顶背驰时，并不是在回调中枢内，只要三段走势符合了背驰的要求，即为趋势反转前的顶背驰，而是必须确保在出现背驰的回调中枢前，出现过一个同样类型的回调中枢，如此方可确认为趋势反转向下的顶背驰。

7.3　MACD判断背驰的四个关键条件

用MACD判断背驰时，虽然方法简单，但却有四个重要的条件是判断背驰的关键。所以在判断背驰时，一定要按照这四个条件来逐一进行观察。只有完全符合了这四个条件时，才能确认为背驰。

7.3.1　在第二个中枢发生背驰

缠中说禅在“教你炒股票”第27课中这样说：“对于背驰来说，肯定不会发生在第一个中枢之后，至少是第二个中枢之后，对于那种延伸的趋势来说，很有可能在发生第100个中枢以后才背驰，当然，这种情况，一般来说，一百年见不到几次。第二个中枢后就发生背驰的情况，一般占了绝大多数的情况，特别在日线以上的级别，这种就几乎达到90%以上，因此，如果出现一个日线以上级别的第二个中枢，就要密切注意背驰的出现。而在小级别中，例如1分钟线的情况下，这种比例要小一点，但也是占大多数。一般4、5个中枢以后才出现背驰的，都相当罕见了。”

这就意味着，在利用MACD判断背驰时，在绝大多数情况下，只要发现在第二个中枢中出现了背驰，就意味着走势要发生转折的变化了。所以，在第二个中枢中就发现背驰是判断背驰引发趋势反转的关键。

案例解读

图7-6是金奥博（002917）30分钟K线图。在上涨趋势中，当形成了由1、2、3三段走势组成的回调中枢后，再次上涨过程中，又形成了一个由A、B、C三段走势组成的回调中枢，是上涨趋势中的第二个走势中枢，且两个中枢的类型相同，均为回调中枢。这时，方可判断第二个中枢内的三段走势是否出现了背驰。观察发现：C段走势小于A段走势且C段对应的MACD红柱面积小于A段对应的MACD红柱面积；B段走势将MACD双线由上向下拉回到了0轴附近。所以，可确认为顶背驰，应及时

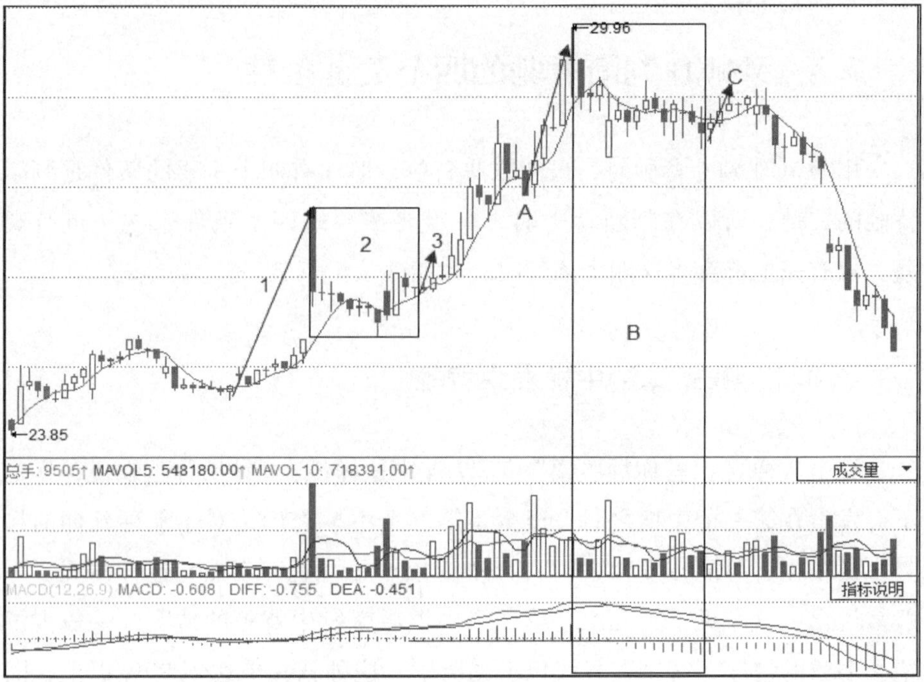

图 7-6　金奥博 30 分钟 K 线图

卖出股票。

实战要点

（1）判断背驰时，应确保是在一段明朗的走势中出现第二个走势中枢内发生了背驰，方可确认为趋势反转的征兆，如图 7-6 中的第二个中枢的情况。

（2）在判断趋势反转的背驰时，应确保第二次形成的中枢类型与第一个走势中枢的类型相同，回调中枢时均为回调中枢，回升中枢时均为回升中枢，如图 7-6 中第一个中枢与第二个中枢均为回调中枢。

小贴士

在判断背驰时，关于两个中枢的类型的区分，其实很简单，只要是在下跌趋势中出现的必然是回升中枢，只要是在上涨趋势中出现的必然是回调中枢。

7.3.2　MACD 柱的面积比较

根据“教你炒股票”第 24 课中，缠中说禅关于用 MACD 判断背驰的方法可得知，当第二个中枢出现背驰时，A、C 两段同向走势在比较时的依据是“向上的看红柱子，向下看的绿柱子”，由此可得知：当 A、C 两段走势为向上时，比较的是 MACD 红柱面积；当 A、C 两段走势为向下时，比较的是 MACD 绿柱面积。这就是比较 MACD 柱时对于红柱和绿柱的选择。

对于 MACD 柱面积的比较，根本不用计算，只要通过目测 MACD 柱子的长短、数量多少就能够一眼得出结论，因为在顶背驰时的 C 段红柱数量通常极少、长度极短，甚至没有，而在底背驰时 C 段的绿柱数量极少、长度极短，甚至是没有。所以，只要选定好要比较的 MACD 柱的颜色，通过目测 MACD 柱的长度和数量，就能够准确判断出 MACD 柱面积谁大谁小。

案例解读

图 7－7　中新赛克 30 分钟 K 线图

图 7－7 是中新赛克（002912）30 分钟 K 线图。在上涨走势中，在前期形成了由 1、2、3 三段走势组成的回调中枢的情况下，经过随后的中枢震荡，当再上涨时，又形成了第二个回调中枢，即由 A、B、C 三段走势组成的回调中枢。观察发现：C 段走势小于 A 段走势；B 段走势将 MACD 双线由上向下拉回到了 0 轴附近。至于 C 段走势对应的 MACD 红柱面积是否小于 A 段走势对应的 MACD 红柱面积，只要观察整个 C 区域对应的下方 MACD 柱，可发现均为绿柱，而 A 区域对应的 MACD 红柱有两根，明显是 C 段走势对应的 MACD 红柱面积小于 A 段对应的 MACD 红柱面积。所以，即可判定此处发生了背驰。因是在上涨走势中的回调中枢内发生的背驰，所以为顶背驰，应及时卖出股票。

实战要点

（1）C 段走势对应的 MACD 柱面积小于 A 段对应的 MACD 柱面积，是判断背驰时的一个重要因素。因此必须是第二个中枢内出现时，形成了 C 段走势小于 A 段走势和 B 段走势将 MACD 双线拉回到了 0 轴附近这两个条件后，一旦满足了 C 段走势对应的 MACD 柱面积小于 A 段对应的 MACD 柱面积，即可确认为背驰，如图 7－7 中的情况。

（2）判断“C 段走势对应的 MACD 柱面积小于 A 段对应的 MACD 柱面积”时，无须去计算，只要通过肉眼观察 MACD 柱的长短和数量的多少，即可得出结果，如图 7－7 中的情况。

小贴士

在判断“C 段走势对应的 MACD 柱面积小于 A 段对应的 MACD 柱面积”时，对于 MACD 柱颜色的选择，应根据 A、C 两段走势的方向决定，即 A、C 两段为上涨时，观察的是 MACD 红柱面积，而 A、C 两段为下跌时，观察的是 MACD 绿柱面积。

7.3.3 C 段走势小于 A 段走势

在利用 MACD 判断背驰时，不管是回升中枢还是回调中枢，A、C 两段走势都是同向趋势，所以比较这两段走势的力度时，只要根据这两段走势的长短，就能够判断出是否有“C段走势小于A段走势”。

这一点，是判断背驰时，比较是否形成了背驰的有力力度，在A段走势和C段走势为同向的走势中，只有后一段走势的力度弱于前一段走势力度的情况下，才能证明A段方向走势的力度出现了逐渐弱化或衰退。因为在由A、B、C三段走势组成的中枢内，B段只是代表着一种盘整，而随后的C段走势代表着盘整后回归之前A段走势的强弱。所以，只有盘整后的走势弱于盘整前的走势了，也就是出现了C段走势小于A段走势，才能证明之前A段方向走势的力度变弱了。

这也正是背驰对趋势产生影响的根本原因。所以，判断背驰是否成立时，C段走势是否小于A段走势是一个关键因素。

案例解读

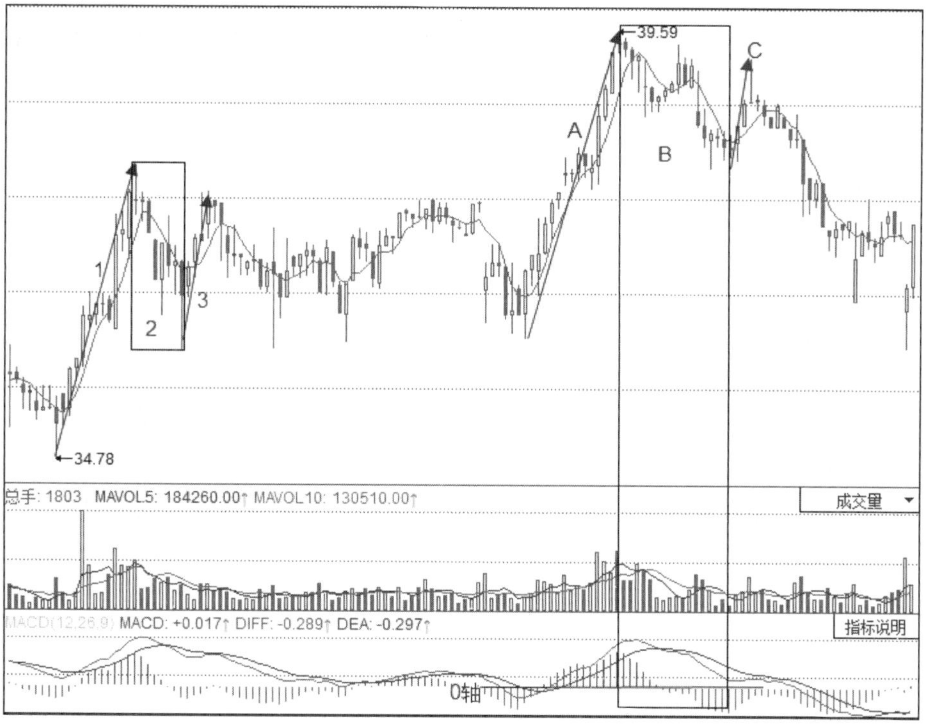

图7-8 大博医疗30分钟K线图

图7-8是大博医疗（002901）30分钟K线图。在上涨趋势中，当在前期形成了一个由1、2、3三段走势组成的回调中枢的情况下，随后的中枢震荡结束股价恢复上涨过程又形成了一个由A、B、C三段走势组成的回调中枢，判断是否形成顶背驰时，发现A、B、C这三段行情中，C段走势对应的MACD红柱面积小于A段对应的MACD红柱面积，B段走势将MACD双线由上向下拉回到了0轴附近。至于C段走势是否小于A段走势，只要观察A、C两段走势的长短即可发现：C段走势的长度明显要小于A段走势的长度。因此，可以确认，在由A、B、C三段走势组成的中枢内发生了顶背驰。

实战要点

（1）C段走势小于A段走势，是判断背驰的一个要求。同时必须是在一段明显的上涨或下跌走势中出现的第二个走势中枢中，方可进行判断是否发生了背驰，如图7-8中的由A、B、C三段走势组成的中枢内，C段走势小于A段走势，是在前期出现了一个由1、2、3三段走势组成的回调中枢的情况下出现的第二个回调中枢内发生的。

（2）判断C段走势是否小于A段走势时，只要观察A、C两段走势的长度即可，这个用肉眼即可观察到，因为发生背驰时的C段走势小于A段走势的情况，往往十分明显，如图7-8中的情况。

小贴士

C段走势是否小于A段走势，是判断背驰与否时一个重要的因素。因为一旦C段走势大于A段走势，就说明经过B段的盘整后，股价维持A段走势的力度依然较强。

7.3.4 MACD双线被拉回到0轴附近

在利用MACD判断背驰时，缠中说禅给出的要求是“B的中枢级别比A、C里的中枢级别都要大”，“B是这个大趋势的另一个中枢，这个中枢一般会把 MACD 的黄白线（也就是 DIFF 线和 DEA 线）回拉到 0 轴附近”。

这就是说，B 段走势要由三小段走势组成，形成一种盘整。如果站在整个趋势的角度来看，B 段走势，实际上就是原有趋势突然出现的一种中止或渐缓的行为。

要想从深层上明白这一点，只要看一下缠中说禅在“教你炒股票”第 25 课中关于“两个中枢的上涨”就能够明白：“MACD 的黄白线从 0 轴下面上穿上来，在 0 轴上方停留的同时，形成相应的第一个中枢，同时形成第二类买点，随后突破该中枢，MACD 的黄白线也快速拉起，这往往是最有力度的一段，一切的走势延伸，以及 MACD 绕来绕去的所谓指标钝化都经常出现在这一段，这段一般在一个次级别的背驰中结束，然后进入第二个中枢的形成过程中，同时 MACD 的黄白线会逐步回到 0 轴附近，最后，开始继续突破第二个中枢，MACD 的黄白线以及柱子都再次重复前面的过程，但这次，黄白线不能创新高，或者柱子的面积或者伸长的高度不能突破新高，出现背驰，这就结束了这一个具有两个中枢的上涨过程。”

这就是说，无论是 MACD 双线由底部首次拉起向上突破 0 轴，还是由顶部首次回落到 0 轴附近，都必然在 0 轴附近形成整理。因为 0 轴是多空趋势的分界线，无论趋势转强还是转弱，在 0 轴附近都会遇到另一方的抵抗，从而形成盘整。

所以，多头趋势下发生顶背驰时，MACD 双线才会在 B 段走势盘整、有效跌破 0 轴转弱前，由上向下回落到 0 轴附近整理或停顿；空头趋势下发生底背驰时，MACD 双线也都会在 B 段走势盘整、有效突破 0 轴转强前，由下向上回升到 0 轴附近整理或停顿。这就是 B 段走势回拉到 0 轴的行为和具体的原因。

案例解读

图 7 －9 是英派斯（002899）30 分钟 K 线图。在上涨趋势中，当出现了由 1、2、3 三段组成的回调中枢后，中枢震荡后的上涨中，又形成了由 A、B、C 三段走势组成的回调中枢，分析这一中枢内的三段走势发现：C 段走势小于 A 段走势且对应的 MACD 红柱面积小于 A 段走势对应的 MACD

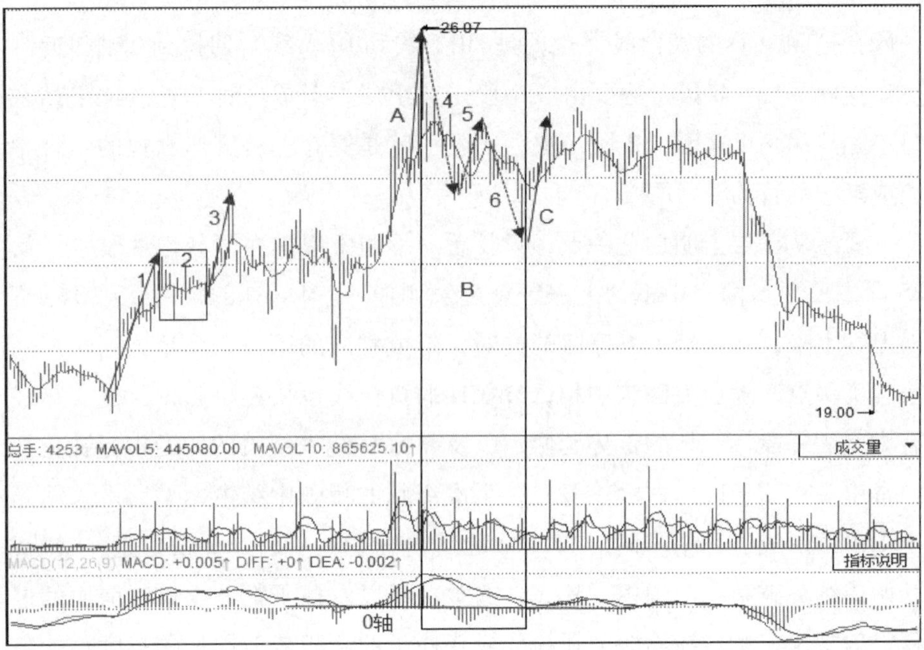

图 7－9　英派斯 30 分钟 K 线图

红柱面积；B 段走势中的 4、5、6 三小段盘整，使得 MACD 双线由顶部高位区向下回落到了 0 轴附近，所以形成了顶背驰，应卖出股票。观察 B 段走势后发现，MACD 双线转跌是在 B 段中出现向下接近 0 轴、随后围绕 0 轴震荡后，才转为 0 轴以下的弱势空头趋势的。这就是顶背驰于趋势转弱时的表现。

图 7－10 是华通热力（002893）30 分钟 K 线图。在下跌趋势中，当出现了由 1、2、3 三段走势组成的回升中枢后，中枢震荡后的再下跌中，又形成了由 A、B、C 三段走势组成的回升中枢，分析这一中枢内的三段走势发现：C 段走势小于 A 段走势且对应的 MACD 均为红柱，绿柱面积小于 A 段走势对应的绿柱面积；B 段走势中的三小段盘整，使得 MACD 双线由低位区向上回升到了 0 轴附近，所以形成了底背驰，应买入股票。观察 B 段走势后发现，MACD 双线由弱转强是在 B 段走势中出现向上接近 0 轴、随后围绕 0 轴震荡后，才转为向上突破 0 轴的多头趋势的。这就是底背驰于趋势转强时的表现。

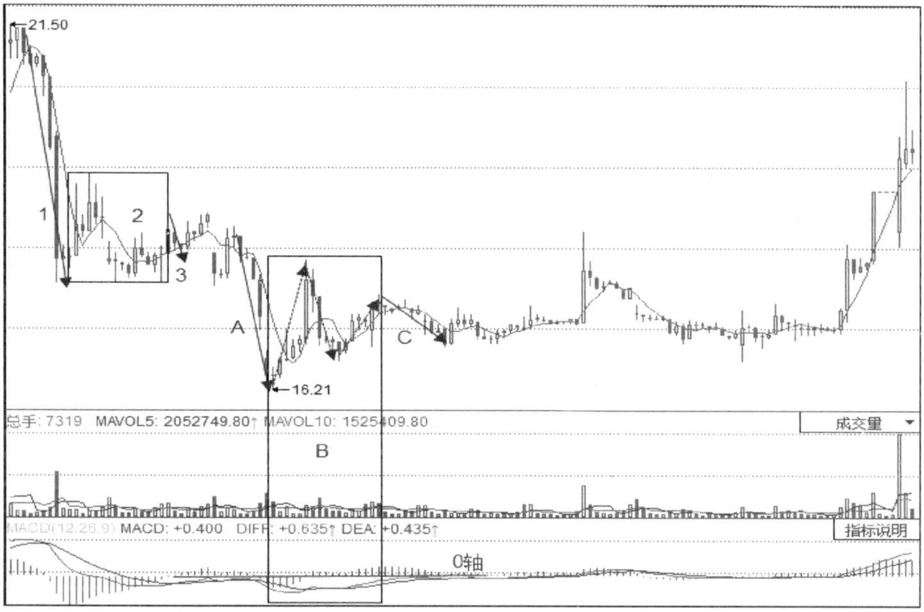

图 7－10　华通热力 30 分钟 K 线图

实战要点

（1）如果是上涨趋势中形成的顶背驰，那么在 B 段走势的三小段走势中，会将 MACD 双线由上向下拉回到 0 轴附近，如图 7－9 中 B 区域的情况。

（2）如果是下跌趋势中形成的底背驰，那么在 B 段走势的三小段走势中，会将 MACD 双线由下向上拉回到 0 轴附近，如图 7－10 中 B 区域的情况。

小贴士

在判断背驰时，B 段走势被拉回到 0 轴附近，是 MACD 双线由强转弱或是由弱转强初期的表现，因为无论是双线向下跌破 0 轴，还是向上突破 0 轴，0 轴都会形成一个支撑或压力，所以 B 段走势将双线拉回到 0 轴附近的行为，是背驰对趋势初转时形成的反向抵抗。

7.4 背驰的操作方法

背驰是判断趋势反转的重要形态，所以在根据背驰形态操作股票时，应把握底背驰买入、顶背驰卖出的原则，同时还要按照底背驰买入时的K线图周期来选择顶背驰卖出时的K线图周期。

7.4.1 底背驰买入与顶背驰卖出

底背驰买入与顶背驰卖出，实际上就是缠中说禅所说的操作节奏，也就是“教你炒股票”第32课中所说的：“买点买、卖点卖，就是一个最合拍的节奏，任何不符合这个节奏的，都要出乱子。例如，你是按30分钟级别操作的，明明顶背驰了，你不卖，一定要想着还要高，然后底背驰的时候忍不住了，杀出去，这样下来，你很快就不用玩股票了，因为股票很快就玩死你。”

那么，如何理解“买点买、卖点卖”呢？在“教你炒股票”第38课中，缠中说禅说：“站在纯操作的角度，由于任何买卖点，归根结底都是某级别的第一类买卖点，因此，只要搞清楚如何判断背驰，然后选好适合的级别，当该级别出现底背驰时买入，顶背驰时卖出，就一招鲜也足以在市场上混好了。”

因此，才有了缠中说禅“教你炒股票”第105课“远离聪明、机械操作”这一节的内容，在缠中说禅看来，“炒股，本来就是很简单的事情，不过就是一个良好的习惯与操作策略的结果，一点劲都不用费”。所以，“只要搞清楚如何判断背驰”，然后“在底背驰时买入，在顶背驰时卖出”，就是最好的机械操作方法。

案例解读

图7－11是科力尔（002892）30分钟K线图。在下跌趋势中，在X区域形成了一个回升中枢，随后的下跌中，形成了由A、B、C三段走势组

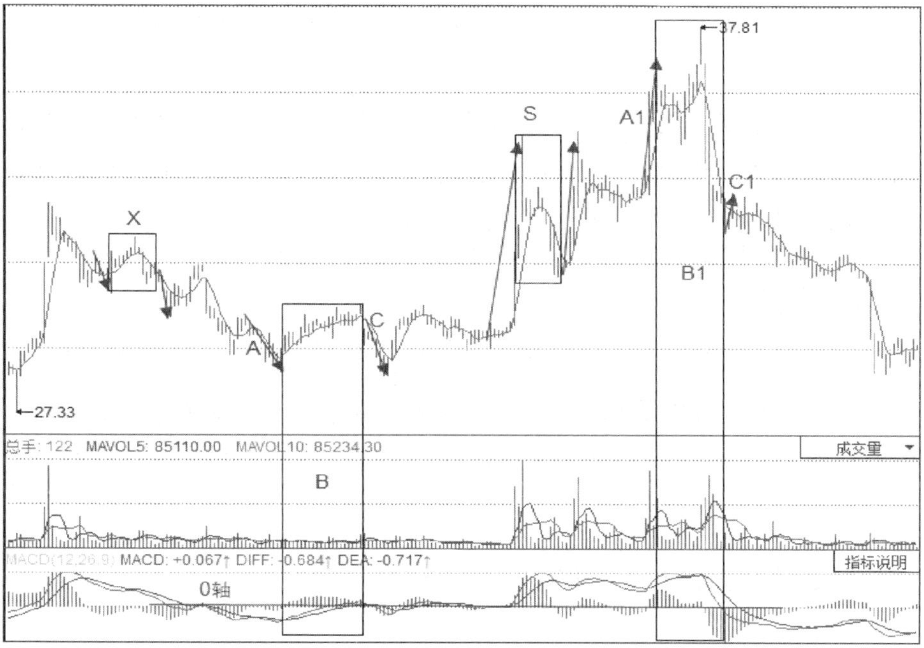

图 7－11　科力尔 30 分钟 K 线图

成的又一个回升中枢，观察发现：C 段走势小于 A 段走势；C 段对应的 MACD 绿柱面积小于 A 段对应的 MACD 绿柱面积；B 段走势将 MACD 双线由下向上拉回到了 0 轴附近。形成了底背驰，说明趋势出现了反转，应及时买入股票。

随后的上涨趋势中，在 S 区域出现了一个回调中枢，随后又形成了一个由 A1、B1、C1 三段走势组成的回调中枢，观察发现：C1 段走势小于 A1 段走势；C1 段对应的 MACD 红柱面积小于 A1 段对应的 MACD 红柱面积；B1 段走势将 MACD 双线由上向下拉回到了 0 轴附近。因此，可以确认形成了顶背驰，说明趋势即将反转向下，应及时卖出股票。

这样的操作，就是一轮底背驰买入、顶背驰卖出股票的操作。

实战要点

（1）在根据“底背驰买入、顶背驰卖出”操作时，买入股票应严格按照底背驰的要求判断出底背驰后再买入，如图 7－11 中 X 区域与 A、B、C 区域的情况。

（2）在根据“底背驰买入、顶背驰卖出”操作时，卖出股票应严格按照顶背驰的要求判断出顶背驰后再卖出，如图 7－11 中 S 区域与 A1、B1、C1 区域的情况。

小贴士

根据“底背驰买入、顶背驰卖出”操作股票时，一定要按照底背驰和顶背驰的判断要求进行判断，只有符合底背驰要求时方可买入股票，符合顶背驰要求时方可卖出股票。

7.4.2 按照一定的级别严格操作

在根据背驰操作时，一个重要的原则，就是严格按照一定的级别操作，根据背驰买卖股票，这就是缠中说禅在“教你炒股票”第 61 课中说的：“如果你的操作级别是 1 分钟级别的，那么 1 分钟的顶背驰你就该走了，至于后面的跌幅是大是小，和你有什么关系？你只要耐心等待市场走出新的 1 分钟底背驰就可以。反之，如果你的操作级别是月线的，那么 1 分钟的顶背驰和你有什么关系？你既然已经决定是按月线进出的，那么 1 分钟级别的所有震荡都是可以接受的，可以忽略的。”

从中可以看出，缠中说禅在这里所说的“级别”，就是 K 线图的时间周期，也就是在操作前，一定要先选好适合自己操作的 K 线图周期，然后再根据“底背驰买入、顶背驰卖出”的方法，进行操作就行了。

案例解读

图 7－12 是惠威科技（002888）日线图。如果投资者是根据图 7－12 中由 1、2、3 三段走势组成的中枢形成后的由 A、B、C 三段走势组成的回升中枢出现的底背驰买入了这只股票的话，那么就不应当再根据其他周期的 K 线图来操作了。

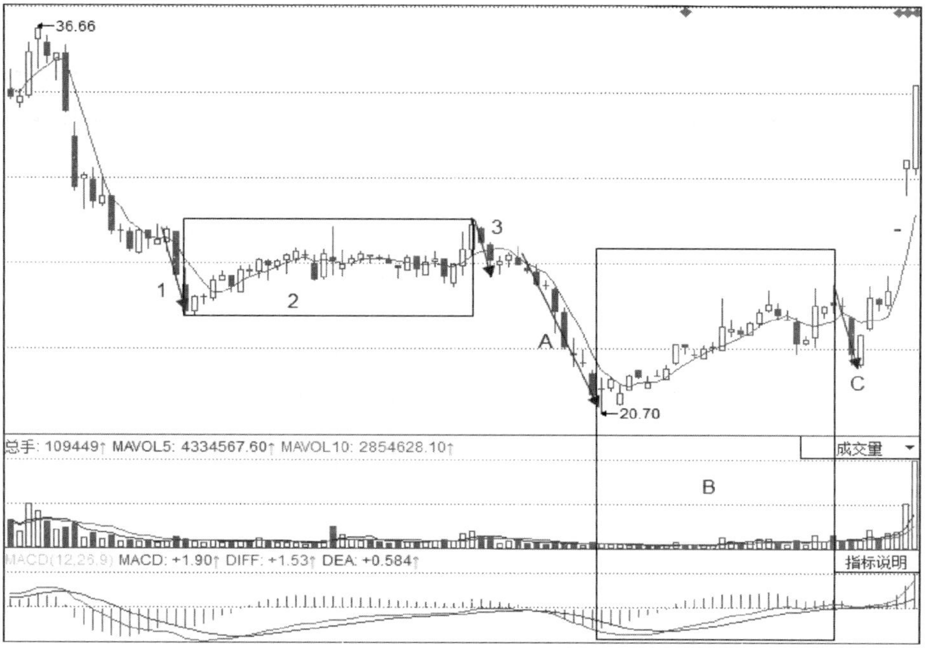

图7－12　惠威科技日线图

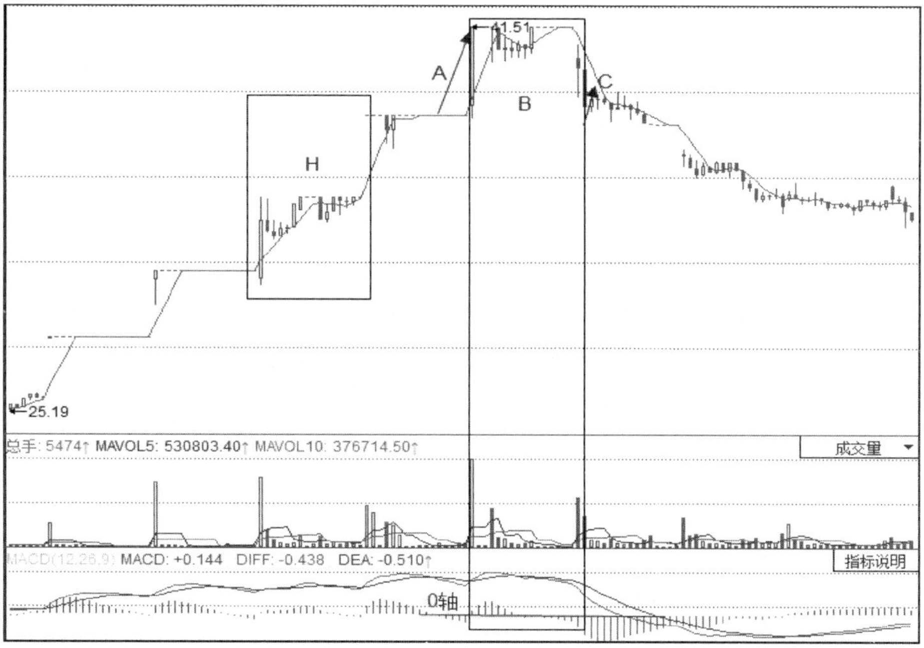

图7－13　惠威科技15分钟K线图

如图 7－13 中的惠威科技 15 分钟 K 线图，在买入股票不久后，形成了 H 区域后的 ABC 回调中枢的 15 分钟图上的顶背驰，此时不应卖出股票。

应当在图 7－14 中，由 A、B、C 三段走势组成的回调中枢的顶背驰成立后，再卖出股票。

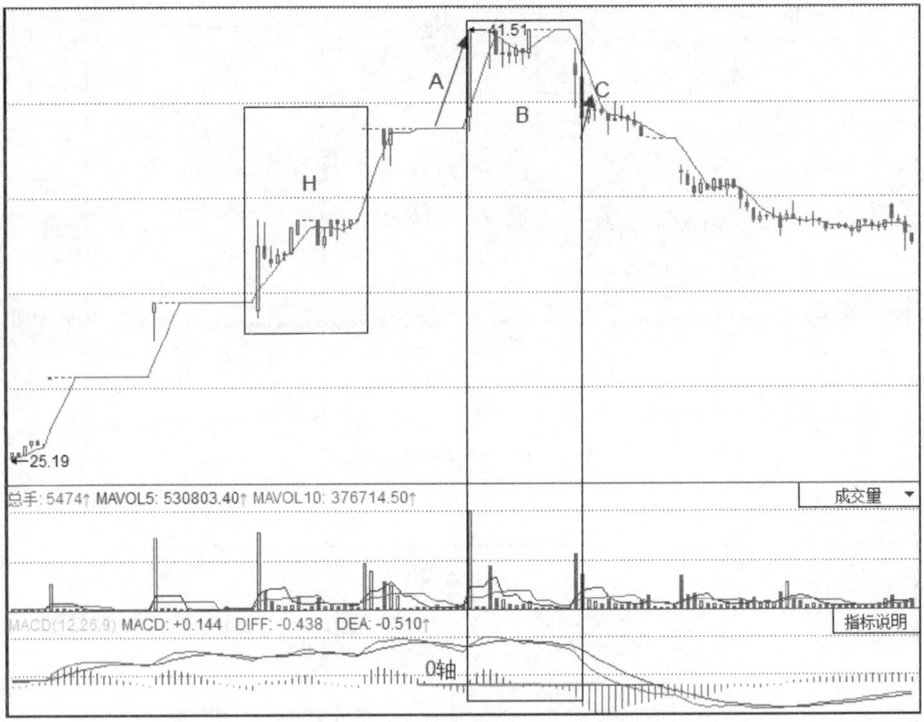

图 7－14　惠威科技日线图（向前复权）

这样操作是因为当初买入股票时是按照日线图（如图 7－12）中的底背驰操作的，那么这种操作就是基于日线趋势的操作，而如图 7－13 中的顶背驰只是 15 分钟图上的趋势变化，这种变化在日线图上只是一种短期的盘整。所以，应按照图 7－14 中的日线图顶背离来操作卖出股票。

实战要点

（1）按照一定的级别严格操作，就是要在买入操作前定准 K 线图的周期，如上述案例中，图 7－12 是日线图，这里是根据日线底背驰严格买入操作的。

（2）按照一定的级别严格操作时，一定不要在买入股票后，当看到短期 K 线图形成顶背驰时动摇当时买入的决心，因为短期 K 线图上的顶背驰，对于长周期图来说，可能只是一种盘整，如图 7－13 中的情况，只是日线图上的盘整。所以，在上述案例中，应依然按照如图 7－14 中的日线顶背驰来执行卖出股票的操作。

小贴士

在按照一定的级别严格操作时，如果买入股票时是按照短周期 K 线图的底背驰买入的，同样不能根据长周期 K 线图的顶背驰来卖出股票，如不能根据周线图甚至月线图来操作。

7.5 背驰失败的形态

背驰会有失败的情况发生，就是底背驰后演变为中阴状态的继续向下盘整，以及顶背驰后演变为中阴状态的盘整后继续向上的情况，也就是中枢延伸与扩张的情况，应予以区分。

7.5.1 底背驰后的回跌跌破背驰低点

底背驰后的回跌跌破背驰低点的情况，就是底背驰形成后，当再次回跌时，低点出现了低于底背驰期间低点的情况。这也就是缠中说禅在“教你炒股票”第 101 课中讲的“第二类买点跌破第一类买点，也就是第二类买点比第一类买点低，这是完全可以的，这里一般都构成盘整背驰”。

这就是说，一旦出现这种情况，趋势将会进入一种盘整状态，也就是背驰引发回升后，未改变原有趋势，而是股价继续进入盘整状态。通常这时，股价会进入中阴状态，而中阴状态又是极为折磨人的，所以一旦出现了这种底背驰对趋势的反转失败情况，原则上就是在底背驰时买入股票的投资者一定要先行卖出股票，待随后趋势转强时再来操作。

具体的操作方法可参看中阴状态的具体情况，也可以根据底背驰时的回升中枢，站在这个角度来观察。一切盘整的结果，出现向上脱离底背驰回升中枢区间的向上离开，都会构成买点；一切盘整后出现向下跌出底背驰中枢区间的向下离开，都应拒绝买入。

案例解读

图 7－15 是意华股份（002897）30 分钟 K 线图。在下跌趋势中，在 X 区域出现了一个由三段走势组成的回升中枢前提下，随后的再下跌过程中，再次形成了一个由 A、B、C 三段走势组成的回升中枢。观察发现：C 段走势小于 A 段走势且对应的 MACD 绿柱面积小于 A 段走势对应的 MACD 绿柱面积；B 段走势将 MACD 双线由下向上拉回到了 0 轴附近。因此，形

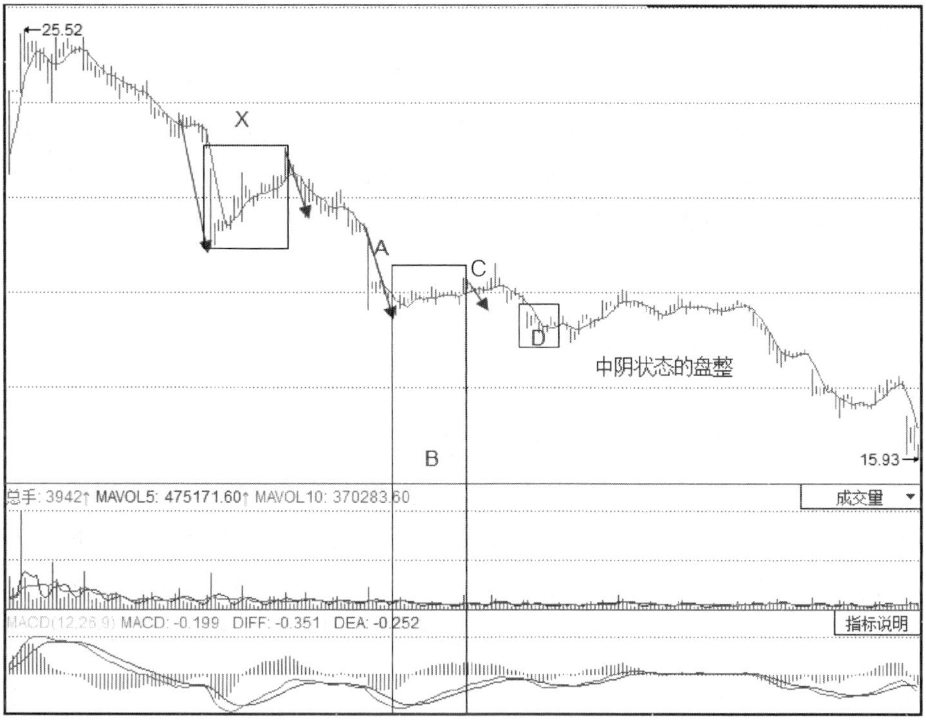

图7-15 意华股份30分钟K线图

成了底背驰。说明趋势出现了反转。如果此时买入股票，随后在D区域出现了股价跌破底背驰低点的情况，说明底背驰对趋势的反转失败了，股价将进入继续盘整的状态，此时应果断卖出底背驰时买入的股票。随后股价进入中阴状态的长期盘整走弱，这时应继续采取持币观望的策略。

实战要点

（1）底背驰后的回跌跌破背驰低点的情况，是指在底背驰形成后的走势中，低点跌破了底背驰时的低点，是底背驰对趋势反转的失败，如图7-15中D区域的情况，因此，这时应采取先行卖出股票的操作。

（2）出现底背驰后的回跌跌破背驰低点的底背驰对趋势反转的失败后，一旦卖出了股票，在走势未出现转强时，一定不要贸然买入股票，如图7-15中D区域以后的情况。

小贴士

底背驰后的回跌跌破背驰低点的底背驰对趋势反转的失败情况一旦出现，之后的盘整往往会形成中阴状态的长期弱势盘整，而对于判断随后的情况，可根据底背驰中枢的情况观察，或是根据判断中阴状态结束的方法来判断行情。

7.5.2 顶背驰后的回跌不跌回中枢

在前面的内容中介绍过，缠中说禅在“教你炒股票”第27课中说：“对于背驰来说，肯定不会发生在第一个中枢之后，肯定是至少在第二个中枢之后，对于那种延伸的趋势来说，很有可能在发生第100个中枢以后才背驰。”因此，绝大多数的走势都是两个中枢的上涨中出现顶背驰，但不能排除两个中枢背驰后出现中枢向上延伸的这种特殊情况。这种特殊情况，就是当第二个回调中枢发生顶背驰时，出现了回跌的过程不跌回中枢区间内即止跌回升的情况。

这种情况一经出现，如果是站在纯中枢的角度，就说明顶背驰的回调中枢出现向上扩张或新生了，因为顶背驰回调中枢的盘整，造成了股价的再次向上离开回调中枢。

因此，顶背驰后的回跌不跌回中枢是符合缠中说禅关于“第三类买点”的要求的，应采取买入股票的策略。

案例解读

图7－16是安琪酵母（600298）日线图。在上涨趋势中，在S区域出现了一个回调中枢，随后的上涨中，再次形成了由A、B、C三段走势组成的回调中枢，观察发现：C段走势小于A段走势；C段对应的MACD红柱面积小于A段对应的MACD红柱面积；B段走势将MACD双线由上向下拉回到了0轴附近。因此，可以确认形成了顶背驰，说明趋势即将反转向下。但如果是此时卖出了股票，那么在随后的走势中，发现股价趋势并未转

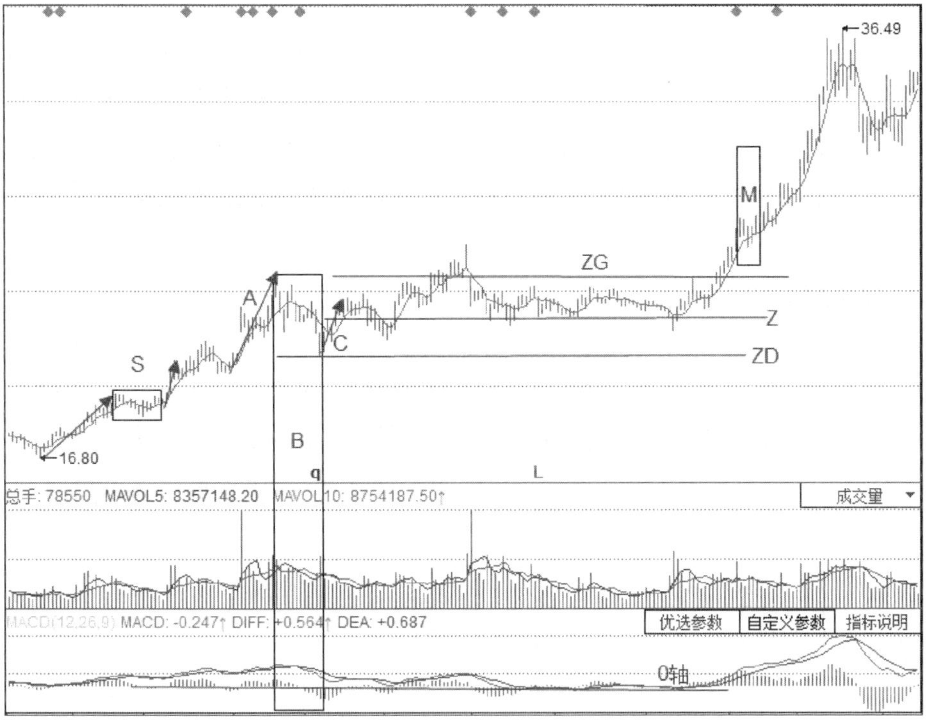

图7－16　安琪酵母日线图

弱，而是形成了针对由A、B、C三段组成的回调中枢的震荡，并且通过对中枢震荡的监视发现，盘整中主要是在中枢中轴Z水平线之上进行盘整，所以为强势盘整。可以利用中枢震荡高抛低吸做短线，但由于盘整时间较长，所以为中阴状态，因此也可以不做博短差的操作，直到进入M区域，股价出现向上离开由A、B、C三段走势组成的中枢区间高点ZG水平线后未回到中枢区域内时，再买回。因为M区域的情况，说明顶背驰并未对趋势造成反转向下的转变，股价只是进入了一种强势盘整状态，而M区域的情况，又说明回调中枢出现了向上扩张，所以应及时买回股票。

实战要点

（1）顶背驰后的回跌不跌回中枢，往往意味着股价的上涨趋势将延续，所以顶背驰时卖出股票的投资者，一定要再买回，如图7－16中的情况。

（2）顶背驰失败后，如果盘整时间较长，意味着进入了中阴状态，此期间如表现为强势，即中枢震荡的结果大多保持在中枢中轴 Z 水平线之上时，可短线根据中枢震荡的情况，博取短差。也可以不操作，直到发现股价向上离开中枢后回跌时未跌回中枢时再买回股票，如图 7－16 中 M 区域的情况。

小贴士

顶背驰后的回跌不跌回中枢，是一种顶背驰对趋势反转向下的失败情况，意味着上涨行情尚未终结，所以在操作中，应根据顶背驰时的回调中枢后面的盘整情况，发现股价回跌不跌回中枢时，再行买回股票。

第8章

盘整背驰与中继震荡整理趋势

盘整背驰与背驰在形态上是完全相似的，唯一的不同，就是发生背驰的中枢所在的位置不同，盘整背驰是发生在第一个中枢内，背驰是发生在第二个中枢内，但对整个趋势的影响却是大不相同的。其中盘整背驰往往是一种中继盘整，所以实战中一定要搞清楚盘整背驰，以便正确应对行情的变化。

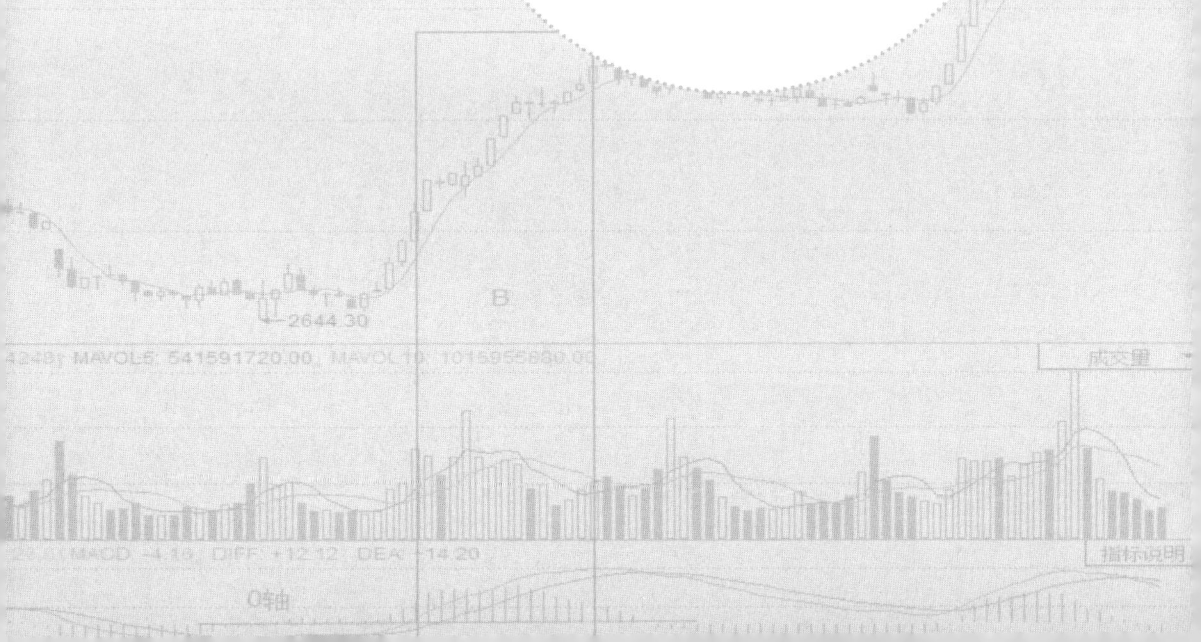

8.1　盘整背驰概述

盘整背驰的判断方法大体上与背驰是一样的，但一定要明白盘整背驰发生的走势中枢的位置，以及盘整背驰对整个趋势的影响。

8.1.1　盘整背驰及判定方法

在“教你炒股票”第 27 课中，缠中说禅说：“如果在第一个中枢就出现背驰，那不会是真正意义上的背驰，只能算是盘整背驰，其真正的技术含义，其实就是一个企图脱离中枢的运动，由于力度有限，被阻止而出现回到中枢里。”

因此，可以看出，在判断盘整背驰时，与判断背驰的方法相同，只不过，背驰发生的中枢不同。也就是，当一段上涨或下跌趋势中，一旦首次形成了一个与趋势运行相反方向的走势中枢，如果这一中枢内的三段走势形成了背驰，那么就是盘整背驰。

在“教你炒股票”第 24 课中，缠中说禅又说：“盘整背驰，利用类似背驰的判断方法，也可以有很好的效果。这种盘整中的类似背驰方法的应用，称为盘整背驰判断。”

由此可见，盘整背驰的出现，是对当下运行的趋势方向的一种反方向抵抗，盘整背驰后，绝大多数股票都会重新回归之前的趋势运行，所以属于一种中继整理形态。否则，就不会出现随后第二个中枢内背驰对趋势的反转了。

案例解读

图 8－1 是浙江医药（600216）日线图。在下跌趋势中，出现了 B 段三小段的回升震荡，将其与 A、C 两段走势连接，即形成了一个由 A、B、C 段组成的回升中枢，判断这三段走势时发现：C 段走势小于 A 段走势；C 段对应的 MACD 柱均为红柱，绿柱面积小于 A 段对应的 MACD 绿柱面

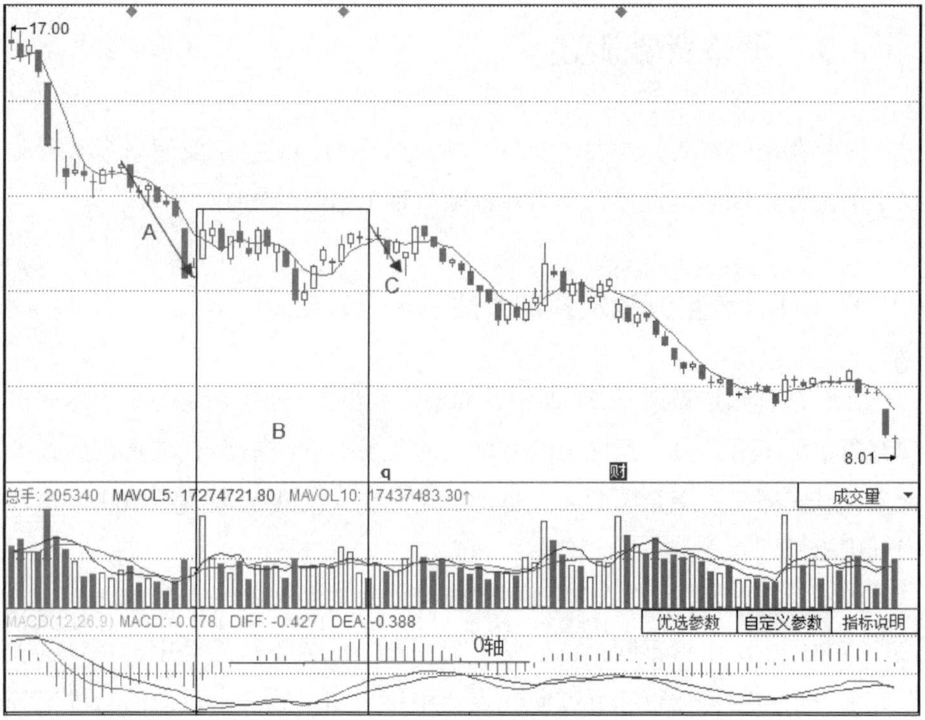

图 8－1　浙江医药日线图

积；B 段走势将 MACD 双线由下向上拉回到了 0 轴附近。因此，符合背驰要求。但由于是在下跌趋势中首次形成的中枢内发生背驰，因此为盘整背驰，意味着跌势暂缓的盘整，应采取观望的态度。

实战要点

（1）盘整背驰在形态上，与背驰没有区别，均表现为中枢内：C 段走势小于 A 段走势；C 段对应的 MACD 柱面积小于 A 段对应的 MACD 柱面积（上行看红柱，下行看绿柱）；B 段走势将 MACD 双线拉回到了 0 轴附近。如图 8－1 中 A、B、C 三段走势的情况。

（2）判断中枢内是否发生盘整背驰时，重要的依据是，一段明朗的走势中首次出现趋势相反的走势中枢，如图 8－1 中的由 A、B、C 三段走势组成的中枢，即是下跌走势中首次形成的回升中枢。

小贴士

当盘整背驰出现后，由于在绝大多数情况下，盘整背驰后股价将继续 A、C 两段的走势，因此若是在下跌趋势中出现是不宜操作的，应保持持币观望的态度。只有在上涨趋势中发生盘整背驰时，方可在结束后出现向上时买入股票。

8.1.2　盘整背驰与趋势形态

盘整背驰的出现，意味着趋势的盘整，因此，缠中说禅才会在“教你炒股票”第 27 课中说：“如果在第一个中枢就出现背驰，那不会是真正意义上的背驰，只能算是盘整背驰，其真正的技术含义，其实就是一个企图脱离中枢的运动，由于力度有限，被阻止而出现回到中枢里。”

这样，就可以理解盘整背驰时的趋势形态了。无论是在上涨或是下跌的走势中，第一个中枢内出现了背驰，就说明在盘整背驰出现时，趋势是明朗的上涨或下跌趋势，第一个中枢的类型是与趋势相反的，也就是下跌趋势中形成回升中枢，或上涨趋势中形成回调中枢。而这一中枢，只是对原有趋势的一种弱势抵抗。

由于在这一走势中枢内“力度有限”，所以绝大多数的情况下，是不会造成趋势的反转的。因此，盘整背驰的出现，属于一种中继状态，随后的趋势走向会依然回归之前的趋势运行方向。

所以，缠中说禅在“教你炒股票”第 24 课中说：“盘整背驰出来，并不一定都要大幅下跌，否则怎么会有第三类买点构成的情况。”

因此，盘整背驰形成时的趋势，就是一段盘整的走势。

案例解读

图 8 –2 是晓程科技（300139）日线图。在 A 段上涨走势后，出现了 B 段走势的三小段盘整，C 段走势再次上涨，形成了一个回调中枢，观察发现：C 段走势小于 A 段走势且对应的 MACD 红柱面积小于 A 段走势对应

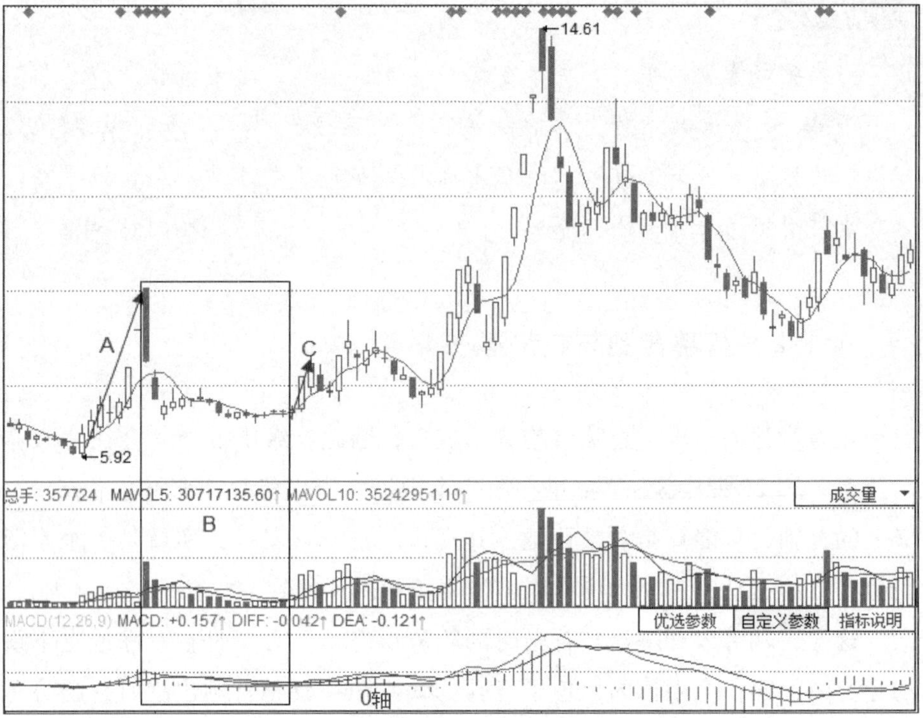

图 8-2 晓程科技日线图

的 MACD 红柱面积；B 段走势将 MACD 双线拉回到了 0 轴附近。因此，可以确认形成了背驰，但由于是上涨趋势中首次出现的背驰，因此应确认为盘整背驰。随后股价又恢复了 A 段的上涨走势，因此可在趋势转强时果断买入股票。这就是盘整背驰在上涨趋势中的短期调整形态。

图 8-3 是*ST 神城（000018）日线图。在 A 段下跌走势后，B 区域出现了三小段回升盘整，C 段走势继续下跌，形成了一个由 A、B、C 三段走势组成的回升中枢，观察发现：C 段走势小于 A 段走势且对应的 MACD 柱均为红柱，绿柱面积小于 A 段对应的 MACD 绿柱面积；B 段走势将 MACD 双线拉回到了 0 轴附近。因此，符合背驰要求。但由于是下跌走势中首次形成的中枢内发生的背驰，所以为盘整背驰。盘整背驰的出现，意味着下跌趋缓的盘整，是对 A 段下跌的抵抗，但力度往往有限，所以 C 段走势后，股价再次回归了 A、C 两段的下跌趋势。这就是下跌趋势中出现

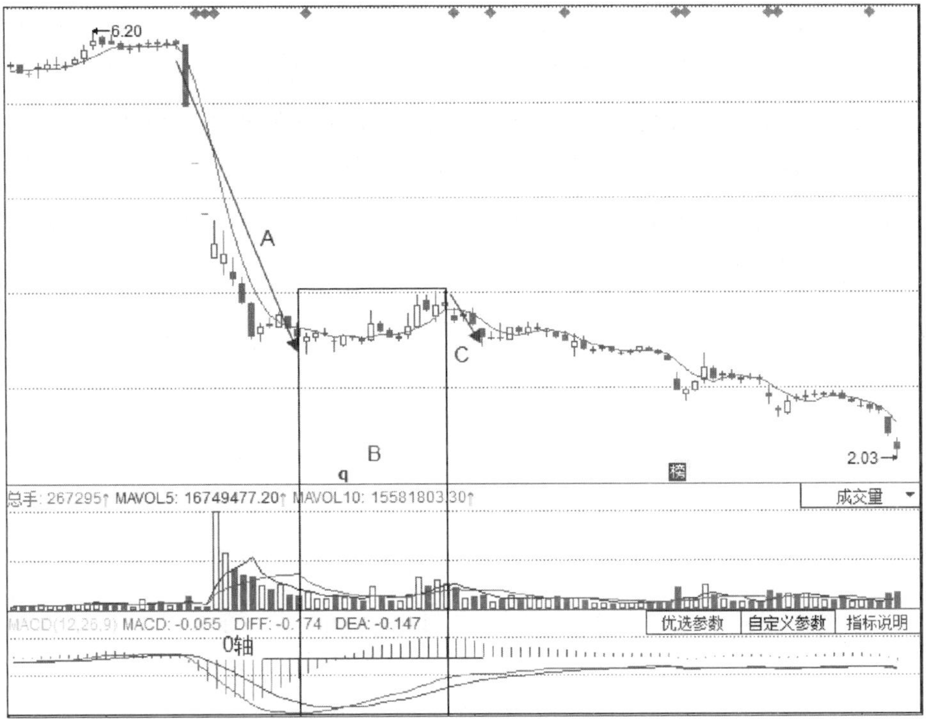

图8－3　*ST神城日线图

的盘整背驰，是整个下跌趋势的短期盘整形态。

实战要点

(1) 当上涨趋势中出现盘整背驰时，往往是回调中枢，此时的盘整背驰对整个上涨趋势的影响表现为短期的小幅下跌与震荡，如图8－2中的情况，随后股价会恢复上涨趋势。

(2) 当下跌趋势中出现盘整背驰时，往往是回升中枢，此时的盘整背驰对整个下跌趋势的影响表现为短期的小幅反弹与震荡，如图8－3中的情况，随后股价会恢复下跌趋势。

小贴士

在盘整背驰形成过程中，前面的趋势很重要，即 A 段走势的方向，因盘整背驰在绝大多数情况下，会延续 A 段的走势，所以为中继的情况居多，但也不能排除盘整背驰改变整个大趋势的情况的发生。因此，当盘整背驰出现后，应根据股价具体走势与盘整背驰时的中枢情况来具体判断趋势的强弱。

8.2　判断盘整背驰的主要依据

在判断盘整背驰时，有两个因素是至关重要的：一是首个走势中枢，二是这一走势中枢内发生背驰。

8.2.1　首个走势中枢

从前面两小节的内容中可以看出，判断盘整背驰的关键，在于一段明朗的趋势下，形成了第一个相反类型的趋势中枢。所以，正如缠中说禅所说的“第一个中枢就出现背驰”，就是盘整背驰。

从中枢的角度来观察，第一个中枢形成之前，A 段走势必然会形成明显的上涨或下跌趋势，而形成的中枢会是与趋势运行方向相反的，即上涨趋势中出现的是首个回调中枢，或是下跌趋势中出现的是首个回升中枢。

因此，寻找一段明显趋势下的首个相反类型的走势中枢，是判断盘整背驰最为关键的。

案例解读

图 8－4 是天齐锂业（002466）日线图。在上涨趋势转为下跌趋势后，先是出现了 A 段走势的下跌，随后出现了 B 段的三小段反弹与盘整，接着又出现 C 段走势的下跌，于是形成了一个由 A、B、C 三段走势组成的回升中枢，观察发现：C 段走势小于 A 段走势且对应的 MACD 柱均为红柱，绿柱面积小于 A 段对应的 MACD 绿柱面积；B 段走势将 MACD 双线拉回到了 0 轴附近。形成了背驰。因为是首个中枢内发生的背驰，所以应判定为盘整背驰。这就是首个回升中枢内发生背驰的盘整背驰。

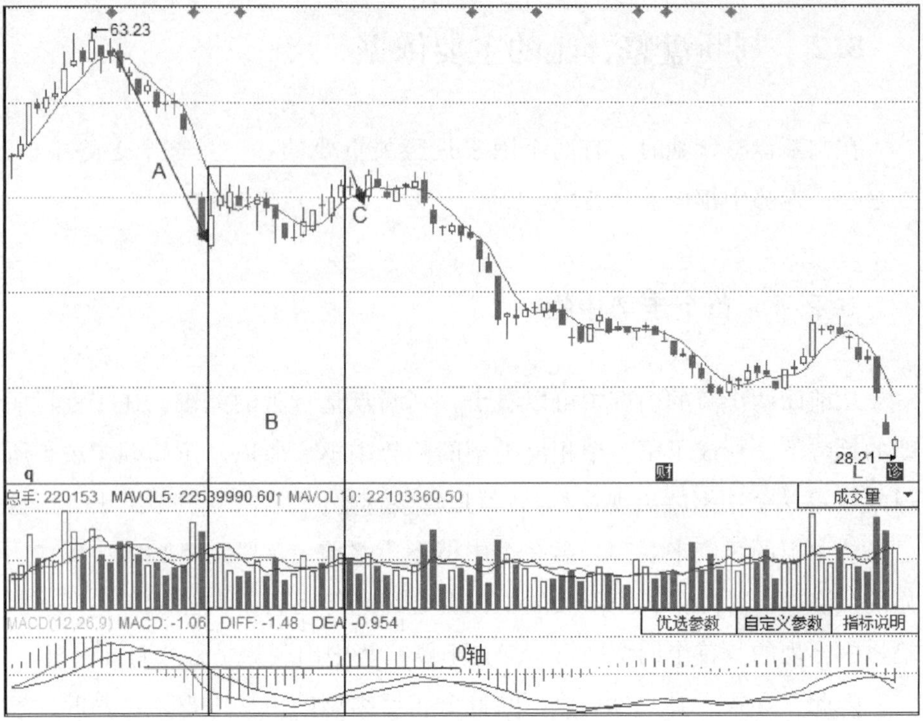

图 8-4 天齐锂业日线图

实战要点

（1）在判断首个走势中枢时，应根据整个大趋势下第一次形成了方向相反的走势中枢，如图 8-4 中由 A、B、C 三段走势组成的中枢，即是下跌趋势中形成的第一个回升中枢。

（2）首个走势中枢只是判断是否形成盘整背驰的一个重要条件，只有在首个走势中枢内三段走势符合了背驰的要求时，方可确认为盘整背驰，如图 8-4 中由 A、B、C 三段走势组成的回升中枢内的情况。

小贴士

首个走势中枢内发生背驰，即是盘整背驰，意味着趋势的盘整。但是，如果在首个走势中枢内未发生背驰，并不意味着趋势就不会盘整，同样可以出现中枢震荡式的盘整。

8.2.2 符合背驰的要求

根据缠中说禅关于盘整背驰的定义和判断方法，只要是确定出了一个相反的走势中枢，那么在判断盘整背驰的方法上，是与背驰一样的。所以，缠中说禅才会在“教你炒股票”第 33 课中说：“其实，站在中枢的角度，盘整背驰与背驰，本质上是一样的，只是力度、级别以及发生的中枢位置不同而已。”

这就明确地告诉我们，判断盘整背驰时，只要根据背驰的判断方法来判断就可以了。也就是说，在比较这一走势中枢的三段走势时，只要符合了背驰的要求即可。并且，当背驰是发生在一段明朗的上涨或下跌走势中的首个走势中枢内时，即可判定为盘整背驰。

案例解读

图 8 -5 是三联虹普（300384）15 分钟 K 线图。在由上涨转下跌的 A 段走势后，B 区域形成了三小段的反弹盘整，随后出现了 C 段走势的再下跌，形成了一个由 A、B、C 三段走势组成的回升中枢，为下跌趋势中的首个回升中枢。观察这一中枢发现：C 段走势小于 A 段走势且对应的 MACD 绿柱面积小于 A 段走势对应的 MACD 绿柱面积；B 段走势将 MACD 双线拉回到了 0 轴附近。说明这一由 A、B、C 三段走势组成的回升中枢内的走势符合背驰的要求，因此可确定为盘整背驰。

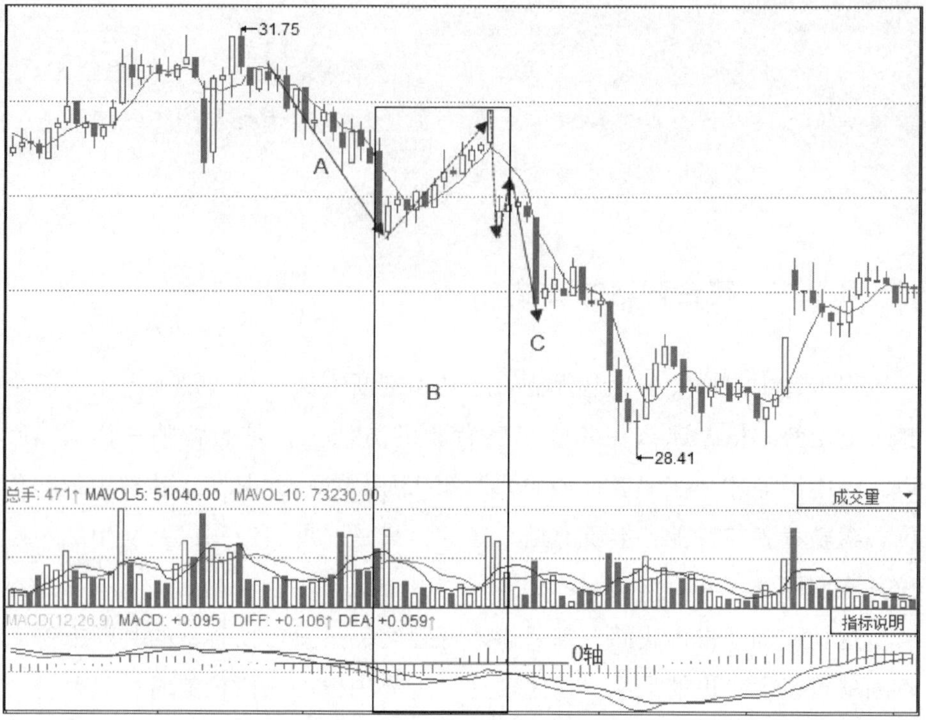

图 8－5　三联虹普 15 分钟 K 线图

实战要点

（1）在判断盘整背驰时，对首个走势中枢的判断才是最关键的，因为这一点是判断盘整背驰与背驰的关键，而首个中枢内是否出现了背驰，是随后判断盘整背驰的要点，如图 8－5 中的情况。

（2）判断盘整背驰时，在确认为首个走势中枢后，走势必须在这一中枢内完全符合背驰的要求：C 段走势小于 A 段走势且对应的 MACD 柱面积小于 A 段对应的 MACD 柱面积（上行时看红柱，下跌时看绿柱）；B 段走势将 MACD 双线拉回到了 0 轴附近。如图 8－5 中的情况。

小贴士

如果在首个走势中枢内没有发生背驰，虽然不能认定为盘整背驰，但也并不意味着趋势不会出现盘整，同样可根据这一中枢震荡的情况来判定整个趋势的走向。

8.3 盘整背驰与买卖点

盘整背驰出现后，同样可以根据盘整背驰后的盘整结果，判断买卖点。而这一盘整背驰后形成的买卖点，其实就是根据盘整背驰时的中枢震荡的向上离开与向下离开来确定的。

8.3.1 回跌不回中枢的盘整背驰后的买点

在“教你炒股票”第20课中，缠中说禅说：“一个次级别走势类型向上离开缠中说禅走势中枢，然后以一个次级别走势类型回试，其低点不跌破ZG水平线，则构成第三类买点。”

这样，对于盘整背驰形成后的具体买点就很清楚了，但首先要明白ZG水平线是指中枢区间的高点。这句话的意思，实质上就是站在盘整背驰形成的走势中枢角度来看的，一旦发现中枢后的走势向上突破了中枢区间的高点水平线，在随后的回跌走势中，没有跌破ZG这一水平线，就出现了止跌回升。这说明，中枢出现了向上的扩张和拓展，会形成一个比盘整背驰时的中枢更高的走势中枢，意味着趋势的转强。

因此，在此先抛开买卖点不谈，只要是发现了股价的走势向上远离了盘整背驰中枢后，就构成了买点。这一点，是走势中枢理论中十分重要的一个理论，也是走势中枢判断行情和走势的核心内容。

案例解读

图8-6是水井坊（600779）30分钟K线图。在A段上涨走势后，出现了B段的三小段回跌盘整，随后出现了C段走势的上涨，形成了上涨趋势中的首个回调中枢，观察发现：C段走势小于A段走势且对应的MACD柱均为绿柱，MACD红柱面积小于A段走势对应的MACD红柱面积；B段走势将MACD双线拉回到了0轴附近。形成了盘整背驰，并由此可以得到由A、B、C三段组成的回调中枢的区间高点为ZG水平线。在随后的中枢

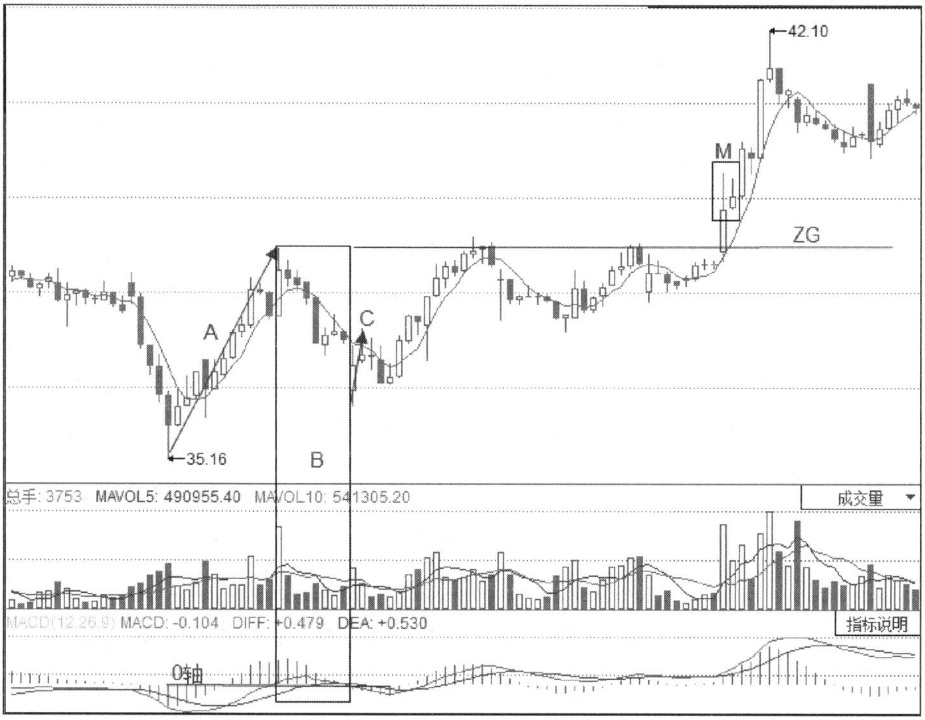

图8－6　水井坊30分钟K线图

震荡中，当进入M区域时，股价在向上突破中枢高点ZG水平线后的回跌过程中，未跌破ZG水平线即出现止跌，形成了盘整背驰后的回跌不回中枢的情况，说明走势已转强，应及时买入股票。

实战要点

（1）在根据回跌不回中枢的盘整背驰寻找买点时，首先应确认盘整背驰形成了，并由此得到盘整背驰时的中枢区间，主要是看高点ZG水平线，然后方可判断具体的买点，如图8－6中的情况。

（2）在判定盘整背驰后出现买点时，应观察盘整背驰形成后的中枢震荡，股价在向上突破中枢高点ZG水平线后的回跌过程中，未跌破ZG水平线即出现止跌回升，即可确认为盘整背驰后的中枢震荡买点，如图8－6中M区域的情况。

小贴士

盘整背驰后的回跌不回中枢的买点，事实上是盘整背驰后的中枢震荡走强的情况，所以必须在形成股价向上远离盘整背驰中枢的情况发生后，才会构成具体的买点。

8.3.2 回升不回中枢的盘整背驰后的卖点

在“教你炒股票”第20课中，缠中说禅说：“一个次级别走势类型向下离开缠中说禅走势中枢，然后以一个次级别走势类型回抽，其高点不升破ZD水平线，则构成第三类卖点。”

这种情况，刚好与上一小节的内容相反，但要先明确一点，ZD水平线代表的是盘整背驰时的走势中枢的低点水平线。也就是说，站在纯中枢的角度看，一旦盘整背驰形成，若随后的走势跌破了盘整背驰的中枢区间ZD低点水平线，回升时无法回到ZD水平线之上，就说明盘整背驰时的中枢出现了向下的扩张和拓展，势必会形成新的走势中枢。

因此，对于盘整背驰形成后的卖点，就是股价的走势向下远离了盘整背驰中枢区间的下沿低点时的有效破位时的卖点。

案例解读

图8-7是深康佳A（000016）日线图。在A段下跌走势后，出现了B段的反弹盘整，随后又出现了C段走势的下跌，形成了下跌趋势中的首个回升中枢，并由此得到了中枢的区间，低点连线为ZD水平线。通过观察发现：C段走势小于A段走势且对应的MACD均为红柱，C段走势MACD绿柱面积小于A段走势对应的MACD绿柱面积；B段走势将MACD双线拉回到了0轴附近。形成了下跌趋势中的盘整背驰。随后的中枢震荡中，进入M区域，股价在跌破中枢区间ZD水平线后的回升过程中，未回到ZD水平线之上的中枢内，即出现了止涨回跌，形成了盘整背驰后跌破中枢区间后回升不回中枢的卖点，说明趋势已经彻底转弱，应果断卖出股票。

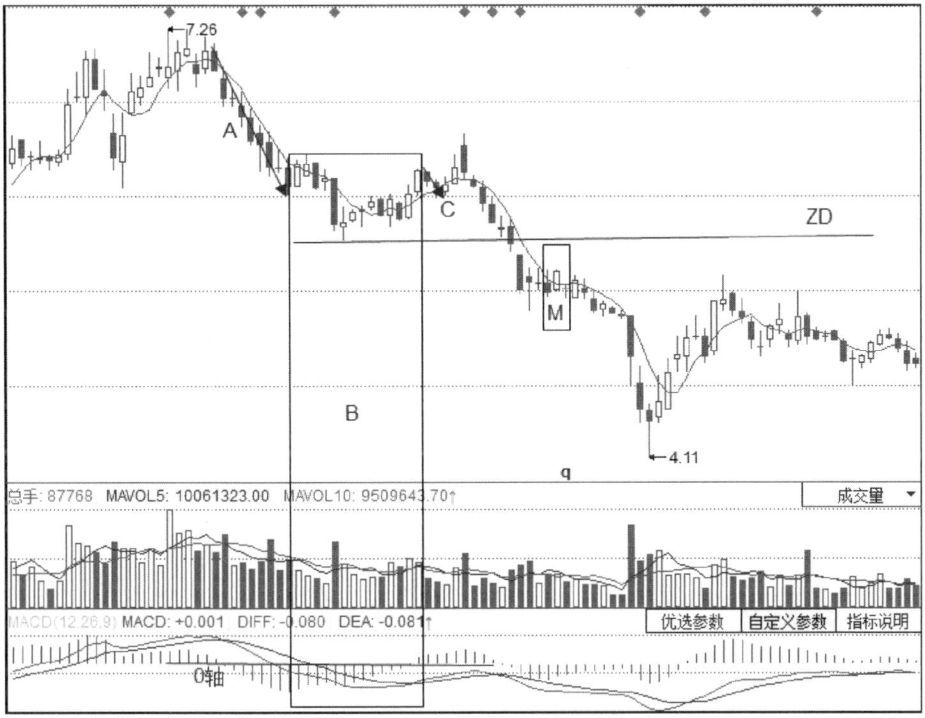

图 8－7　深康佳 A 日线图

实战要点

（1）在判断回升不回中枢的盘整背驰后的卖点前，首先要得到一个符合盘整背驰要求的走势中枢，然后方可根据盘整背驰后的中枢震荡结果，来判断具体的卖点，如图 8－7 中由 A、B、C 三段走势组成的走势中枢。

（2）在判定盘整背驰后的卖点时，应观察盘整背驰形成后的中枢震荡中，股价在向下跌破中枢低点 ZD 水平线后的回升过程中，未升破 ZD 水平线即出现止涨回跌，即可确认为盘整背驰后的中枢震荡卖点，如图 8－7 中 M 区域的情况。

小贴士

盘整背驰后的回升不回中枢的卖点，事实上是盘整背驰后的中枢震荡走弱的情况，所以只有形成股价向下远离盘整背驰中枢的情况，才会构成具体的卖点。

第9章

趋势反转初期的第一类买卖点

第一类买卖点，顾名思义，就是趋势反转初期所形成的低点或高点，而判断第一类买卖点的关键，就是底背驰和顶背驰形成的结束点，所以，寻找背驰点，成了判断第一类买卖点的重中之重。

9.1　趋势反转向上：第一类买点

第一类买点，就是趋势初转向上时的低点，因此判断第一类买点的关键，就是找出底背驰结束时的位置。

9.1.1　第一类买点的定义

在“教你炒股票”第 14 课中，缠中说禅说：“第一类买点用比较形象的语言描述，就是由均线空头排列下出现均线缠绕状态下的背驰式下跌构成。”

由此可以确认，空头下跌趋势中，一旦发生底背驰，就形成了趋势转强初期的第一类买点。

结合底背驰的定义和判断方法，就可以得出，判断第一类买点时，是在下跌趋势中，第二个回升中枢内发生背驰，出现底背驰时，就形成了第一类买点。

由于缠中说禅在“教你炒股票”第 17 课中说：“任何的下跌转折都是由某级别的第一类买点构成的。”因此，第一类买点事实上就是底背驰的结束点，即底背驰形成 C 段的止跌回升点。另外，底背驰发生时，均线缠绕会呈现出渐渐转为多头排列的初期形态，这是确认底背驰成功的一个重要要素，也是准确判断第一类买点的辅助手段。

案例解读

图 9－1 是深粮控股（000019）30 分钟 K 线图。在下跌趋势中，先是在 H 区域出现了一个回升中枢，在随后的再下跌过程中，又形成了一个由 A、B、C 三段走势组成的回升中枢。观察发现：C 段走势小于 A 段走势且对应的 MACD 均为红柱，MACD 绿柱面积小于 A 段走势对应的 MACD 绿柱面积；B 段走势将 MACD 双线由下向上拉回到了 0 轴附近。因此，形成了底背驰，第一类买点出现了。而第一类买点就是 M 区域 C 段走势确认底背

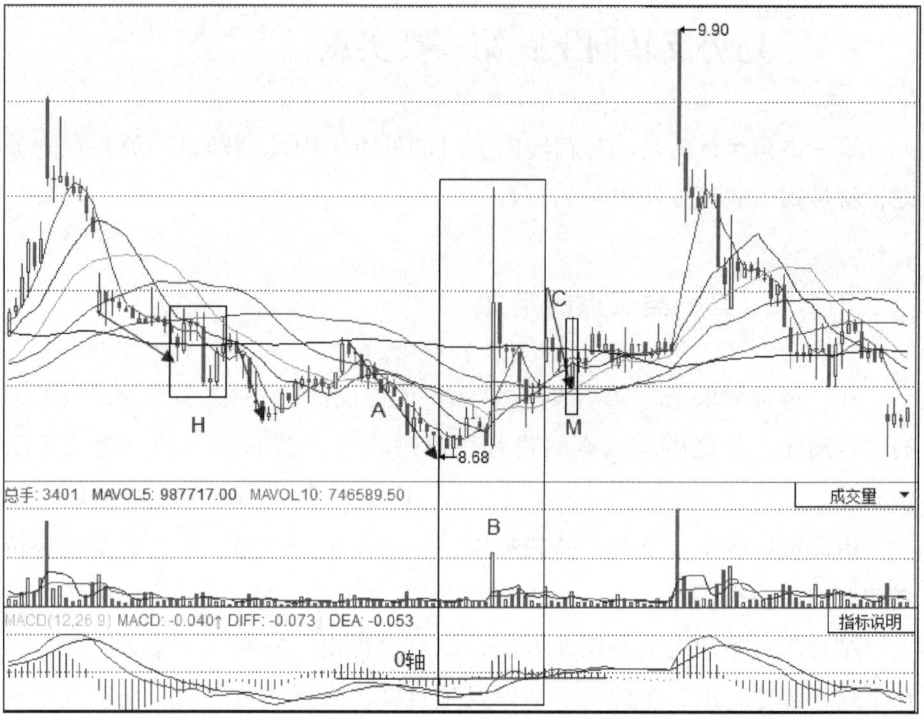

图 9-1 深粮控股 30 分钟 K 线图

驰回升中枢的止跌回升点。同时，从均线角度看，底背驰形成期间，均线在空头趋势和均线缠绕状态下，渐渐转为多头排列，说明趋势出现了反转，应及时在第一类买点的背驰点买入股票。

实战要点

（1）第一类买点就是底背驰点，所以判断第一类买点的关键，就在于对底背驰的判断，如图 9-1 中准确判断出由 A、B、C 三段组成的回升中枢内的背驰情况。

（2）具体第一类买点的位置，是指在回升中枢中 C 段的末端结束点，也就是 C 段止跌回升时确认 C 段走势结束时的位置，如图 9-1 中的 M 区域，即为第一类买点的具体位置。

小贴士

由于第一类买点出现时是趋势由下跌转为上涨的初期，因此，通过均线状态来观察背驰是否形成了趋势初转时的第一类买点，是对趋势是否正在形成反转的辅助判断。

9.1.2 判断第一类买点的关键

从缠中说禅关于第一类买点的定义得知，第一类买点就是底背驰点。因此，在判断第一类买点时，关键因素就是对底背驰的判断：只要是在第二个回升中枢内由A、B、C三段组成的走势中发生了背驰，那么背驰的结束点就是第一类买点。

因此，投资者要想准确寻找到第一类买点，就要先准确判断出底背驰形态。

案例解读

图9-2 深华发A 30分钟K线图

图9－2是深华发A（000020）30分钟K线图。在下跌趋势中，在X区域形成了首个回升中枢后，随后的再下跌中，再次形成了由A、B、C三段走势组成的回升中枢，观察发现：C段走势小于A段走势且对应的MACD绿柱面积小于A段走势对应的MACD绿柱面积；B段走势将MACD双线由下向上拉回到了0轴附近。因此，形成了底背驰，C段的末端即为第一类买点。从中可以看出，判断第一类买点的关键，其实就是对底背驰的判断。

实战要点

（1）在判断第一类买点时，关键就是对底背驰的判断：第二个回升中枢内发生了由A、B、C三段走势组成的背驰。如图9－2中X区域和由A、B、C三段走势组成的回升中枢内的情况。

（2）具体判断第一类买点的位置，只要发现第二个回升中枢中第三段走势C段走势出现结束下行，即为背驰点，为第一类买点，如图9－2中C段走势末端的情况。

小贴士

在判断第一类买点时，对底背驰的判断是关键，所以应严格按照底背驰的要求和判断方法进行判断。至于底背驰期间的均线空头排列下均线缠绕状态向多头趋势转变的情况，只是作为一种辅助观察。

9.2　趋势反转向下：第一类卖点

第一类卖点，就是趋势最初反转向下的高点，因此判断第一类卖点的重点，在于找出顶背驰的结束点。

9.2.1　第一类卖点定义

“教你炒股票”第17课中，缠中说禅说：“任何级别的上涨转折都是由某级别的第一类卖点构成的。”这就是说，只要出现上涨趋势转为下跌趋势，则必然是由第一类卖点造成的。由此可见，第一类卖点出现时就趋势反转向下最初的时候。

那么，趋势反转向下时，会有什么征兆呢？

缠中说禅在“教你炒股票”第38课中这样讲：“站在纯操作的角度，由于任何买卖点，归根结底都是某级别的第一类买卖点，因此，只要搞清楚如何判断背驰，然后选好适合的级别，当该级别出现底背驰时买入，顶背驰时卖出，就一招鲜也足以在市场上混好了。”

这就是说，上涨趋势转为下跌趋势，是顶背驰引发的。所以，第一类卖点就是顶背驰结束时的止涨回跌点。

案例解读

图9－3是深赤湾A（000022）（已退市）30分钟K线图。在上涨趋势中，在H区域形成了一个回调中枢，随后的上涨中，再次形成了一个由A、B、C三段走势组成的回调中枢，分析发现：C段走势小于A段走势且对应的MACD柱均为绿柱，C段MACD红柱面积小于A段对应的MACD红柱面积；B段走势将MACD双线由上向下拉回到了0轴附近。因此，可以确认形成了顶背驰，说明趋势已转为下跌，因此M区域顶背驰结束时的止涨回跌点，即为第一类卖点，是确定趋势转弱时的起点，此时应及时卖出股票。

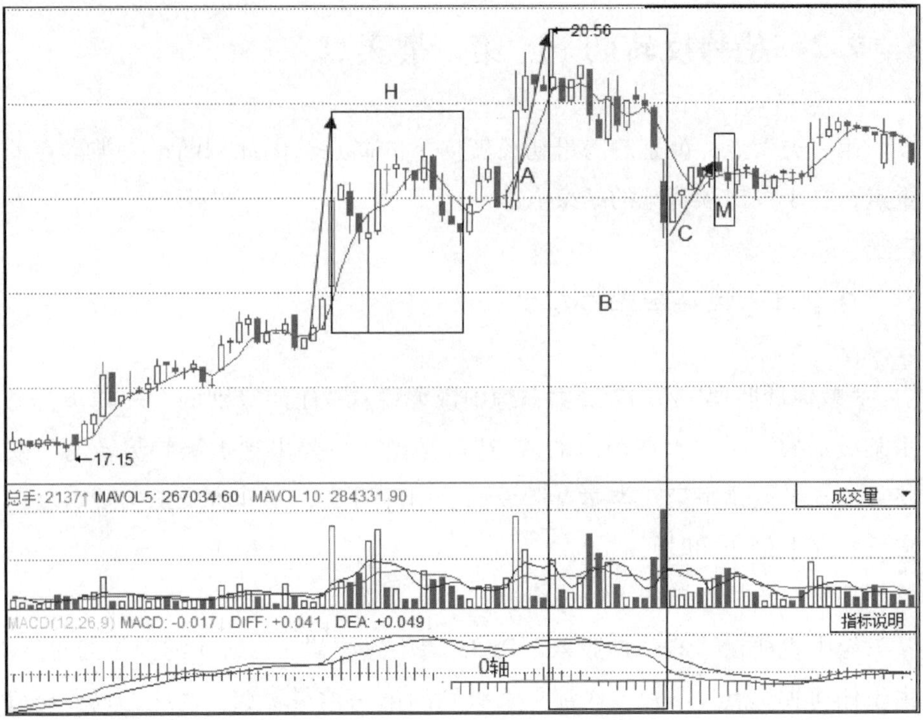

图 9-3 深赤湾 A（已退市）30 分钟 K 线图

实战要点

（1）由于顶背驰结束时即形成了第一类卖点，所以判断顶背驰成了寻找第一类卖点的关键，必须确保顶背驰的成立，方可确认第一类卖点，如图 9-3 中的情况。

（2）判断第一类卖点，就是寻找顶背驰成立后的结束点，即顶背驰回调中枢内 C 段末端的止涨回跌点，如图 9-3 中 M 区域的情况。

小贴士

第一类卖点，就是趋势反转向下的顶背驰结束点，因此准确判断出顶背驰便是找到第一类卖点的关键。

9.2.2　判断第一类卖点的关键

根据缠中说禅在第 101 课中关于第一类买卖点的定义“第一类买卖点就是背驰点”可以看出，判断第一类卖点的关键，就是准确判断出顶背驰。

再结合顶背驰的定义和判断方法，得知上涨趋势中，当形成第二个回调中枢时，在 A、B、C 三段走势中发生的背驰，就是顶背驰。

因此，投资者只要在上涨趋势中准确地判断出了顶背驰，就等于寻找到了第一类卖点。具体到第一类卖点的节点，就是顶背驰回调中枢形成后，C 段走势结束了上涨开始转下跌的初期。这样，判断第一类卖点就变得十分简单了。

案例解读

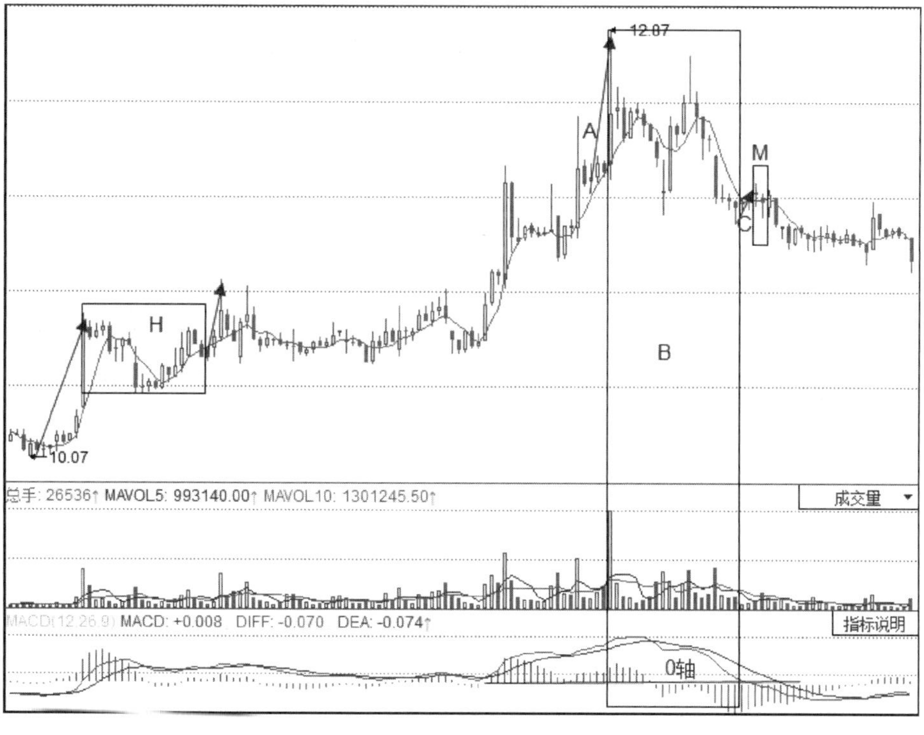

图 9－4　深深房 A 30 分钟 K 线图

图9－4是深深房A（000029）30分钟K线图。在上涨趋势中，进入H区域后，形成了一个回调中枢，经过随后的中枢震荡，在上涨的A段走势后，形成了B段的三小段回调盘整，随后又出现了C段的上涨，形成了上涨趋势中的第二个回调中枢，观察发现：C段走势小于A段走势且对应的MACD柱均为绿柱，MACD红柱面积小于A段走势对应的MACD红柱面积；B段走势将MACD双线由上向下拉回到了0轴附近。因此，可以确认形成了顶背驰，说明趋势已转为下跌，因此M区域顶背驰结束时的止涨回跌点，就成了第一类卖点，此时应及时卖出股票。由此可见，判断第一类卖点的关键，在于对顶背驰的判断。

实战要点

（1）判断第一类卖点的关键，是对顶背驰的判断，因此要按照顶背驰的判断要求，来寻找上涨趋势中的第二个回调中枢内发生背驰的现象来确认，如图9－4中H区域和由A、B、C三段走势组成的回调中枢的情况。

（2）由于确定顶背驰时的关键是第二个回调中枢的确立，必须是第三段上涨趋势C段走势的确立，因此，C段末端就是背驰结束点，即第一类卖点，如图9－4中M区域的情况。

小贴士

寻找第一类卖点的关键，其实就是准确判断出顶背驰形态，所以应按照顶背驰的判断要求，在上涨趋势中寻找第二个回调中枢，并比较第二个回调中枢内A、B、C三段走势的情况，一旦第二个回调中枢内发生了背驰，C段末端即为第一类卖点。

9.3 趋势反转失败：第一类买卖点失败的形态

第一类买卖点的失败，就是底背驰或顶背驰的失败。因此，对于第一类买卖点是否失败的情况，只要观察底背驰或顶背驰是否出现了失败，即可判断出来。

9.3.1 第一类买点失败的形态

根据缠中说禅关于第一类买点就是底背驰结束点的结论，可以得出这样一个结论：第一类买点失败的情况，就是底背驰失败的形态。也就是说，此时的下跌趋势出现了中枢延伸，甚至是向下扩张和新生，导致第一类买点在底背驰形成后失败，股价出现了向下跌破底背驰低点水平线的情况。

因此，第一类买点失败的情况，从股价的 K 线中很容易发现，只要发现下跌趋势中形成了第二个回升中枢后，这一回升中枢出现了背驰，而在随后的回跌走势中，出现下跌的低点跌破了底背驰期间回升中枢的低点水平线，即可确认第一类买点失败了。

这时，就要严格按照底背驰失败的情况来对待了，要先行卖出底背驰确立时买入的股票。根据底背驰时的回升中枢区间和股价的走势来判断行情，只有发现股价向上突破底背驰中枢区间时，方可再买入股票，否则就应当采取持币观望的策略。

案例解读

图 9－5 是方大集团（000055）日线图。在下跌趋势成立后，于 H 区域形成了一个回升中枢，随后的再下跌过程中，再次形成了一个由 A、B、C 三段走势组成的回升中枢，观察发现：C 段走势小于 A 段走势且对应的 MACD 柱均为红柱，MACD 绿柱面积小于 A 段走势对应的 MACD 绿柱面积；B 段走势将 MACD 双线由下向上拉回到了 0 轴附近。因此，可以确认形成了底背驰。如果在底背驰的结束点，即 C 段末端的第一类买点买入了

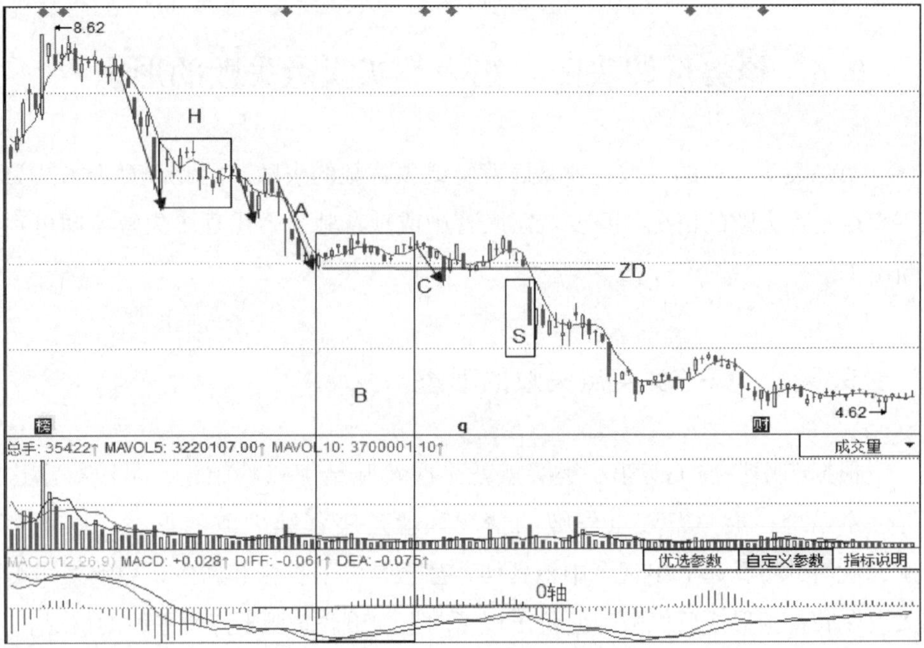

图 9-5　方大集团日线图

股票，那么在随后的走势中，发现 S 区域出现了股价向下跌破了由 A、B、C 三段走势组成的回升中枢的区间 ZD 低点水平线，说明趋势再次转弱，表明底背驰对趋势的反转向上出现了失败，即第一类买点宣告失败。因此，应在 S 区域及时卖出在第一类买点买入的股票，随后的走势中，未出现股价向上突破由 A、B、C 三段组成的回升中枢的情况，所以应继续持币观望。

实战要点

（1）第一类买点失败的形态，就是底背驰对趋势反转向上失败的情况，所以，在判断第一类买点失败的情况时，只要根据底背驰失败的情况来判断即可，如图 9-5 中的情况。

（2）如果在底背驰形成后，即第一类买点出现时，买入了股票，当发现随后出现了第一类买点失败的情况时，应先行卖出股票，如图 9-5 中 S 区域的情况。

小贴士

第一类买点失败的形态，就是在底背驰形成后的走势中，股价跌破了底背驰中枢低点的情况，所以，当底背驰形成第一类买点后，应时刻关注随后的股价走势，以防止突然出现底背驰失败的情况。

9.3.2 第一类卖点失败的形态

根据缠中说禅关于第一类卖点就是顶背驰结束点的结论，可以得出这样一个结论：第一类卖点失败的情况，就是顶背驰失败的形态。也就是说，此时的上涨趋势出现了中枢向上的延伸，甚至是向上的扩张和新生，导致第一类卖点在顶背驰形成后失败，股价出现了向上升破顶背驰中枢区间高点水平线的情况。

因此，第一类卖点失败的情况，从股价的K线中很容易发现。只要发现上涨趋势中形成了第二个回调中枢，并出现了背驰，而在随后的上涨走势中出现股价在向上突破顶背驰中枢的区间高点水平线后，回跌时未回到中枢区间内即止跌回升，即可确认第一类卖点失败了。

这时，就要严格按照顶背驰失败的情况来对待了，在发现顶背驰失败后，即当股价向上突破中枢高点ZG水平线后，随后的回调不跌回中枢区间内即止跌回升时，应及时买回顶背驰时卖出的股票。

案例解读

图9-6是中兴通讯（000063）30分钟K线图。在上涨趋势中，在H区域形成了一个回调中枢，随后的上涨过程中，又形成了一个由A、B、C三段走势组成的回调中枢，观察发现：C段走势小于A段走势且对应的MACD红柱面积小于A段走势对应的MACD红柱面积；B段走势将MACD双线由上向下拉回到了0轴附近。因此，可以确认形成了顶背驰，宣告第一类卖点形成。如果是在C段末端后的回落时，即第一类卖点成立时卖出了股票，随后股价并未转跌，而是形成了中枢震荡，且在向上突破由A、B、C三段走势组成的回调中枢区间高点ZG水平线后M区域的回跌中，未跌破中枢高点ZG

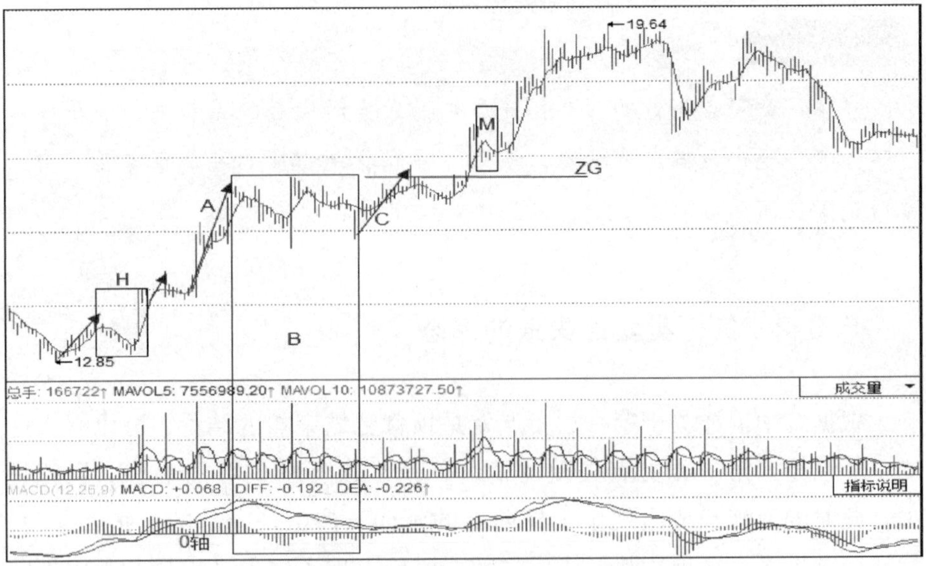

图9－6　中兴通讯30分钟K线图

水平线即出现了止跌回升，说明趋势出现了再次转强，宣告第一类卖点出现了失败。因此，应在M区域及时买回在顶背驰时卖出的股票。

实战要点

（1）第一类卖点失败的形态，就是顶背驰失败的情况，因此，严格按照顶背驰失败的情况来对待即可，如图9－6中的情况。

（2）在判断第一类卖点是否出现失败时，应先准确判断出顶背驰。只有符合要求的顶背驰出现后，股价出现向上突破顶背驰中枢高点ZG水平线，随后的回跌未跌回中枢内，即在中枢高点ZG水平线之上止跌回升时，方可再买回股票，如图9－6中M区域的情况。

小贴士

第一类卖点失败的情况，事实上就是趋势摆脱了两个回调中枢继续上涨的情况，出现了中枢向上的延伸和扩张。所以在顶背驰失败后，股价出现向上突破中枢高点ZG水平线后的回跌过程中，未跌破中枢高点ZG水平线即出现止跌回升时，可再买回股票。

第 10 章

趋势明朗的第二类买卖点

在三类安全的买卖点中，第二类买卖点，是明确趋势后的股票买卖点。所以，第二类买点是趋势明显转向上时的买点，这时候买入较为稳健；第二类卖点，是趋势明显转向下时的卖点。所以，第二类买卖点更适合稳健型的投资者。

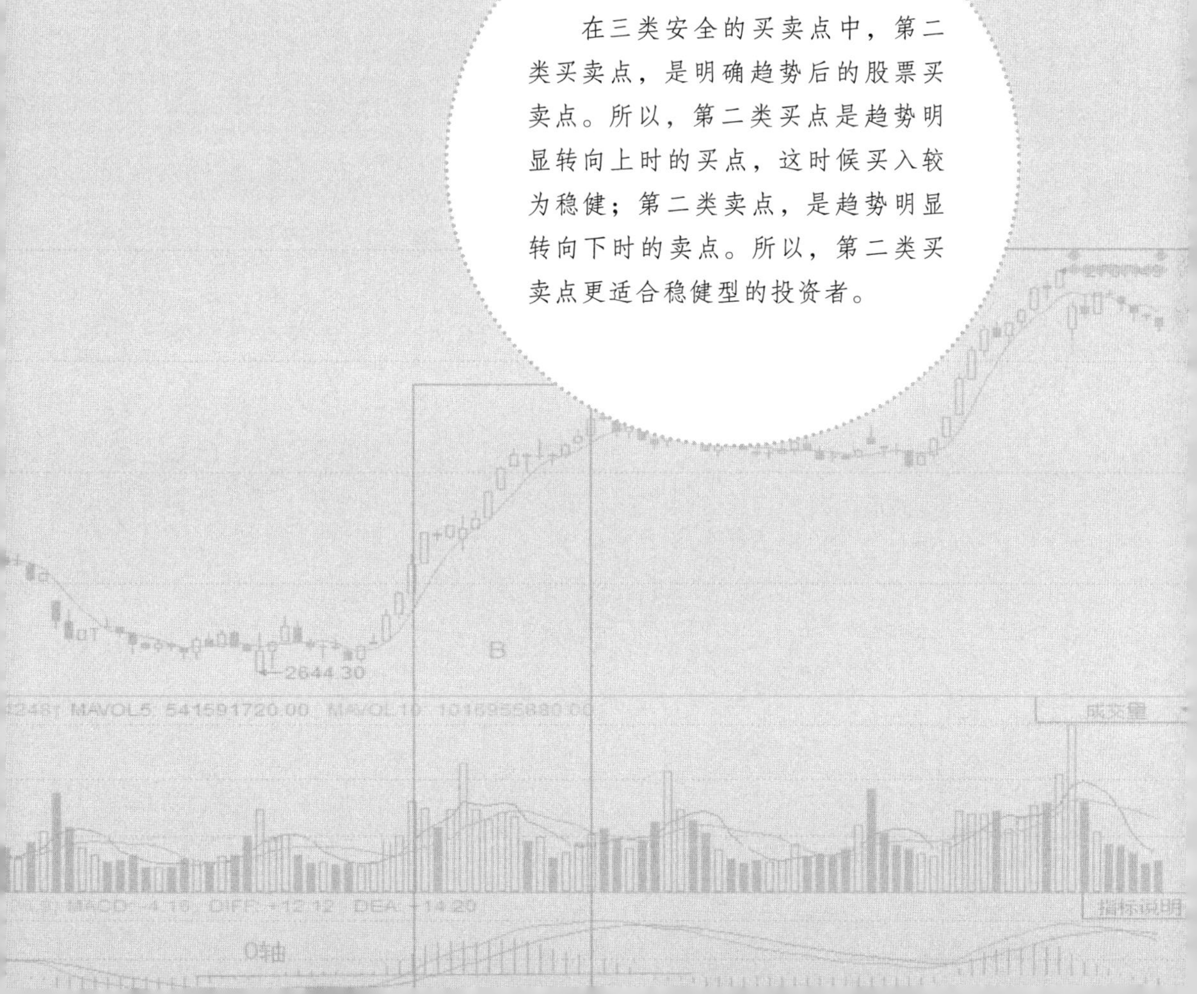

10.1　向上趋势明朗的第二类买点

第二类买点出现时，往往趋势已经明显开始向上了，所以此时买入股票是最为稳妥的操作，但在判断第二类买点时，要依据第一类买点形成后的走势来判断。

10.1.1　第二类买点定义

在“教你炒股票”第 101 课中，缠中说禅说：“所谓第二类买点，就是第一类买点的次级别回抽结束后再次探底或回试的那个次级别走势的结束点。这个定义在前面说得很清楚。例如，一个 5 分钟底背驰后，第一类买点上去的 1 分钟走势结束后，回头肯定有一个 1 分钟的向下走势，走势的结束点就是第二类买点。”

这样，关于第二类买点就表示得很明白了，就是当确立第一类买点后，在第一类买点后出现的下跌过程中的止跌回升点。

案例解读

图 10－1 是神州数码（000034）30 分钟 K 线图。在下跌趋势中，当进入 H 区域后，形成了一个回升中枢，在之后的震荡下跌中又形成了一个由 A、B、C 三段走势组成的回升中枢，观察后发现：C 段走势小于 A 段走势且对应的 MACD 绿柱面积小于 A 段走势对应的 MACD 绿柱面积；B 段走势将 MACD 双线由下向上拉回到了 0 轴附近。因此，形成了底背驰，C 段末端即为背驰点的第一类买点。随后在股价回升后的下跌过程中，进入 E 区域时，股价出现止跌回升，所以 E 区域止跌回升点就成了第二类买点。

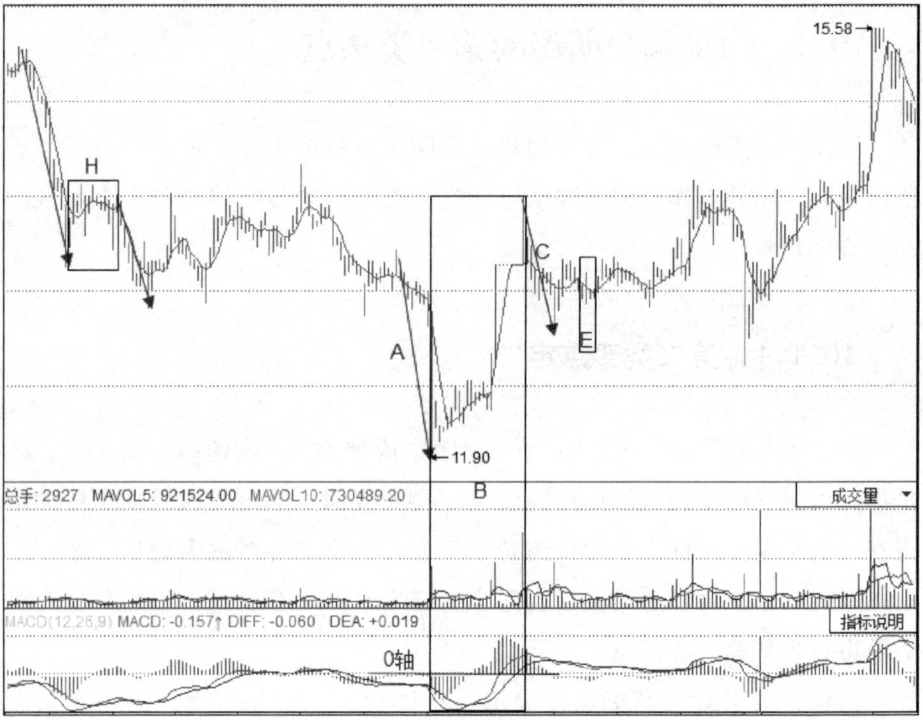

图 10－1　神州数码 30 分钟 K 线图

实战要点

（1）在判断第二类买点之前，首先应判断出第一类买点，如图 10－1 中由 A、B、C 三段走势组成的回升中枢中 C 段走势的末端，即为第一类买点。

（2）在得到了第一类买点之后，按照具体的走势，再顺延寻找出上涨后的下跌过程中出现的止跌回升点，即可确认其为第二类买点，如图 10－1 中 E 区域的情况。

小贴士

在判断第二类买点时，首先应寻找出第一类买点，然后根据第一类买点后的回跌过程中出现的止跌回升点，即可确认其为第二类买点。

10.1.2　判断第二类买点的关键

根据缠中说禅对第二类买点的定义可得知，第二类买点是在第一类买点的基础上得到的，所以，判断第二类买点的关键，在于对第一类买点的判断。

根据缠中说禅在“教你炒股票”第 101 课中讲的“第一类买卖点就是背驰点”，其中底背驰点就是第一类买点。因此可以看出，决定第一类买点的是底背驰，而决定第二类买点的是第一类买点，如此类推，可以得到这样一个结果：判断第二类买点的关键是找到第一类买点，而决定第一类买点的又是底背驰。

这也就是缠中说禅在“教你炒股票”第 27 课中说的：“第二类买点是和第一类买点紧密相连的，因为出现第一类买点后，必然只会出现盘整与上涨的走势类型，而第一类买点出现后的第二段次级别走势低点，就构成第二类买点。”

因此可以得出结论：确定第二类买点的关键依然是准确判断出第一类买点的底背驰点。

案例解读

图 10－2 是中洲控股（000042）30 分钟 K 线图。在寻找第二类买点前，必须先找出第一类买点。根据第一类买点即背驰点的原则，发现在下跌走势中，先是在 H 区域形成了一个回升中枢，随后的再下跌中又形成了由 A、B、C 三段走势组成的回升中枢，观察发现：C 段走势小于 A 段走势且对应的 MACD 柱均为红柱，MACD 绿柱面积小于 A 段走势对应的 MACD 绿柱面积；B 段走势将 MACD 双线由下向上拉回到了 0 轴附近。因此，形成了底背驰，C 段末端即为背驰点的第一类买点。随后股价在回升后的下跌过程中进入 E 区域时，出现止跌回升，所以 E 区域就成了第二类买点。由此可见，在寻找第二类买点前，必须先找到第一类买点的底背驰点。所以说，判断第二类买点的关键，是准确判断出第一类买点的底背驰点。

图 10－2 中洲控股 30 分钟 K 线图

实战要点

（1）判断第二类买点的关键，是首先要判断出第一类买点。因为第二类买点是在第一类买点的基础上产生的，如图 10－2 中 E 区域的第二类买点，是在 C 段末端的第一类买点基础上产生的。

（2）由于判断第一类买点的关键在于对底背驰的判断，所以判断第二类买点的关键，实质上也成了对底背驰的准确判断。如图 10－2 中 H 区域的回升中枢后，再次形成了由 A、B、C 三段走势组成的回升中枢内的背驰，C 段末端的结束点就成了背驰点的第一类买点。只有准确判断出这个第一类买点，才方便后续找到 E 区域的第二类买点。

小贴士

第二类买点是根据第一类买点顺延推导出来的，因此，判断第二类买点的关键，就在于准确地先判断出底背驰点的第一类买点。

10.2　向下趋势明朗的第二类卖点

第二类卖点出现时，趋势已明显转为向下，所以通常适合于中长线操作时的根据趋势变化决定是否卖出股票的操作。

10.2.1　第二类卖点定义

缠中说禅在“教你炒股票”第 101 课中说：“简单地说，第二类买点的情况反过来就是第二类卖点的情况。”这样，根据第二类买点的定义，就可以反向推导出第二类卖点的定义：所谓第二类卖点，就是第一类卖点的次级别回抽结束后，再次回升的那个次级别走势的结束点。

这就是说，第二类卖点，就是在第一类卖点出现后，当股价再次下跌后的回升过程中，出现的止涨回跌的那个点。

因此，第二类卖点是在第一类卖点形成的基础上产生的。

案例解读

图 10－3 是深纺织 A（000045）30 分钟 K 线图。先是形成了由 1、2、3 三段走势组成的一个回调中枢，随后的上涨过程中，又形成了由 A、B、C 三段走势组成的回调中枢，观察发现：C 段走势小于 A 段走势；C 段对应的 MACD 红柱面积小于 A 段对应的 MACD 红柱面积；B 段走势将 MACD 双线由上向下拉回到了 0 轴附近。因此，可以确认形成了顶背驰，第一类卖点即为 C 段末端。在随后的回跌后的回升过程中，E 区域的止涨回跌点，即为第二类卖点。

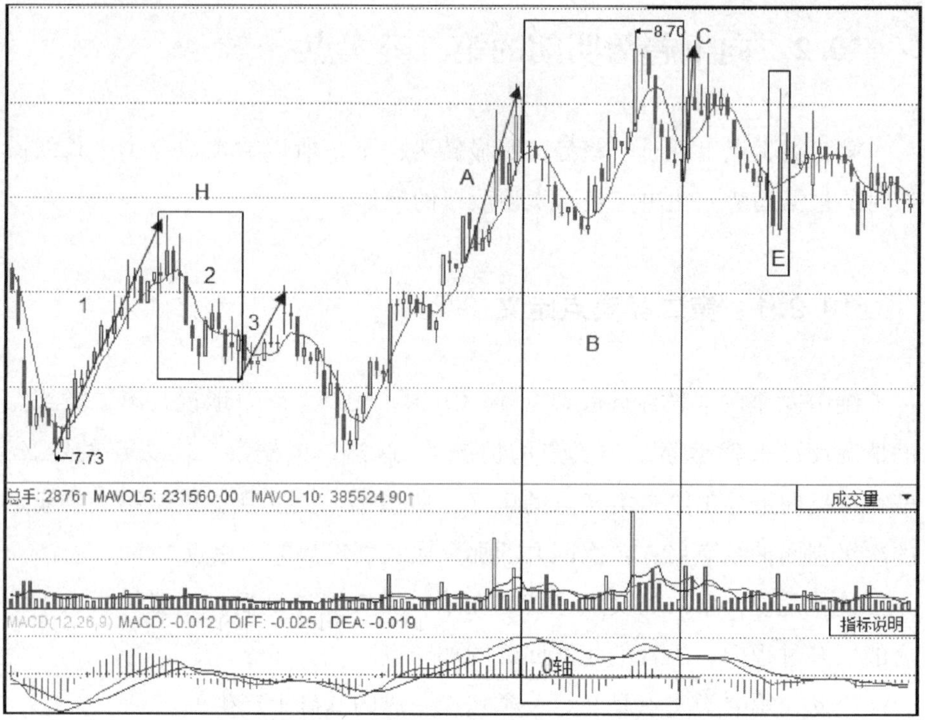

图 10-3　深纺织 A 30 分钟 K 线图

实战要点

（1）在判断第二类卖点前，首先要判断出第一类卖点，如图 10-3 中 C 段走势末端的止涨点，即为第一类卖点。

（2）当寻找到第一类卖点后，只要向后顺延两段走势，第二段走势的止涨回跌点即为第二类卖点，如图 10-3 中 E 区域的情况。

小贴士

第二类卖点是在第一类卖点形成的基础上产生的，因此判断第二类卖点的关键，在于准确寻找出顶背驰发生时的第一类卖点。

10. 2. 2　判断第二类卖点的关键

根据缠中说禅关于第二类卖点的定义可以得知，第二类卖点是在第一类卖点的基础上产生的，那么，判断第二类卖点的关键就是先准确判断出第一类卖点。

再根据缠中说禅在“教你炒股票”第 101 课中讲的“第一类买卖点就是背驰点”，其中顶背驰点就是第一类卖点。

由此可见，判断第一类卖点的重点在于对顶背驰的判断，而第一类卖点的确认，又决定着第二类卖点的确认。那么，判断第二类卖点的关键，实际上依然是对顶背驰的判断。因为只有确认了顶背驰后，才会找到顶背驰点的第一类卖点，而第二类卖点在第一类卖点的基础上产生，所以只要顺延发现第一类卖点后的回跌后的回升中出现止涨回跌，就可以轻易找到第二类卖点了。

案例解读

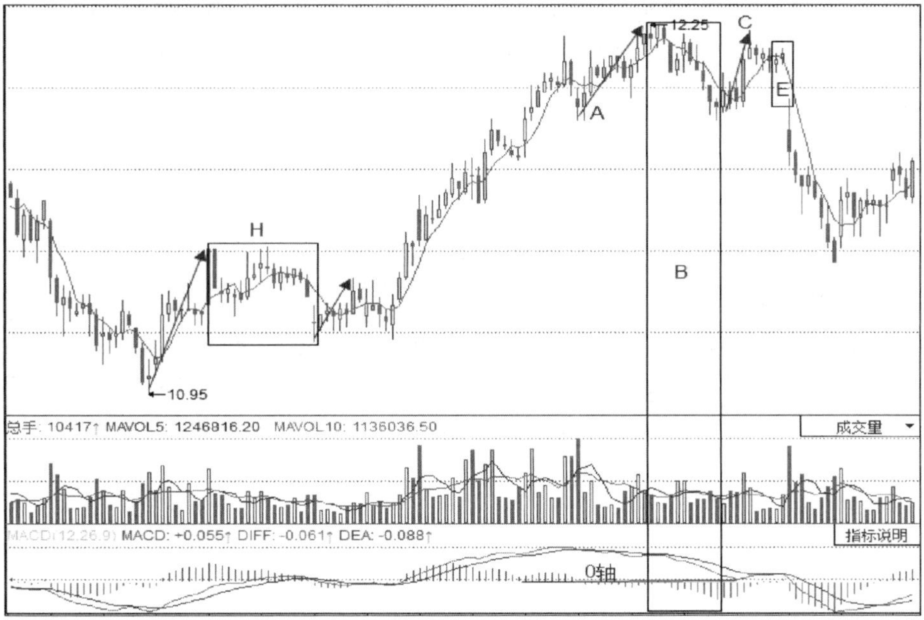

图 10－4　深天马 A 30 分钟 K 线图

图 10－4 是深天马 A（000050）30 分钟 K 线图。在判断第二类卖点前，应先判断出第一类卖点的顶背驰点，然后再基于第一类卖点判断第二类卖点。在上涨初期，先是在 H 区域形成了一个由三段走势组成的回调中枢，随后的上涨过程中，又形成了由 A、B、C 三段走势组成的回调中枢，观察发现：C 段走势小于 A 段走势且对应的 MACD 柱均为绿柱，MACD 红柱面积小于 A 段走势对应的 MACD 红柱面积；B 段走势将 MACD 双线由上向下拉回到了 0 轴附近。因此，可以确认形成了顶背驰，C 段走势末端成了顶背驰点的第一类卖点。随后的下跌再回升中，进入 E 区域，出现止涨回跌，此点为第二类卖点。从中可看出，在判断第二类卖点时，对第一类卖点的准确判断十分重要。

实战要点

（1）在判断第二类卖点前，必须先判断出第一类卖点，然后方可根据第一类卖点后的下跌再回升中的止涨回跌点，来判断第二类卖点，如图 10－4 中 E 区域的第二类卖点，就是在 C 段末端的第一类卖点的基础上得到的。

（2）基于第一类卖点判断的关键是顶背驰点，所以判断第二类卖点的关键，实质上也在于准确判断出顶背驰，如上述案例中找到如图 10－4 中 H 区域后的由 A、B、C 三段走势组成的中枢内的顶背驰。

小贴士

判断第二类卖点的关键是先判断出第一类卖点，而判断第一类卖点的关键又是确认顶背驰。因此，判断第二类卖点的关键，就在于准确判断出顶背驰，然后顺延观察，顶背驰后的回跌后的回升高点即为第二类卖点。

10.3　趋势强弱测试：第二类买点的三种情况

第二类买点出现时，会有三种情况发生：最强的情况、最弱的情况、一般的情况。不同的情况代表着趋势反转向上时的坚决程度。

10.3.1　最强的情况

缠中说禅在“教你炒股票”第 101 课中说：“最强的情况，就是第二类买点刚好构成原来下跌的最后一个中枢开始的震荡走势的第三类买点，也就是第二、第三类买点合一了，这是最强的走势，这情况，一般对应于 V 型反转的快速回升，是最有力度的。”

这就是说，当第二类买点形成的时候，刚好这时股价在第一类买点的底背驰点后的回升走势中，向上突破了底背驰中枢，在随后的回跌过程中，股价没有跌回底背驰中枢区间的高点 ZG 水平线之下即出现了止跌回升。这样，就形成了第一类买点后的回跌远在底背驰中枢之上的情况，所以是第二类买点最强的情况。

这时，往往在 K 线形态上会形成比较强势的 V 型反转的形态。

案例解读

图 10－5 是中国天楹（000035）30 分钟 K 线图。在下跌走势中，先是在 H 区域形成了一个回升中枢，随后的再下跌中，又形成了一个由 A、B、C 三段走势组成的回升中枢，观察发现：C 段走势小于 A 段走势且对应的 MACD 柱均为红柱，MACD 绿柱面积小于 A 段走势对应的 MACD 绿柱面积；B 段走势将 MACD 双线由下向上拉回到了 0 轴附近。因此，形成了底背驰，C 段末端即为背驰点的第一类买点。随后股价回升后中出现了向上突破由 A、B、C 三段走势组成的回升中枢区间高点 ZG 水平线，进入 E 区域的再下跌过程中，未跌破 ZG 水平线即出现了止跌回升，形成了第二类买点向上远离由 A、B、C 三段走势组成的回升中枢的情况，即出现了第二

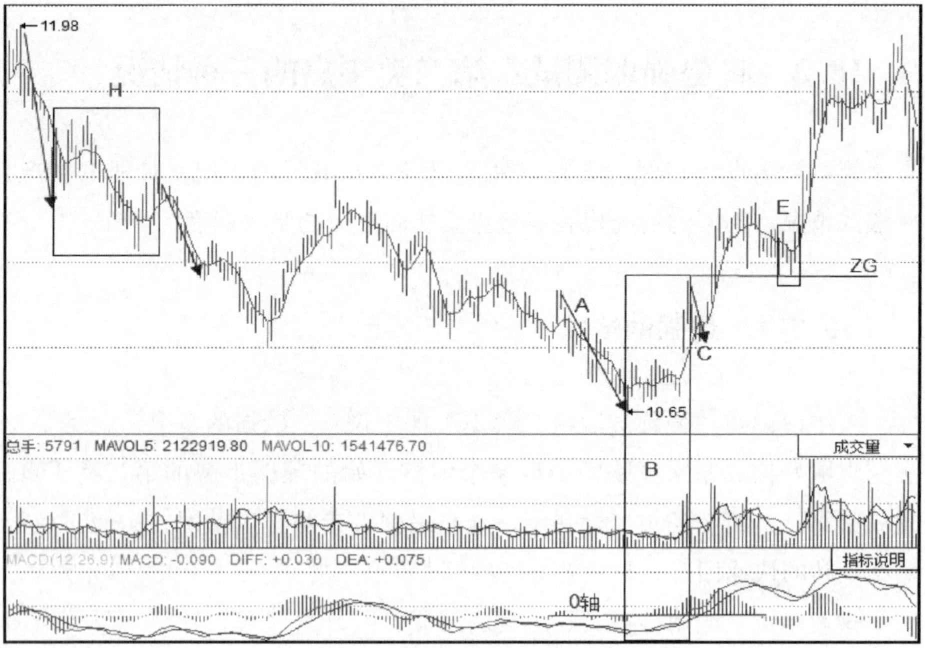

图 10－5　中国天楹 30 分钟 K 线图

类买点与第三类买点合并的情况，所以 E 区域这种形态就成了第二类买点最强的情况，此时应果断买入股票。

实战要点

（1）第二类买点最强的情况，事实上就是第二类买点形成时，未跌回底背驰中枢区间高点 ZG 水平线下方的情况，如图 10－5 中 E 区域的情况。

（2）在判断第二类买点最强的情况时，一定要先准确地判断出第一类买点的底背驰点，如上述案例中先找到如图 10－5 中由 A、B、C 三段走势组成的中枢内的背驰点，否则就难以准确判断出第二类买点的最强情况。

小贴士

第二类买点最强的情况，事实上就是第二类买点形成时，出现了向上远离底背驰回升中枢的情况，所以表明的是中枢向上扩张的情况。在这种情况下，买入股票时一定要坚决。

10.3.2　最弱的情况

缠中说禅在“教你炒股票”第 101 课中说：“最弱的情况，是第二类买点跌破第一类买点，也就是第二类买点比第一类买点低，这是完全可以的，这里一般都构成盘整背驰，后面对应着顺势平台到扩张平台等不同的走势。”

由此可见，第二类买点最弱的情况，就是跌破底背驰低点的情况，也就是底背驰失败的情况，即第一类买点出现失败的情况。

因此，一旦出现了第二类买点最弱的情况，说明后市会继续盘整，甚至会形成中阴状态的走势。所以在操作上，当第二类买点最弱的情况出现时，应采取先行卖出股票的操作，待随后趋势转强时再做买入操作。

案例解读

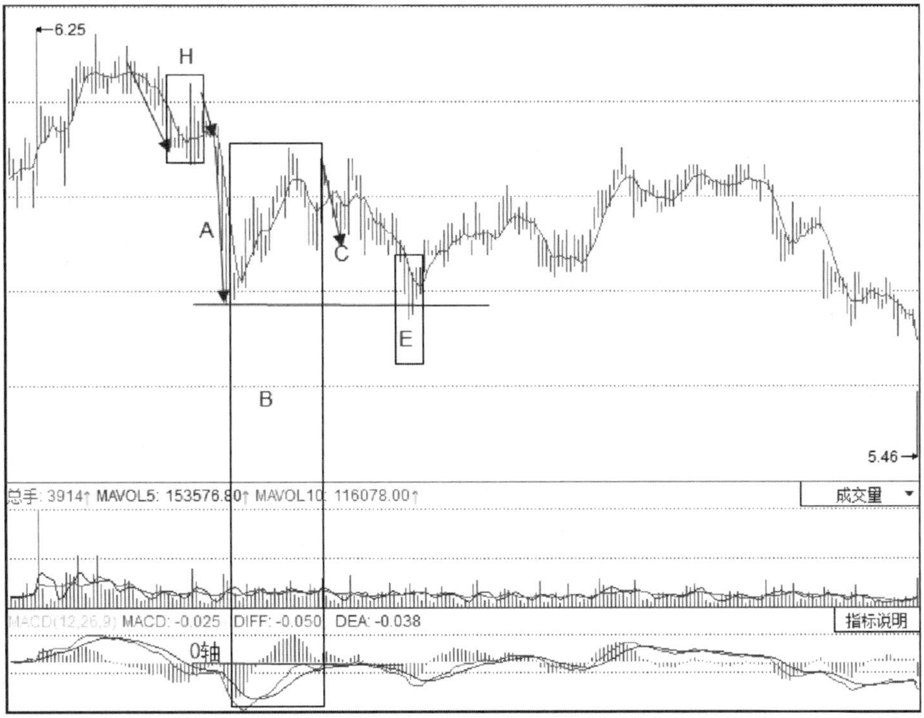

图 10－6　东信和平 30 分钟 K 线图

图 10－6 是东信和平（002017）30 分钟 K 线图。在下跌走势中，先是在 H 区域形成了一个回升中枢，随后的再下跌中，又形成了一个由 A、B、C 三段走势组成的回升中枢，观察发现：C 段走势小于 A 段走势且对应的 MACD 绿柱面积小于 A 段走势对应的 MACD 绿柱面积；B 段走势将 MACD 双线由下向上拉回到了 0 轴附近。因此，形成了底背驰，C 段末端即为背驰点的第一类买点。随后股价回升后的下跌过程中，进入 E 区域时，股价出现止跌回升，但跌破了底背驰时的低点，形成了第二类买点最弱的情况，说明之后的走势将进入持续的弱势盘整，因此在图中第一类买点时买入此股票的投资者，应在 E 区域形成了最弱的第二类买点时，先行卖出此股票。

实战要点

（1）第二类买点最弱的情况，就是当第一类买点形成后的下跌走势中，股价跌破了底背驰时的低点，随之而来的走势将进入继续的弱势盘整，因此应先行卖出股票，如图 10－6 中的情况。

（2）在判断第二类买点的强弱情况时，应确保在第一类买点的底背驰成立后，再根据第二类买点出现时的情况进行准确判断。如图 10－6 下跌走势中，当 H 区域后的由 A、B、C 三段走势组成的中枢中产生了背驰，即可确认第一类买点，而后方可进一步判断出第二类买点，并对第二类买点的强弱程度进行判断。

小贴士

第二类买点最弱的情况，就是当第二类买点形成时，跌破了第一类买点形成时的背驰中枢低点水平线。但需要注意的是，并不是一定要形成第二类买点时才会出现这种情况。一旦第一类买点确立，只要随后的走势中出现了跌破第一类买点形成时的背驰中枢低点水平线，即可确认为最弱的第二类买点，此时应及时卖出股票。

10.3.3　一般的情况

缠中说禅在“教你炒股票”第 101 课中说：“一般性走势，也就是前面两者之间的走势。这种情况下，第一、第二、第三买点依次向上，一个比一个高。”

由此可见，第二类买点一般的情况出现时，就是第二类买点高于第一类买点时的底背驰低点水平线，但又未形成向上完全脱离底背驰中枢的高点 ZG 水平线。因此，对于这种第二类买点一般的走势，只需要按照正常的操作，买入股票即可。

案例解读

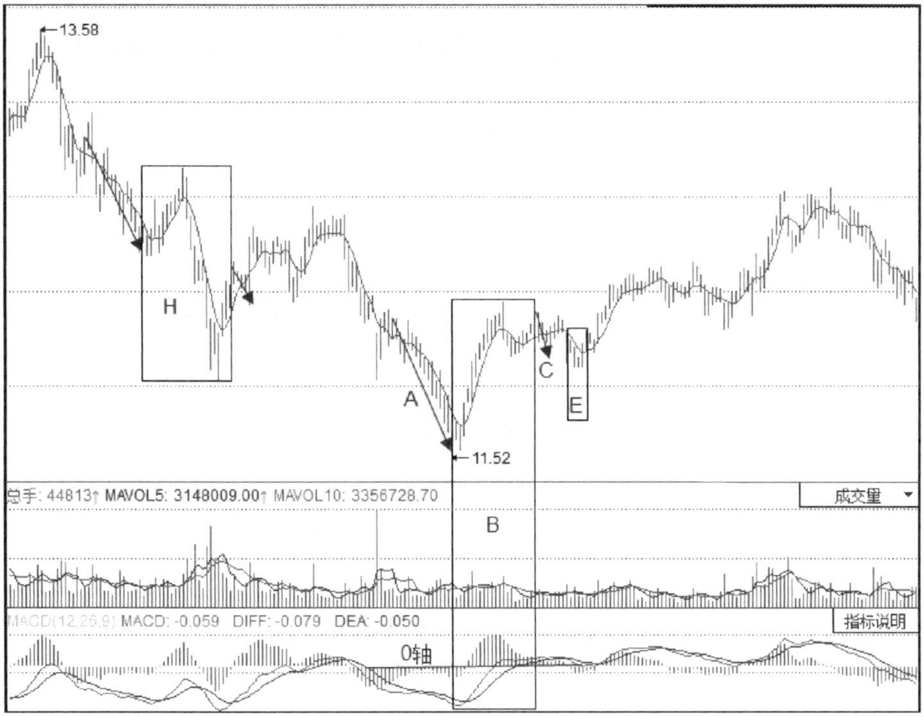

图 10－7　苏宁易购 30 分钟 K 线图

图 10－7 是苏宁易购（002024）30 分钟 K 线图。在下跌走势中，先是在 H 区域形成了一个回升中枢，在之后的再下跌中，又形成了一个由 A、B、C 三段走势组成的回升中枢，观察发现：C 段走势小于 A 段走势且对应的 MACD 柱均为红柱，MACD 绿柱面积小于 A 段走势对应的 MACD 绿柱面积；B 段走势将 MACD 双线由下向上拉回到了 0 轴附近。因此，形成了底背驰，C 段末端即为背驰点的第一类买点。在随后股价回升后的再下跌过程中，进入 E 区域时，股价出现止跌回升，所以 E 区域的止跌回升点就成了第二类买点。E 区域的第二类买点高于由 A、B、C 三段走势组成的底背驰的中枢低点，同时这个第二类买点又低于前面底背驰的中枢高点，形成第二类买点一般的走势。因此，在操作上可正常买入股票。

实战要点

（1）第二类买点一般的情况，就是当第二类买点形成时，其点位高于第一类买点时的回升中枢低点，即底背驰期间的低点，但又并未向上远离这一中枢，如图 10－7 中 E 区域的情况。

（2）当第二类买点出现一般的情况时，只要按照正常的操作，在第二类买点出现时买入股票即可，如图 10－7 中的情况。

小贴士

第二类买点一般的情况，就是第二类买点形成时，其点位高于底背驰时的回升中枢低点，但又并未向上突破中枢区间高点，保持在中枢之内时。此时，只要正常操作，买入股票即可。

第11章

趋势彻底改变的第三类买卖点

当趋势彻底转变的时候，同样会出现明显的征兆，这就是第三类买卖点的情况。所以在操作上，第三类买点，往往是投资者操作这只股票的最后时机；反之，第三类卖点则是持股者最后卖出股票的机会。

11.1　第三类买点

第三类买点，就是股价向上突破底背驰中枢区间的高点时形成的买点，所以在判断第三类买点时，较为容易。

11.1.1　第三类买点定义

缠中说禅在“教你炒股票”第 20 课中，是这样定义第三类买点的：“一个次级别走势类型向上离开缠中说禅走势中枢，然后以一个次级别走势类型回试，其低点不跌破 ZG 水平线，则构成第三类买点。”

这样，对于第三类买点就很清晰了，就是站在走势中枢的角度上，只要在形成了一个底背驰的走势中枢后，股价在向上突破中枢后的回跌过程中未跌破中枢高点 ZG 水平线，即出现了止跌回升，则形成了第三类买点。

案例解读

图 11－1　大悦城 30 分钟 K 线图

图11－1是大悦城（000031）30分钟K线图。在下跌趋势中，先是在H区域出现了一个回升中枢，在随后的再下跌过程中，又形成了一个由A、B、C三段走势组成的回升中枢。观察发现：C段走势小于A段走势且对应的MACD绿柱面积小于A段走势对应的MACD绿柱面积；B段走势将MACD双线由下向上拉回到了0轴附近。因此，形成了底背驰，C段末端为第一类买点。第一类买点后止跌回升的2区域，成了第二类买点。随后的上涨中，当股价向上突破由A、B、C三段走势组成的中枢的区间高点ZG水平线后，出现回跌，进入3区域时，股价未向下跌破ZG水平线即出现了止跌回升，形成了第三类买点。

实战要点

（1）在判断第三类买点时，首先应准确寻找出第一类买点的底背驰点，如图11－1中H区域后出现的由A、B、C三段走势组成的回升中枢发生背驰的C段末端，然后再根据这第一类买点，找出随后回调的止跌点即第二类买点，如图11－1中2区域的情况，然后方可寻找第三类买点。

（2）前期形成底背驰后，在判断第三类买点时，需站在底背驰中枢的角度，观察股价在向上突破底背驰中枢区间的高点ZG水平线后的回跌中，未跌破ZG水平线即出现止跌回升时，此止跌回升点方为第三类买点，如图11－1中3区域的情况。

小贴士

寻找第三类买点时，如果发现了第二类买点高于第一类买点，即可买入股票，而无须非要找到第三类买点时再买入。如果错过了第二类买点，在判断第三类买点时，是根据股价向上突破底背驰中枢区间高点、回调时未回到中枢内，来确认第三类买点的。

11.1.2 判断第三类买点的关键

从缠中说禅对第三类买点的定义中可以清楚地看到，判断第三类买点的关键在于，一定要在一个走势中枢确立后，形成趋势向上的走势。缠中说禅在“教你炒股票”第 20 课中讲：“第三类买卖点后，并不必然是趋势，也有进入更大级别盘整的可能，但这种买卖之所以必然赢利，就是因为即使是盘整，也会有高点出现。操作策略很简单，一旦不能出现趋势，一定要在盘整的高点出掉，这和第一、第二类买点的策略是一样的。”这就是说，只有在走势中枢后形成趋势，第三类买点才能成立。

从前面缠中说禅关于趋势的定义可知道，趋势的表现有两种：上涨和下跌。这样就等于，当第三类买点形成时，必定是在走势中枢成立后形成了向上的趋势，才会构成理想的第三类买点，否则若是买入后出现盘整，就要先行卖出股票。

然而，在利用第三类买点操作时，必须注意一个问题，即缠中说禅在“教你炒股票”第 20 课中讲到的“注意，第三类买卖点比第一、第二类要后知后觉，但如果抓得好，往往不用浪费盘整的时间，比较适合短线技术较好的资金，但一定要注意，并不是任何回调回抽都是第三类买卖点，必须是第一次”。

所以，走势中枢后形成向上的趋势和第一次回调不破中枢高点 ZG 水平线，成了判断第三类买点的关键。

案例解读

图 11－2 是中洲控股（000042）30 分钟 K 线图。在下跌趋势中，先是在 H 区域出现了一个回升中枢，在随后的下跌过程中，又形成了一个由 A、B、C 三段走势组成的回升中枢。观察发现：C 段走势小于 A 段走势且对应的 MACD 柱均为红柱，MACD 绿柱面积小于 A 段走势对应的 MACD 绿柱面积；B 段走势将 MACD 双线由下向上拉回到了 0 轴附近。因此，形成了底背驰，C 段末端为第一类买点。第一类买点后止跌回升的 2 区域，成了第二类买点。随后的上涨中，当股价向上突破由 A、B、C 三段走势组成的中枢的区间高点 ZG 水平线，回跌进入 3 区域时，股价未向下跌破 ZG 即出现了止跌回升，形成了第三类买点。由此可见，判断此第三类买点的关键在于，底背驰的由 A、B、C 三段走势组成的回升中枢成立后，2 区域至

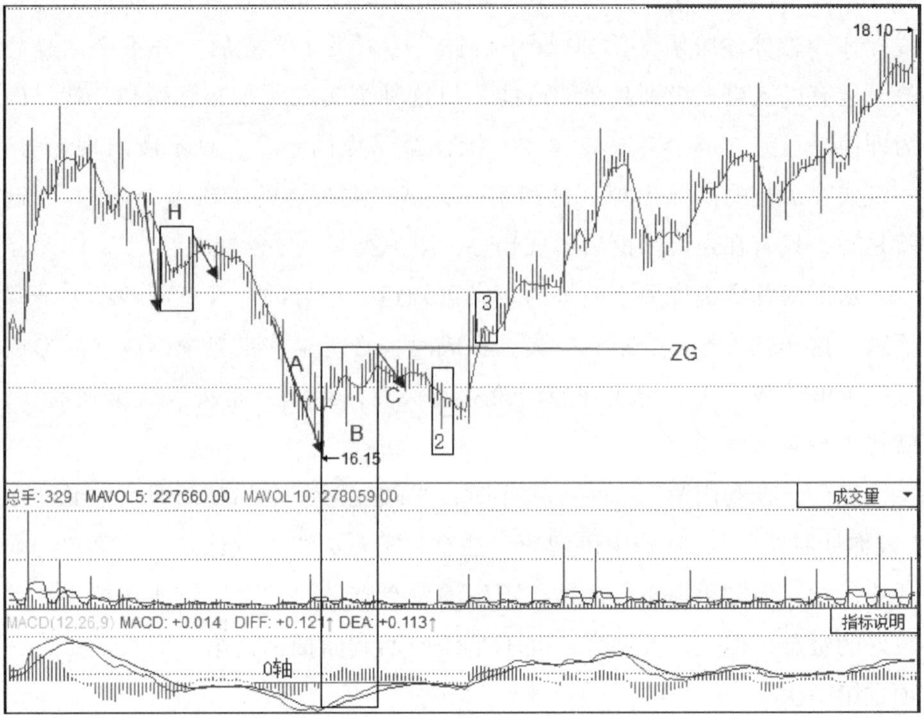

图 11-2　中洲控股 30 分钟 K 线图

3 区域之间的股价向上突破了此中枢区域高点 ZG 水平线，以及出现了 3 区域不跌破 ZG 水平线即止跌回升的情况。

实战要点

（1）在判断第三类买点时，关键因素在于看底背驰中枢形成后，接下来的走势必须出现向上突破中枢区间高点 ZG 水平线，以及突破 ZG 水平线后的回跌过程中不能跌破 ZG 水平线即出现止跌回升，如图 11-2 中 2 区域至 3 区域之间以及 3 区域的情况。

（2）虽然在判断第三类买点时，关键因素在于看底背驰后为向上趋势，以及第一次回跌不跌回中枢内这两个因素，但判断底背驰的成立依然是第一要义，因为底背驰中枢为判断第三类买点的基本依据，如上述案例中需要出现如图 11-2 中由 A、B、C 三段走势组成的底背驰中枢。

小贴士

第三类买点是在第一类买点的基础上进行判断的，所以第一类买点的底背驰依然是判断第三类买点的基本依据，不容忽视。底背驰中枢形成后，随后的走势必须出现向上突破中枢区间高点 ZG 水平线，以及突破 ZG 水平线后的回跌过程中不能跌破 ZG 水平线即出现止跌回升，这两点是判断第三类买点是否成立的关键。但这些都要以底背驰第一类买点成立时的回升中枢为参照。

11.2 第三类卖点

第三类卖点出现时，与第三类买点的情况正好相反，所以在判断时同样十分明显，只要根据股价走势与顶背驰中枢的情况来确定即可。

11.2.1 第三类卖点定义

缠中说禅在“教你炒股票”第20课中，是这样定义第三类卖点的：“一个次级别走势类型向下离开缠中说禅走势中枢，然后以一个次级别走势类型回抽，其高点不升破ZD水平线，则构成第三类卖点。”

站在中枢的角度看，在一个顶背驰的走势中枢形成后，出现了向下的趋势，并且股价在向下跌破了中枢低点ZD水平线后，无法再回升到ZD水平线之上，即出现了止涨回跌，这个止涨回涨点就是第三类卖点。

案例解读

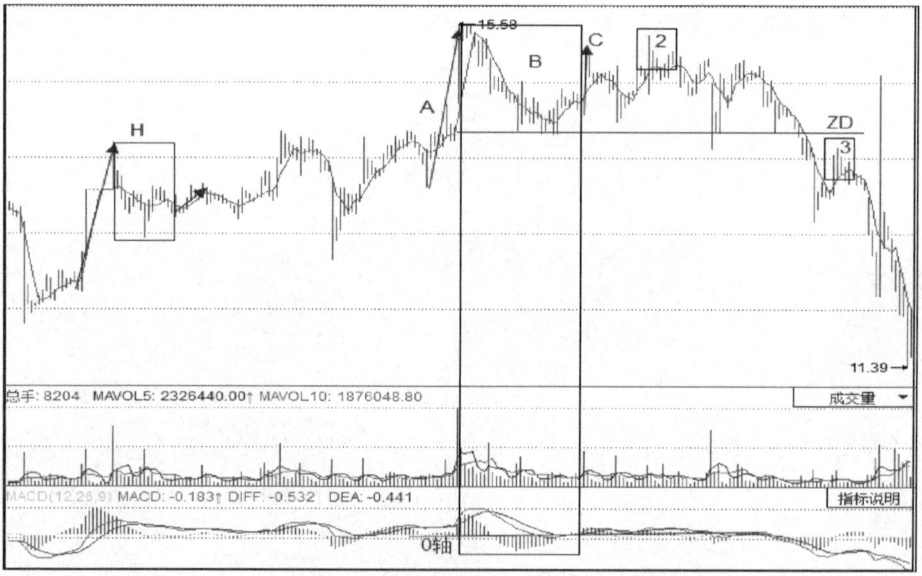

图11-3 神州数码30分钟K线图

图 11－3 是神州数码（000034）30 分钟 K 线图。在上涨趋势中，在 H 区域形成了一个回调中枢，随后的上涨中，再次形成了一个由 A、B、C 三段走势组成的回调中枢，观察发现：C 段走势小于 A 段走势且对应的 MACD 红柱面积小于 A 段对应的 MACD 红柱面积；B 段走势将 MACD 双线由上向下拉回到了 0 轴附近。因此，可以确认形成了顶背驰，第一类卖点即为 C 段末端。根据这一顶背驰回调中枢，可得到中枢区间低点 ZD 水平线，随后股价再回升时 2 区域的止涨回跌点，即为第二类卖点。在随后的下跌中，当股价向下跌破中枢区间低点 ZD 水平线后的回升中，在 3 区域出现止涨回跌，股价并未向上触及 ZD 水平线，所以形成了第三类卖点。

实战要点

（1）在判断第三类卖点前，首先应准确判断出第一类卖点形成时的顶背驰回调中枢，即如图 11－3 中下跌趋势中 H 区域的回调中枢之后的由 A、B、C 三段走势组成的顶背驰回调中枢。因为没有顶背驰回调中枢，是无法判断出第三类卖点的。

（2）在判断第三类卖点时，只要根据顶背驰回调中枢后的走势判断即可，一旦发现股价在跌破中枢区间低点 ZD 水平线后的回升中无法回到中枢内，即可确认第三类卖点成立，如图 11－3 中 3 区域的情况。

小贴士

第三类卖点是在第一类卖点的基础上产生的，但在实战操作中，却不要刻意等待第三类卖点出现后再来卖出股票，应选择在第一类卖点成立后即卖出股票，或者是在第二卖点出现时果断清仓，因为第三类卖点形成时，趋势已彻底转为了弱势。

11.2.2　判断第三类卖点的关键

根据缠中说禅关于第三类卖点的定义，可以发现第三类卖点就是站在纯中枢的角度，只要发现股价出现了向下离开中枢，即可确定趋势的向下。就是说，只有股价在向下跌破走势中枢的区间低点 ZD 水平线后，无法再回升到中枢内时，也就是中枢之后形成了明显的向下趋势，方可确认形成了第三类卖点。否则，就应以中枢震荡来对待。

由此可见，判断第三类卖点的关键，在于一个走势中枢确立后形成了明显的顶背驰后的下跌趋势。同时，这种股价跌破中枢低点 ZD 水平线的行为，应是第一次。否则，如果是 N（大于 1）次后的回升无法回到中枢，实战意义就不大了。因为趋势此时已形成了持续下跌，自然股价一直是在最初的走势中枢之下运行了。

案例解读

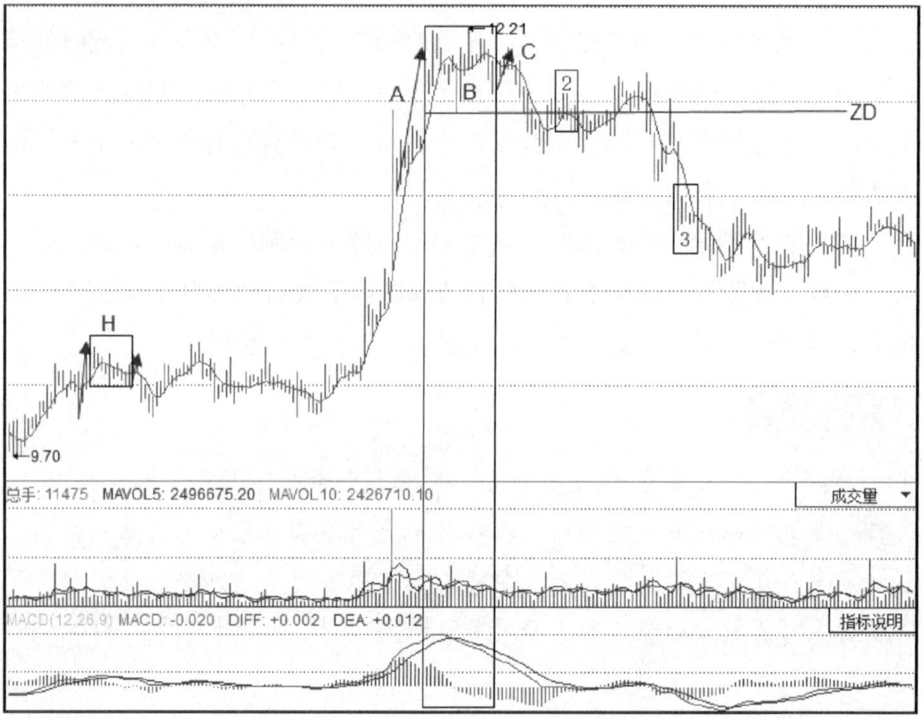

图 11-4 东旭蓝天 30 分钟 K 线图

图 11-4 是东旭蓝天（000040）30 分钟 K 线图。在上涨趋势中，在 H 区域形成了一个回调中枢，随后的上涨中，再次形成了一个由 A、B、C 三

段走势组成的回调中枢。观察发现：C 段走势小于 A 段走势；C 段对应的 MACD 柱均为绿柱，MACD 红柱面积小于 A 段对应的 MACD 红柱面积；B 段走势将 MACD 双线由上向下拉回到了 0 轴附近。因此，可以确认形成了顶背驰，第一类卖点即为 C 段末端。根据这一顶背驰回调中枢，可得到中枢区间低点 ZD 水平线，随后股价再回升时 2 区域的止涨回跌点，即为第二类卖点。在随后的下跌中，当股价向下跌破中枢区间低点 ZD 水平线后的回升中，在 3 区域出现止涨回跌，且股价并未向上触及 ZD 水平线，所以形成了第三类卖点。由此可见，判断第三类卖点的关键，在于第一类卖点的回调中枢成立后，股价的向下跌破中枢区间低点 ZD 水平线，以及未再升破 ZD 水平线即止涨回跌。

实战要点

（1）判断第三类卖点时，关键因素在于，顶背驰中枢形成后，走势必须出现向下跌破中枢区间低点 ZD 水平线，以及跌破 ZD 水平线后的回升过程中不能突破 ZD 水平线即出现止涨回跌，如图 11－4 中 2 区域至 3 区域之间以及 3 区域之间的情况。

（2）虽然在判断第三类买点时，关键因素在于顶背驰后的向下趋势，以及回升不升破中枢区间低点 ZD 水平线这两个因素，但是顶背驰的成立依然是前提要素，因为顶背驰中枢为判断第三类卖点的基本依据，如上述案例中需要出现如图 11－4 中由 A、B、C 三段走势组成的顶背驰中枢。

小贴士

第三类卖点是在第一类卖点的基础上进行判断的，所以第一类卖点的顶背驰，依然是判断第三类卖点的基本依据，不容忽视。顶背驰中枢形成后，走势必须出现向下跌破中枢区间低点 ZD 水平线，以及跌破 ZD 水平线后的回升过程中不能升破 ZD 水平线即出现止涨回跌，这两点是判断第三类卖点是否成立的关键。但这些都要以顶背驰第一类卖点成立时的回调中枢为参照。

11.3　第三类买卖点与第二类买卖点合并的形态

当趋势变化较快时，第三类买卖点与第二类买卖点会出现特殊的合并形态，一种是股价快速向上的表现，一种是股价快速向下的象征。

11.3.1　第三类买点与第二类买点的合并形态

根据缠中说禅关于第三类买点和第二类买点的定义，可以得知，第二类买点“就是第一类买点的次级别回抽结束后，再次探底或回试的那个次级别走势的结束点”，第三类买点是有效向上突破走势中枢的情况。那么，第三类买点和第二类买点合并的情况，就是第二类买点形成的时候，这一次级别的回升中，股价出现了向上突破中枢高点 ZG 水平线，随后的回试中，未跌破中枢的高点 ZG 水平线，正好符合第三类买点的要求，所以就形成了第三类买点与第二类买点的合二为一了。

这种第三类买点和第二类买点的合二为一，其实就是第二类买点形成最强的情况，所以通常会在 K 线上形成 V 型反转的走势。但是否会形成 K 线 V 型反转的形态不是最重要的，最重要的是，这一买点既符合第二类买点的要求，又符合第三类买点的要求。

案例解读

图 11－5 是东阿阿胶（000423）30 分钟 K 线图。在下跌趋势中，先是在 H 区域出现了一个回升中枢，在随后的再下跌过程中，又形成了一个由 A、B、C 三段走势组成的回升中枢，观察发现：C 段走势小于 A 段走势且对应的 MACD 柱均为红柱，MACD 绿柱面积小于 A 段走势对应的 MACD 绿柱面积；B 段走势将 MACD 双线由下向上拉回到了 0 轴附近。因此，形成了底背驰，C 段末端为第一类买点。随后的上涨走势中，股价向上突破了由 A、B、C 三段走势组成的底背驰中枢的区间高点 ZG 水平线，在 32 区域内，股价未向下跌破 ZG 水平线即出现了止跌回升，因是底背驰后的第

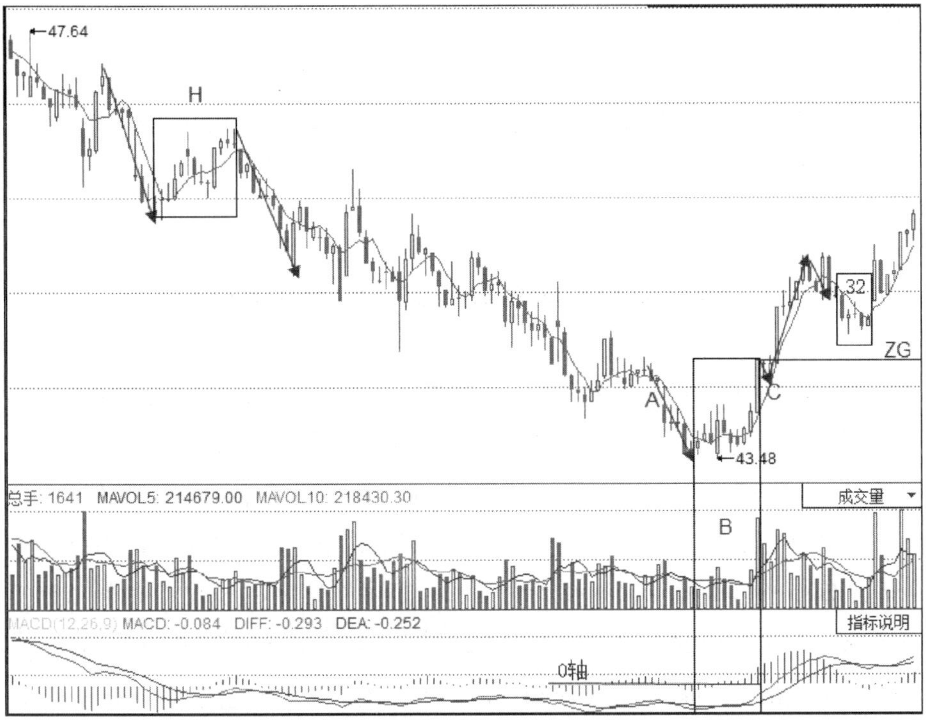

图 11－5　东阿阿胶 30 分钟 K 线图

一次上涨与下跌走势，所以这个止跌回升点符合第二类买点的要求，同时又符合第三类买点的要求，说明属于第三类买点与第二类买点合并的情况，此时应及时买入股票。

实战要点

（1）在观察第三类买点与第二类买点是否出现合并时，主要是观察第一类买点形成后，必须形成一段强势的上涨，出现了向上突破中枢高点 ZG 水平线的情况，而后的回跌又不能跌破 ZG 水平线，方可确认，如图 11－5 中 C 段走势之后的情况，以及 32 区域的情况。

（2）在判断第三类买点是否与第二类买点出现了合并时，应严格根据第三类买点和第二类买点的定义来判断，只有同时符合这两个定义时，方为出现了第三类买点与第二类买点合并的情况，如图 11－5 中的情况。

小贴士

第三类买点与第二类买点合并时，往往是股价在探底后强势回升的表现，所以是股价直接进入强势上涨的征兆，一经发现，就应果断买入股票。

11.3.2 第三类卖点与第二类卖点的合并形态

缠中说禅在“教你炒股票”第21课中说：“无论前面的走势是什么情况，都唯一对应着一个中枢存在后走势的延续或转折，这分析对卖点同样有效。”这里的“延续”，就是第三类卖点和第二类卖点合并的情况。

根据缠中说禅关于第三类卖点和第二类卖点的定义可得知，第三类卖点是跌破中枢区间低点ZD水平线无法回到中枢区间的情况，而第二类卖点是第一类卖点后的回升结束点。如果是在第二类卖点形成前的回跌时，股价向下跌破了中枢区间低点ZD水平线，随后的回升过程中，未升破ZD水平线重新回到中枢内，那就形成了第三类卖点与第二类卖点合并的情况。

因此，当一个卖点出现时，这个卖点既符合第三类卖点的要求，又符合第二类卖点的要求，就可视为第三类卖点与第二类卖点出现了合二为一。这种情况的出现，代表着趋势的快速转跌，所以应及时回避。

案例解读

图11-6是中兴通讯（000063）30分钟K线图。在上涨趋势中，在H区域形成了一个回调中枢，随后的上涨中，再次形成了一个由A、B、C三段走势组成的回调中枢，观察发现：C段走势小于A段走势且对应的MACD柱均为绿柱，MACD红柱面积小于A段对应的MACD红柱面积；B段走势将MACD双线由上向下拉回到了0轴附近。因此，可以确认形成了顶背驰，第一类卖点即为C段末端。根据这一顶背驰回调中枢，可得到中枢区间低点ZD水平线，随后的股价再下跌的过程中，直接跌破了中枢低点ZD水平线，并在32区域内，股价并未向上触及ZD水平线即出现了止涨回

图 11-6 中兴通讯 30 分钟 K 线图

跌，32 区域这个止涨回跌点既符合第三类卖点的要求，同时又符合第二类卖点的要求，为第三类卖点与第二类卖点合并的情况，此时应果断卖出股票。

实战要点

（1）在观察第三类卖点与第二类卖点是否出现合并时，主要是观察第一类卖点形成后，股价必须形成了一段强势的下跌，出现了向下跌破中枢低点 ZD 水平线的情况，而后的回升又不能升破 ZD 水平线，方可确认，如图 11-6 中 C 段走势之后的情况，以及 32 区域的情况。

（2）在判断第三类卖点与第二类卖点是否出现了合并时，应严格根据第三类卖点和第二类卖点的定义来判断，只有均符合这两个定义时，方可确认为出现了第三类卖点与第二类卖点合并的情况，如图 11-6 中的情况。

小贴士

第三类卖点与第二类卖点合并时，往往是股价在冲高后强势转跌的表现，所以是股价出现了直接转入快速下跌的情况，一经发现，就应果断卖出股票。

11.4　第三类买卖点与趋势的关系

在三类买卖点中，第三类买卖点均出现在趋势明显改变的时候，所以第三类买点是股票上涨趋势中最后的主升浪操作机会，第三类卖点则是股票转弱后最后的逃命机会。

11.4.1　第三类买点是上涨趋势中最后的主升浪操作机会

缠中说禅在“教你炒股票”第21课中说：“对于一个必然的买点，必须满足以下的两种情况之一：一个向上的延续或一个由下往上的转折。对于延续的情况，能产生的，只能是在一个上升的过程中，否则就无所谓延续了。对于上升的延续中产生的买点，必然有一个中枢在前面存在着。对于中枢下形成的买点，如果该中枢是在上涨之中的，那么在中枢之下并不能必然形成买点，中枢下的买点，只可能存在于下跌与盘整的走势类型中。换言之，一个上涨趋势确定后，不可能再有第一类与第二类买点，只可能有第三类买点。”

这就是说，第三类买点，就是上涨趋势中上涨趋势的最后向上延续，即使是第三类买点后形成了顶背驰的失败，也往往必然是再次盘整后出现的持续向上延续的行情。因此，抛开第三类买点后的顶背驰失败的情况，第三类买点后的行情，往往成了整个上涨过程中最后一波的上涨，所以通常会是股价上涨的主升浪，因此应积极把握这段主升行情。

案例解读

图11－7是红太阳（000525）30分钟K线图。在下跌趋势中，先是在H区域出现了一个回升中枢，在随后的再下跌过程中，又形成了一个由A、B、C三段走势组成的回升中枢，观察发现：C段走势小于A段走势且对应的MACD绿柱面积小于A段走势对应的MACD绿柱面积；B段走势将MACD双线由下向上拉回到了0轴附近，形成了底背驰，C段末端为第一

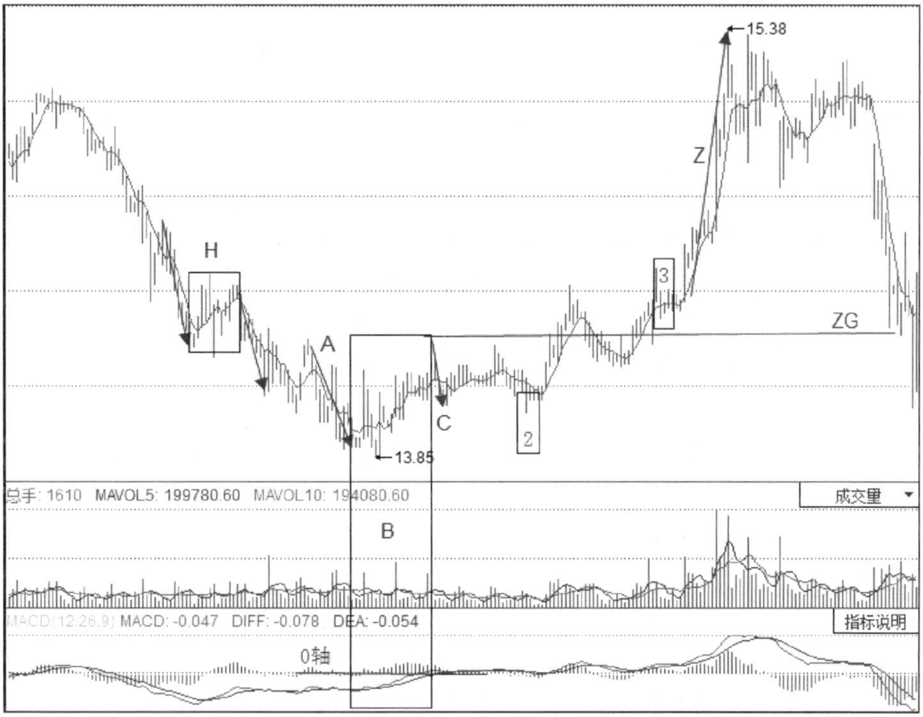

图 11 – 7　红太阳 30 分钟 K 线图

类买点。第一类买点后止跌回升的 2 区域，成了第二类买点。随后的上涨中，股价向上突破由 A、B、C 三段走势组成的中枢的区间高点 ZG 水平线，而后出现回跌至中枢区间，进入 3 区域时，股价未向下跌破 ZG 水平线即出现了止跌回升，形成了第三类买点。此时说明股价进入了快速上涨，因此，是操作这只股票的最后时机。进入主升浪的股票，短期涨幅较大，应果断买入股票。

实战要点

（1）第三类买点出现时，往往是股价即将强势上涨的征兆，此后的特征是，股价短期内涨幅较大，所以是操作中不容错过的一段行情，如图 11 – 7中 3 区域之后的情况。

（2）在寻找第三类买点时，一定要看清第一类买点和第二类买点形成期间的股价盘整向上的表现，因这种表现越是强烈，后市第三类买点出现后，股价强势上涨的特征就越明显，涨幅也越大，如图11－7中的情况。

小贴士

由于第三类买点出现时，趋势已经彻底转为强势上涨，所以此时可以配合均线形态来进行辅助判断。并且，在第三类买点形成后回看，会发现第一类买点、第二类买点与第三类买点会呈现出明显的节节攀高的状态。这也是观察K线向上趋势的简单方法。

11.4.2 第三类卖点是下跌趋势成立后最后的逃命机会

缠中说禅在“教你炒股票”第80课中说：“如果市场给你第二次改正错误的机会你没把握住，也就是第三类卖点，那就直接回家磨墙。”

这意思就是说，当第三类卖点形成时，趋势已经转为了明显的下跌趋势，第三类卖点是下跌趋势成立后的最后一次回升后的逃离点。在这种情况下，如果投资者没有抓住趋势转向下后的短暂回升止跌，必然会被深套，就像你明显看到了趋势的下跌，依然不知道在反弹时卖出股票，自然是反应过于迟钝了，所以是不适合投资股票的。

因此，从趋势的角度看，第三类卖点就是趋势确立下跌后的多头力量组织起的最后一次抵抗，只要发现，就要毫不犹豫地卖出股票，否则就真的是不适合炒股了。

案例解读

图11－8是丽珠集团（000513）30分钟K线图。在上涨趋势中，在H区域形成了一个回调中枢，随后的上涨中，再次形成了一个由A、B、C三段走势组成的回调中枢，通过观察发现：C段走势小于A段走势且对应的MACD红柱面积小于A段走势对应的MACD红柱面积；B段走势将MACD双线由上向下拉回到了0轴附近。因此，可以确认形成了顶背驰，第一类卖点即为C段末端。根据这一顶背驰回调中枢，可得到中枢区间低点ZD

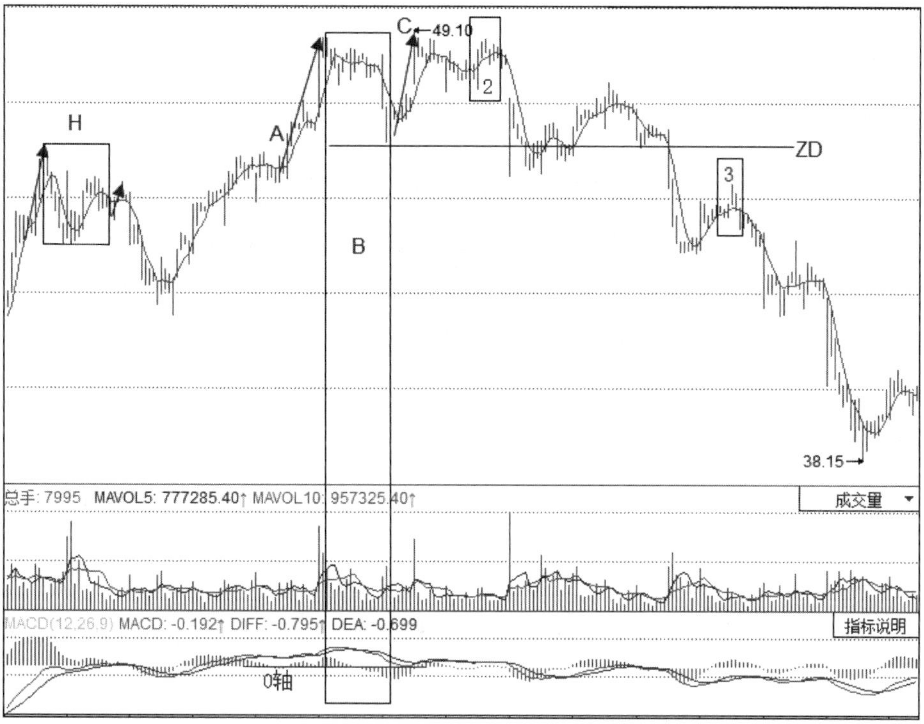

图 11－8　丽珠集团 30 分钟 K 线图

水平线，随后的股价再回升时 2 区域的止涨回跌点，即为第二类卖点。在随后的下跌中，当股价向下跌破中枢区间低点 ZD 水平线后的回升中，在 3 区域出现止涨回跌，股价并未向上触及 ZD 水平线，所以形成了第三类卖点。此时，通过 K 线走势可以明确看到，趋势已转为了下跌，所以 3 区域的第三类卖点，成了趋势明显转跌后卖出股票的最后时机。

实战要点

（1）第三类卖点形成时，整个趋势已经彻底转为下跌，所以是趋势明显转为下跌后的反弹逃离时机，应及时卖出股票，因随后的走势往往会形成单边下跌的弱势格局，如图11－8中 3 区域之后的情况。

（2）第三类卖点出现前，一定要看清第一类卖点和第二类卖点形成期间的股价盘整向下的表现，因这种表现越是强烈，后市第三类卖点出现后，股价强势转跌的特征越明显，跌幅也越大，如图11－8中的情况。

小贴士

由于第三类卖点出现时，趋势已经彻底转为下跌，所以此时可以配合均线形态来进行辅助判断。并且，在第三类卖点形成后回看，会发现第一类卖点、第二类卖点与第三类卖点会呈现出明显的节节下降的状态。这也是观察 K 线向下趋势的简单方法。

第 12 章

缠论实战攻略与技巧

在掌握了所有缠论知识和技巧后，在实际操作中，同样存在着许多技巧需要了解和掌握，例如交易策略与交易原则，交易时的实战技巧，根据趋势变化进行交易的实战技巧，以及三类买卖点在实战中的交易技巧。

12.1 交易策略与交易原则

交易策略与交易原则，缠中说禅在缠论中同样一一介绍过，所以，在实战前一定要详细了解，这样才能准确利用缠论技术进行成功交易。

12.1.1 把握市场节奏从容交易

在“教你炒股票”第 61 课中，缠中说禅说：“为什么要强调节奏，最终都是为了资金的安全与利用率，这对大资金都是一样的，而对小资金，掌握了节奏，你的效率更高。”因为要讲求操作的效率，所以“要有效率，必须有节奏，要有节奏，就先要把握好买卖点，这里的逻辑关系，请好好思考明白。”由此可见，节奏在操作中是十分重要的。

那么，什么是节奏呢?

缠中说禅在“教你炒股票”第 41 课中讲：“买点买，买点只在下跌中，没有任何股票值得追涨，如果你追涨被套，那是活该；卖点卖，没有任何股票值得杀跌，如果你希望瘦身，那就习惯砍仓杀跌吧。即使你搞不懂什么是买点卖点，但有一点是必须懂的，就是不能追涨杀跌。就算是第三类买卖点，也是分别在回调与反弹中形成的，哪里需要追涨杀跌?”

因此，“市场的节奏，只有一个：买点买、卖点卖”。

案例解读

图 12－1 是冀东水泥（000401）30 分钟 K 线图。在 H 区域形成了一个回升中枢，紧接着又在下跌过程中，又形成了一个由 A、B、C 三段组成的回升中枢，观察后发现：在这一中枢内形成了底背驰，所以 C 段末端的底背驰点成了第一类买点，此时应买入股票，当 S 区域出现跌破底背驰点的情况，说明底背驰失败，应先行卖出股票。到了 Q 区域，出现股价向上突破由 A、B、C 三段走势组成的中枢的走强，应再买回股票。随后的 T 区域形成了一个回调中枢，在上涨过程中，形成一个由 A2、B2、C2 三段走

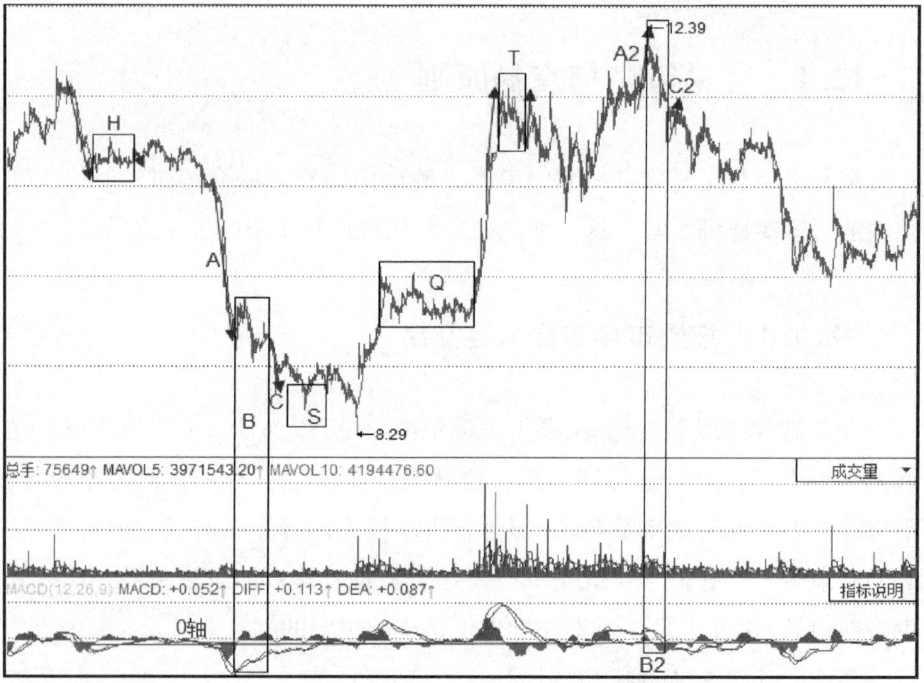

图 12－1　冀东水泥 30 分钟 K 线图

势组成的回调中枢，并在这中枢内发生了顶背驰，因此 C2 的末端顶背驰点，成了第一类卖点，此时应果断卖出股票。

这种根据底背驰买入、底背驰失败后卖出、走强后再买回股票、顶背驰时卖出股票的操作，就是根据股价在市场上走势的强弱节奏，所采取的“买点买、卖点卖”的操作策略。

实战要点

（1）在把握市场节奏买入操作时，一定要在走势转强时买入股票，如图 12－1 中由 A、B、C 三段走势组成的底背驰中枢的末端，以及随后走强状态的 Q 区域。

（2）在根据市场节奏卖出操作时，一定要在走势转弱时卖出股票，如图 12－1 中由 A2、B2、C2 三段走势组成的顶背驰中枢的末端，形成卖点时再卖出股票。

小贴士

把握市场的节奏，就是根据具体的买卖点形态来操作，在买点出现时买入股票，在卖点出现时卖出股票。这样，才能做到从容操作。

12.1.2　克服赌徒心理

缠中说禅在“教你炒股票”第 96 课中说：“市场中，最大的敌人，就是赌徒心理、赌徒思维。赌，最终的结局就只有一个，如果你以赌徒心理参与市场，那么你的结局就已经注定，你就算还没在锅里，那也只是养肥了再煮而已，没什么区别。

“赌徒心理无处不在，除了上一课说的不断加码，还有一些，甚至自己都没注意到。例如，有人亏钱了，然后就想，等反弹到多少多少一定出来，以后不玩了。这看起来很不赌徒，但其实也是赌徒心理。

“赌徒心理最大的一个特点就是，预设一个虚拟的、想象中的目标，完全无视市场本身。

“还有一个特点，就是怕失去机会，怕失去了赚大钱的机会。例如，万一走错了，怎么办？万一还涨，不就亏了？诸如此类。

“市场中真正的成功，都是在严格的操作下完成的。操作失误了有什么大不了的？市场的机会不断涌现，一个严格的操作程序，足以保证你长期的成功。

“赌徒心理有一个很普遍的行为，就是砍了又追，追了又砍，完全被一股无名的业力牵引，就往那鬼窟里去了。这所谓的杀红了眼，所以就被杀了。

“赌徒心理还有一个更普遍的行为，就是不敢操作。看到机会来了，开始感到害怕，等机会真正起来了，又开始后悔，然后就追上去，5 元不敢买的，过段时间 50 元都敢买，结果又被杀了。

“还有一种赌徒心理就太常见了，就是听消息、找捷径。以为这世界上有一个馅饼一定能拍着自己，可能吗？就算能吃到点馅饼，那玩意能当长期饭票吗？

“赌徒心理，还有一种大概是最常见的，就是我要赚钱买房子、车子。我投入，要把装修的钱赚回来。可悲呀，你以为市场是慈善场所？那是杀人的地方！”

由此可见，股票交易绝不是靠赌就可以完成的，而是要通过技术分析去把握交易机会。

案例解读

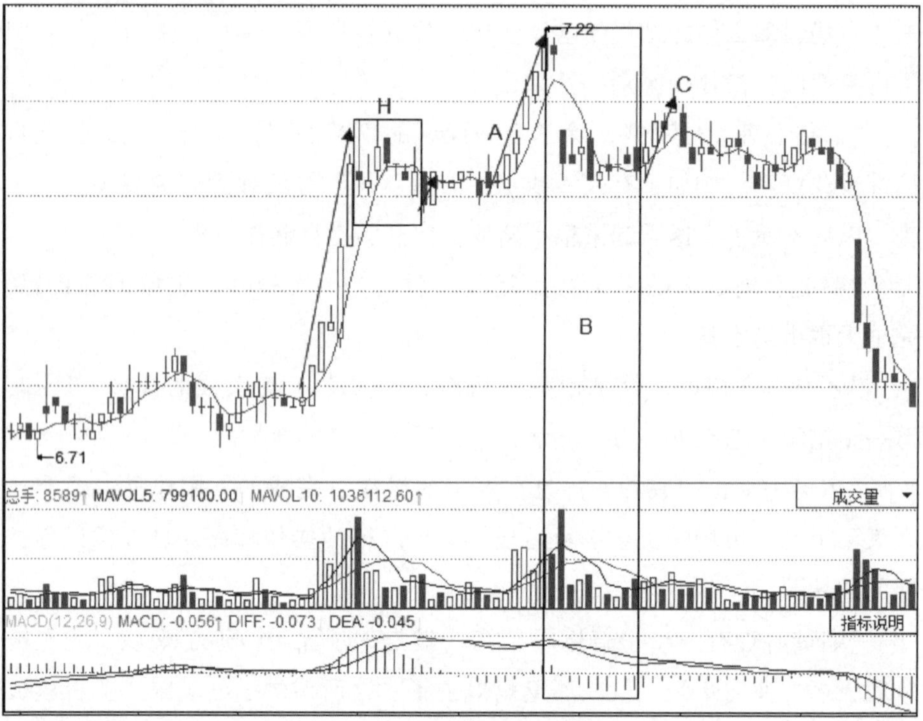

图 12－2 金融街 30 分钟 K 线图

图 12－2 是金融街（000402）30 分钟 K 线图。例如在低点买入了这只股票后，在随后的上涨过程中于 H 区域形成了一个回调中枢，随后的上涨过程中又形成了一个由 A、B、C 三段走势组成的回调中枢。观察发现：C

段走势小于A段走势且对应的MACD均为绿柱，MACD红柱面积小于A段走势对应的MACD红柱面积；B段走势将MACD双线由上向下拉回到了0轴附近。因此，可以确认形成了顶背驰，说明趋势即将反转向下，这时候就应及时卖出股票了，而不要再幻想能够继续走强，以致于继续持股。因为已经是顶背驰了，就一定要卖出股票。所以，在这个时候请一定要克服赌徒心理。

实战要点

（1）赌徒心理最大的特征，就是在应该卖出股票时不卖出，依然心存幻想继续持股，如图12－2中由A、B、C三段走势组成的回调中枢发生了顶背驰时却不卖出股票。

（2）赌徒心理的另一个特征，就是在不应当卖出股票时，却害怕股价继续走弱，从而提前卖出股票，如图12－2中H区域的首个回调中枢出现时就匆匆卖出股票。

小贴士

要想克服赌徒心理，就一定要强化学习股票理论技术，只有掌握了扎实的理论技术，并通过实践熟练了，才不会在操作中心存赌念。

12.1.3 不以个人喜好操作股票

缠中说禅在“教你炒股票”第3课中说：“你的喜好，就是你的死亡陷阱！要在市场中生存，第一条就是在市场中要杜绝一切喜好。市场的诱惑，永远就是通过你的喜好而陷你于死亡。市场中需要的是露水之缘而不是比翼之情，天长地久之类的东西和市场无关。市场中唯一值得天长地久的就是赢钱，任何一个来市场的人，其目的就是赢钱，任何与赢钱无关的都是废话。

“必须明白，任何让你买入一只股票的理由，并不是因为这股票如何好或被忽悠得如何好，而是你企图通过买入而赢钱。能赢钱的股票就是好的，否则都是废话。因此，市场中的任何喜好，都是把你引入迷途的陷阱，必须逐一看破，才能在市场上生存。

“当然，能看清楚自己周围的市场陷阱，还只是第一步。更进一步是要学会利用市场陷阱来赢钱。当你要买的时候，空头的陷阱就是你的最佳机会，当你要卖的时候，多头的陷阱当然就是你的天堂。市场中永远不缺卖在最低点、买在最高点的人，世界上也没有什么是可以让所有人赢钱的，连大牛市中都有很多人要亏损累累。市场中的行为就如同一个修炼上乘武功的过程，最终能否成功，还是要落实到每个人的智慧、秉性、天赋和勤奋上来！”

由此可见，在选择股票交易的标的时，一定不要根据自己的喜好来选股，而是要根据买点是否出现为依据来买入股票。

案例解读

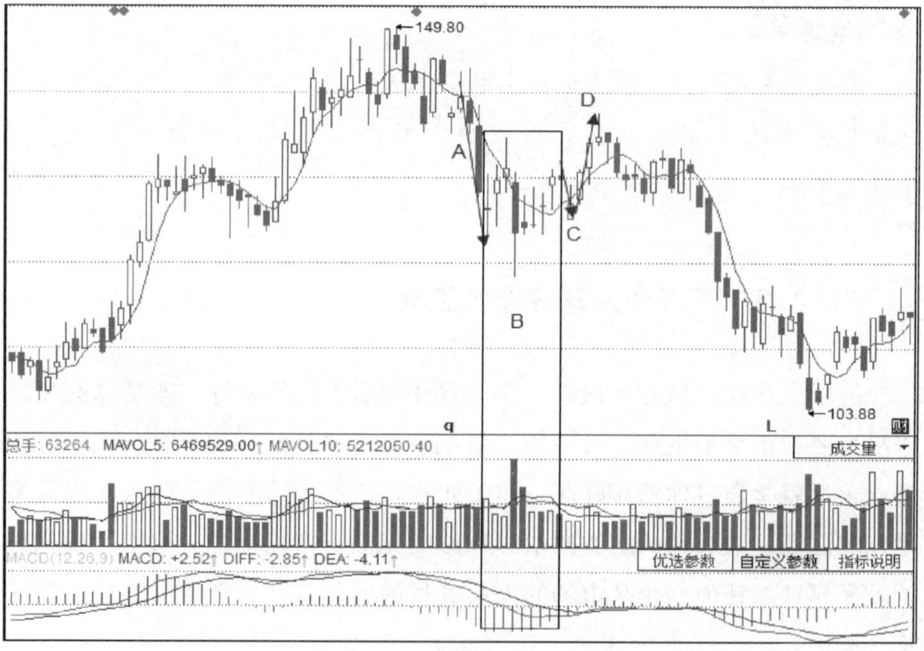

图 12－3　洋河股份日线图

图12－3是洋河股份（002304）日线图。例如某投资者一直喜欢酒类上市公司的股票，尤其是像洋河股份这样一只白酒行业中业绩仅次于贵州茅台的白酒企业股，是自己心中当之无愧的白酒行业的白马龙头股。但在趋势转跌的初期，只形成了由A、B、C三段走势组成的一个回升中枢后，发现D段走势接连上涨，并向上突破了由A、B、C三段走势组成的中枢的区间高点时，就控制不住买入了这只股票则是失策。其实在前面的理论中早已讲过，下跌过程中形成的首个回升中枢，即使出现背驰，也是盘整背驰，属于下跌中继形态的整理，所以即使再喜欢这只股票，也不能在此时买入。因为中枢震荡中的股价短时突破中枢高点是常出现的事，只有回调时不再跌回中枢内时，才会构成买点。所以，应当根据股票走势来决定是否买入一只股票，而不是个人喜好。

实战要点

（1）个人喜好就是投资者对某一行业或是某一类股票的偏爱，如图12－3中的洋河股份，属于白酒行业中的白马龙头股，经常成为那些偏爱酒类股的投资者的投资目标股。

（2）当个人偏爱于图12－3中洋河股份一样的白马龙头股时，一定要根据个股的具体走势来操作，因为基本面再好的股票也会有回调的时候，所以一定要把握好交易的节奏和买入股票的时机。

小贴士

个人喜好常常会成为不少投资者买入股票的原因，当然，如果从长线价值投资的角度看，只要是好股票，什么时候买入不重要，只要持股时间够长，都会实现盈利。但如果根据买卖点来操作，那么可以进一步扩大这种盈利。因此，选股时，绝不能以个人喜好来左右具体的操作。

12.1.4 规避风险、安全交易的策略

缠中说禅在“教你炒股票”第26课中讲：“首先要搞清楚，什么是市

场的风险。有关风险，前面可以带上不同的定性，政策风险、系统风险、交易风险、流通风险、经营风险等，但站在纯技术的角度，一切风险都必然体现在价格的走势上，所有的风险，归根结底，最终都反映为价格波动的风险。例如，某些股票市盈率很高，但其股价就是涨个不停，站在纯技术的角度，只能在技术上衡量其风险，而不用考虑市盈率之类的东西。”

因此，在股票投资中，要想控制好投资风险，进行安全操作，就应当准确把握好买点与卖点。例如买入股票时，可以选择在第二类买点，甚至是第三类买点形成时再操作，这样就会防止出现第一类买点失败所造成的短线波动风险。

案例解读

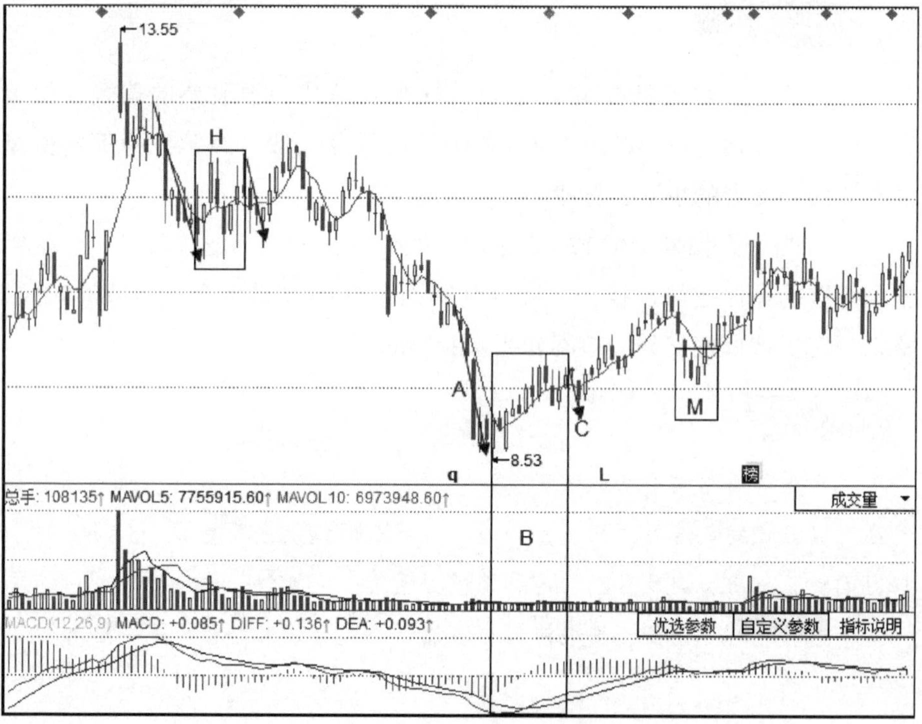

图 12－4　钢研高纳日线图

图 12－4 是钢研高纳（300034）日线图。在下跌过程中，先是在 H 区域形成了一个回升中枢，在随后的下跌过程中，又形成了一个由 A、B、C 三段走势组成的回升中枢，观察发现：C 段走势小于 A 段走势且对应的 MACD 均为红柱，MACD 绿柱面积小于 A 段走势对应的 MACD 绿柱面积；B 段走势将 MACD 双线由下向上拉回到了 0 轴附近。因此，形成了底背驰。随后上涨后的回跌走势中，当进入 M 区域时出现止跌回升，形成了第二类买点，且 M 区域的低点高于由 A、B、C 三段走势组成的中枢的底背驰低点，这说明趋势出现了确切的反转向上，此时再买入股票，买入的风险可以说是为零的。即使之后不发生顶背驰，随时卖出股票，也会实现盈利。

实战要点

（1）规避投资风险最安全的做法，就是选择在第二类买点或第三类买点出现时再操作，如图 12－4 中 M 区域第二类买点出现时买入股票。

（2）选择在第二类或第三类买点时再操作的策略，就是为了规避第一类买点时的底背驰对趋势反转向上的失败，如图 12－4 中 M 区域的情况，第二类买点的低点高于底背驰低点，所以在 M 区域买入股票是安全的。

小贴士

趋势真正转强时的第二类买点和第三类买点才是最安全的，但卖出股票时，如果期间发生系统性风险时，例如趋势忽然快速转弱时，应及时卖出股票。因此，买卖股票时，应尽量避开熊市下跌阶段，同时注意观察大盘的趋势。

12.1.5　以技术为依据理性交易

缠中说禅在“教你炒股票”第 4 课中讲：“在资本市场中经常有人在教导别人要理性。而所有理性模式后面，都毫无例外地对应着一套价值系统。试图通过这所谓的依据而战胜市场，而这，就是所有资本谎言和神话的基础。真正的理性就是要去看破各色各样的理性谎言，理性从来都是人幻想出来的皇帝新衣，这在哲学层面已不是什么新鲜的事情。

“对于市场的参与者来说，首要且时刻必须清楚自己目前介入模式的当下，而市场中的绝大多数人，是不知道自己在干什么的。狠一点说，就是死都不知道怎么死就死了，市场基本由这种人构成。这种构成与资金实力无关，大资金死起来更快，一夜之间土崩瓦解的事情，笔者见得多了。此外，如果你一定要很习惯、很理性地追问什么是理性，那么，相对那些光说不干的所谓理性，是操作出来的。”

因此，在实战操作中，应以技术为依据来理性交易。

案例解读

图 12－5 是新宇邦（300037）30 分钟 K 线图。在上涨趋势中，当股价进入 B 区域出现回调时，看似调整较大，但只要仔细观察就能确认此期间

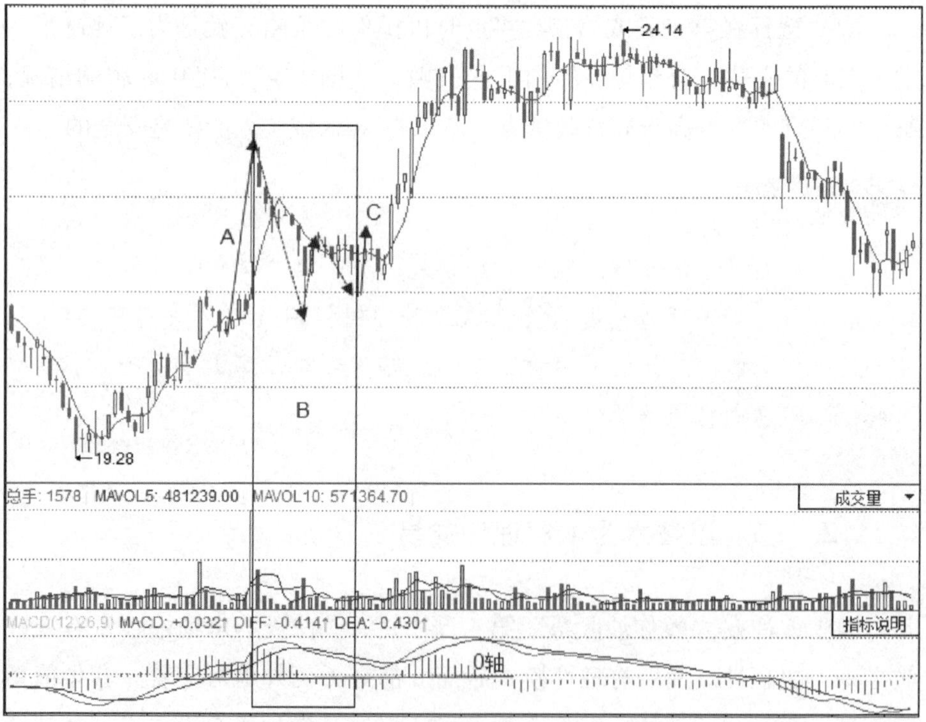

图 12－5 新宇邦 30 分钟 K 线图

是否要卖出股票。因为 B 区域回调之前，是一段明显的上涨，而 B 区域回调又形成了三小段回调震荡的走势，将前后两段走势连接，就得到了由 A、B、C 三段走势组成的一个回调中枢。观察后发现：C 段走势小于 A 段走势，且对应的 MACD 柱均为绿柱，MACD 红柱面积小于 A 段走势对应的 MACD 红柱面积；B 段走势将 MACD 双线由上向下拉回到了 0 轴附近。看似符合顶背驰的要求，但由于是上涨趋势中出现的首个回调中枢，所以这里应该是盘整背驰。其实，在 B 区域回调开始时，就完全可以得出结论，因为是一轮下跌转上涨的初期，所以不管这里是否形成了回调中枢和顶背驰，都是上涨趋势的短期调整。因为 MACD 双线是首次由低位区拉起上行到了高位区，所以从趋势的角度看，仍然只是上涨趋势中短期 MACD 双线回跌到 0 轴附近的调整行情，调整行情结束后，趋势必然回归上涨，所以在低位买入该股票者，无须过早卖出该股票。这种面对 B 区域的调整行情出现时的坚定持股，就是一种以技术为依据的理性操作。

实战要点

（1）在坚持理性操作时，无论是买入股票，还是卖出股票，或者是在调整期间出现的是否要继续持股的操作，都不能以个人的猜测为指导来操作，应以技术为核心。如图 12－5 中 B 区域的情况，出现调整时是上涨趋势中首次出现的调整，所以是无须担心的，应继续持股。

（2）当在上涨趋势中出现首次回调时，即使形成了回调中枢的顶背驰，也应视为盘整背驰，如图 12－5 中由 A、B、C 三段走势组成的回调中枢内发生的背驰，即为盘整背驰，意味着股价的短期盘整。所以，此期间的继续持股就是一种理性操作。

小贴士

在实战操作中，一定要坚持以缠论技术为核心，寻找到三类安全的买卖点时再操作，尽量克服一些人为因素的干扰，这样才能做到理性操作。

12.2 交易技巧

在实战交易中，一定要明白一些操作上的技巧。例如操作的级别选择、机械化操作的方法、遵守三类买卖点的交易技巧，以及如何将投资成本转化为零成本的操作等。

12.2.1 操作前一定要选定操作级别

缠中说禅在整个108篇“教你炒股票”中，曾反复提及“级别”这个词。而所谓级别，事实上就是K线图的周期，例如1分钟图或是日线、周线图等。所以，在“教你炒股票”第30课中，缠中说禅说：“除了在小级别比功力外，功力浅的完全可以把操作级别提高来加强安全性。”

这就是说，技术不熟练的投资者，不妨选择级别高、周期长的K线图来操作，如30分钟图或日线图。但选择好操作的K线图级别后，就一定要按照这一级别的周期K线图进行买卖股票的操作，不能出现任何跳跃。例如日线图的买入，就一要按照日线图来卖出；30分钟图的买入，必然要对应着30分钟图的卖出操作。

这种操作，就是按照一定级别的K线图上的买卖点交易的技巧。

案例解读

图12－6是三聚环保（300072）30分钟K线图。例如在实施买入股票操作时，在H区域形成了一个回升中枢基础上，当再次下跌时形成了由A、B、C三段走势组成的又一个回升中枢，这时发现：C段走势小于A段走势且对应的MACD绿柱面积小于A段走势对应的MACD绿柱面积；B段走势将MACD双线由下向上拉回到了0轴附近，形成了30分钟K线图底背驰。此时，可买入股票。

卖出股票操作时，同样要依据30分钟K线图，当上涨中于S区域形成了一个回调中枢后，上涨中又形成了A2、B2、C2三段走势组成的回调中枢

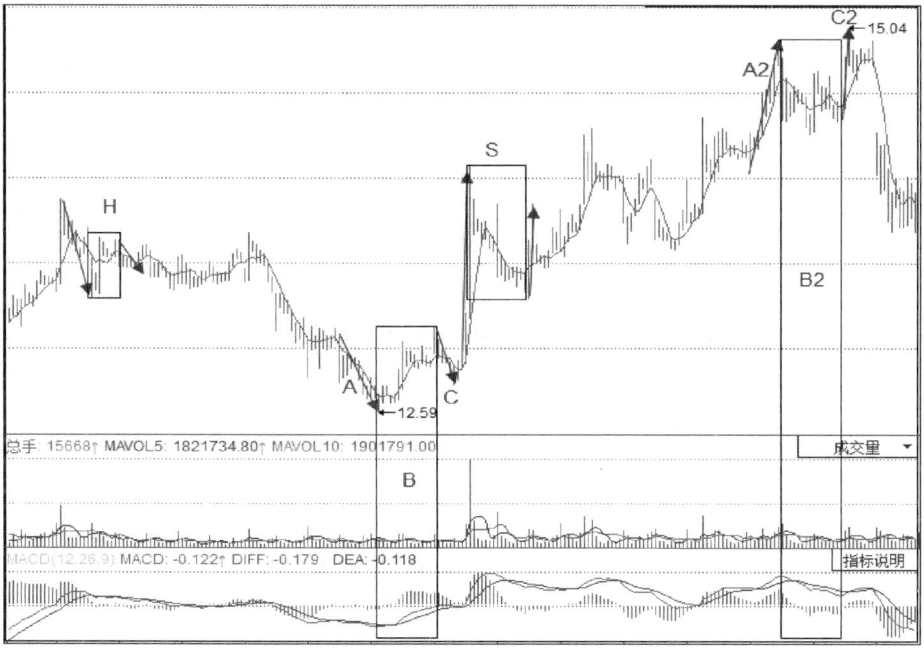

图 12－6　三聚环保 30 分钟 K 线图

时，观察发现：C2 段走势小于 A2 段走势；C2 段走势对应的 MACD 红柱面积小于 A2 段走势对应的 MACD 红柱面积；B2 段走势将 MACD 双线由上向下拉回到了 0 轴附近，形成了 30 分钟 K 线图顶背驰。此时，应卖出股票。

这种操作，就是按照 30 分钟 K 线图这一级别进行的底背驰买入、顶背驰卖出的交易。

实战要点

（1）级别是缠中说禅经常提及的一个问题。事实上，级别就是 K 线图周期，通常短线操作，多以 30 分钟图为主，而中长线操作，以日线图和周线图为主，如图 12－6 中的情况，是以 30 分钟图为主的短线操作。

（2）在按照不同级别操作时，应统一买卖操作的 K 线图周期，如图 12－6 中的情况，就是按照 30 分钟图的底背驰买入和 30 分钟图的顶背驰卖出的交易。

小贴士

选择 K 线图的级别时，投资者可根据自身的操作习惯而定，但操作时一定要始终按照选定的级别 K 线图进行买入和卖出股票。不能买入股票时是根据一个级别的 K 线图操作的，但卖出股票时却是根据另一级别的 K 线图操作的。

12.2.2 严格按照三类买卖点进行操作

缠中说禅在“教你炒股票”第 41 课说：“市场的节奏，只有一个：买点买、卖点卖。”

因此，在实际操作中，一定要在下跌趋势的末端，形成底背驰点的第一类买点，或是随后回踩止跌的第二类买点，甚至是随后的股价向上突破中枢后的下跌不跌回中枢内的第三类买点时，选择买入股票。

卖出股票时，同样需要根据顶背驰点的第一类卖点，顶背驰后的回升止涨回跌点的第二类卖点，或是股价向下跌破中枢低点后的回升不回到中枢内的第三类卖点，选择卖出股票。

在操作中，不管哪类的买卖点，均可进行对应的买入或卖出行为操作。

案例解读

图 12－7 是信维通信（300136）30 分钟 K 线图。在下跌趋势中，在 H 区域形成了一个回升中枢，在之后的下跌中，又形成了一个由 A、B、C 三段走势组成的回升中枢，并在这一中枢内发生了背驰，为底背驰。C 段走势末端的背驰点，为第一类买点；随后的上涨回跌后的 2 区域的回跌止跌点，为第二类买点；在中枢震荡后的上涨中，3 区域的回调不回由 A、B、C 三段走势组成的中枢高点水平线的位置，为第三类买点。这里存在一个问题，就是 3 区域有一根 K 线出现向下短时跌破了由 A、B、C 三段走势组成的中枢高点水平线，但收在高点水平线之上，所以不是有效跌破。因此，在此期间买入股票时应以这三类买点的形态为依据选择买入时机。

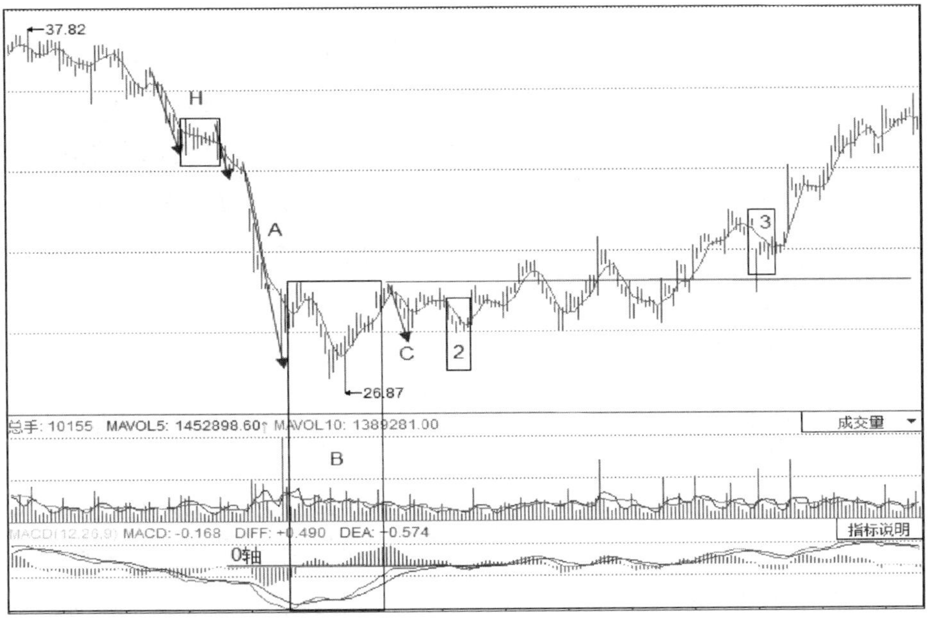

图 12-7　信维通信 30 分钟 K 线图（1）

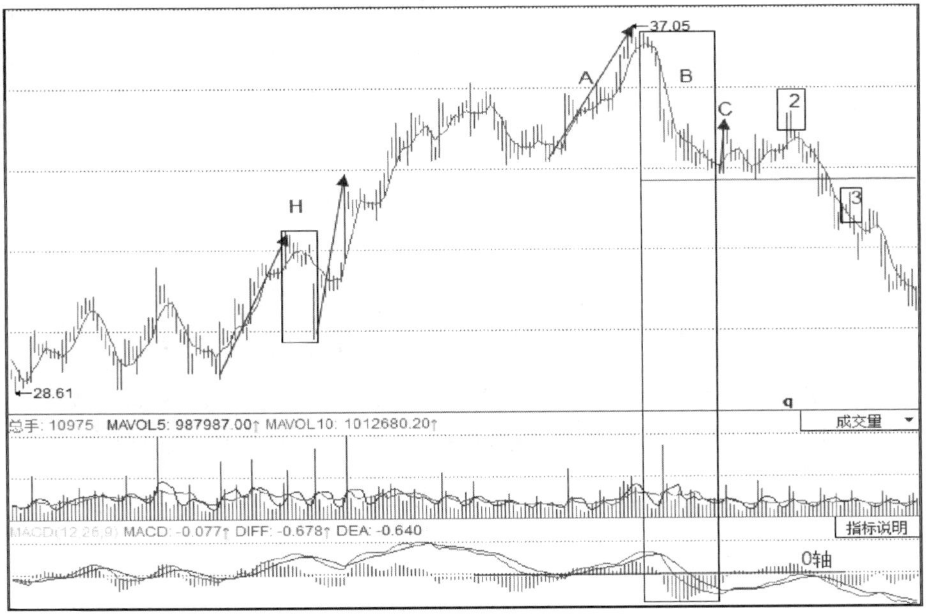

图 12-8　信维通信 30 分钟 K 线图（2）

图 12－8 是信维通信（300136）30 分钟 K 线图。在买入股票后的上涨过程中，H 区域形成了一个回调中枢，在之后的震荡上涨过程中，又形成了一个由 A、B、C 三段走势组成的回调中枢，并发生背驰，为顶背驰，C 段走势末端为第一类卖点。接下来的回跌回升后的 2 区域的回升止涨点，为第二类卖点。随后跌破由 A、B、C 三段走势组成的回调中枢低点水平线的 3 区域，股价回升不回到中枢内的位置，为第三类卖点。在卖出股票时，应以这三类卖点的情况选择卖出时机。

图 12－7 和图 12－8 的情况，就是根据三类买卖点进行操作的全过程。

实战要点

（1）在根据三类买点进行买入操作时，关键的是要准确判断出第一类买点，也就是下跌趋势中出现的第二个回升中枢发生背驰的底背驰点，如图 12－7 中由 A、B、C 三段走势组成的中枢的情况，这样才能准确找到第二类买点和第三类买点。

（2）在根据三类卖点进行卖出操作时，关键的也是要准确判断出第一类卖点，也就是第二个回调中枢内发生背驰的顶背驰点，如图 12－8 中由 A、B、C 三段走势组成的中枢的情况，这样才能准确找出第二类卖点和第三类卖点。

小贴士

在根据三类安全的买卖点操作时，第一类买卖点是最为关键的，也就是底背驰点和顶背驰点。随后判断第三类买卖点时，同样有一个问题需要注意，就是股价是否升破中枢高点水平线或跌破中枢低点水平线，判断时应以有效升破或有效跌破为主，即只有单根 K 线收盘在高点之上时不算升破，只有单根 K 线收盘在低点之下时不算跌破。但如有多根 K 线升破高点水平线或跌破低点水平线时，则应算为有效升破或有效跌破。

12.2.3　机械操作交易技巧

在“教你炒股票”第 105 课中，缠中说禅说：“股市里死掉的，大半是聪明人，越聪明的，死得越快。要在市场上生存，就必须远离聪明，因为，你的聪明在市场面前一文不值。”

因此，在实际操作中应拒绝小聪明。因为个人的小聪明，就是对趋势的主观预判。走势不走出来，就不会成为走势，所以所谓的个人预判，大多时候都是自己的一厢情愿，例如买入股票后妄自设定一个高点，甚至是下跌时，主观判定某个价位为低点，这些都属于个人的小聪明。

股票操作只要严格按照三类买卖点的定义去操作即可。因为这些买卖点出现时的形态都是有着严格规定的，所以这种交易行为，其实就是一个按照三类买卖点的程序进行机械化简单操作的过程。

案例解读

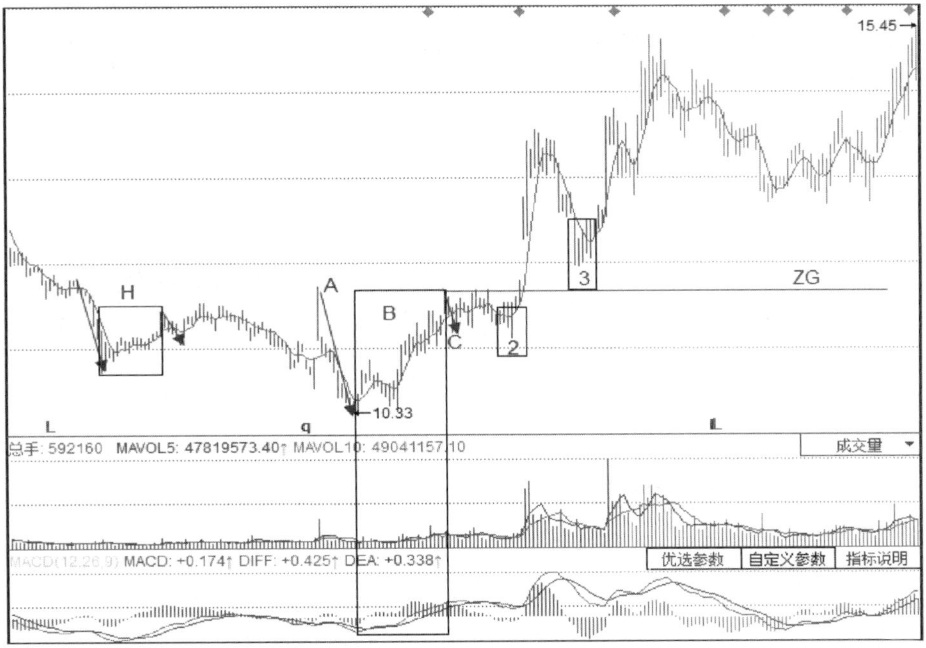

图 12－9　汤臣倍健日线图

图12－9是汤臣倍健（300146）日线图。在下跌趋势中，进入H区域后，形成了一个回升中枢，随后的震荡再下跌过程中，又形成了由A、B、C三段走势组成的回升中枢，并且在这一中枢内出现了背驰，为底背驰。这时即可根据C段末端的底背离点（第一类买点），以及随后2区域的回调止跌的第二类买点，和3区域的回调不回中枢的第三类买点，进行买入股票的操作。这种操作，就是按照三类买点的要求机械操作。而3区域前后刚好形成了上涨趋势中的首个回调中枢，所以可认定为盘整，应继续持股。卖出股票时的操作，依然应当严格按照三个卖点的要求，只有随后的走势中，再形成回调中枢时发生顶背驰再选择卖出股票。这就是机械化的操作，而不能用丝毫的主观臆断来决定操作。

实战要点

（1）机械化的操作，是要在技术的要求下进行的，包括买入股票时的机械操作和卖出股票时的机械操作，如图12－9中的情况，就是机械买入操作的情况。

（2）在机械操作交易中，一定要严格按照股票走势中形成的三类买卖点的要求进行交易，如图12－9中C段末端、2区域、3区域的情况，就分别为缠论技术中第一类买点、第二类买点和第三类买点的情况，所以所有基于这三个区域的买入行为，都属于机械操作中的买入操作。

小贴士

在操作中，买卖股票时，只要是按照缠论中关于三类买卖点的要求去操作的，就属于机械操作。

12.2.4 大趋势交易时注意分型的变化

大趋势交易是指根据周线图或月线图等长周期线图的操作，这时若根据背驰等理论来判断行情，往往当第一类买卖点形成时，趋势已经进行了大半。所以，这时如果是按照缠中说禅“底背驰买入、顶背驰卖出”的规律操作，几乎是没什么利润的。

这时利用缠论中分型形成后的强弱程度分析“底”和“顶”，反而会变得相对简单、方便和及时了。例如，最强底分型时买入股票，最弱顶分型时卖出股票，就成了抄底买入股票和逃顶卖出股票的简单交易技巧。

案例解读

图 12－10　神雾环保周线图

图 12－10 是神雾环保（300156）周线图。在上涨后的震荡行情中，在 A 区域形成了一个具有包含关系的底分型，最后一根 K 线为中阳线，远在底分型之上，形成较强底分型，此时可买入股票。随后上涨到 B 区域时，又形成了一个具有包含关系的顶分型，右侧的 K 线为大幅低收的阴线，为最弱的顶分型，所以应卖出股票。这就是根据周线图上的分型强弱程度进行交易的技巧。

实战要点

（1）在根据分型操作时，应选择周期较长的K线图，如日线图、周线图、月线图等进行观察，如图12－10中的K线图为周线图。

（2）在根据分型操作时，应尽量避开下跌末端趋势不明朗的时期，在最强底分型时买入股票，在最弱顶分型时卖出股票，如图12－10中A区域的底分型买入，与B区域的顶分型卖出。

小贴士

在根据分型交易时，一定要选择周期长的K线图进行观察，因为如果K线周期过短，往往行情演变过快，不易把握。

12.2.5 零成本操作模式与技巧

缠中说禅在“教你炒股票”第73课中说：“任何的投资，必须是零成本才是真正有意义的。”

对于零成本选股，缠中说禅认为：“这个企业，或者是当下的龙头企业，或者是在今后有超越当下龙头企业潜能的企业。”

至于具体操作上，缠中说禅认为：“70%的资金投在龙头企业上，一家或是两家；其他30%的资金分投在最有成长性的企业中，一家或多家。注意，在实际操作中，如果龙头企业已经在基本面上呈现出了衰败的状况，一定要进行同行条件下的换股操作。”

按这一比例买入股票，当股票开始上涨后，“一定要找机会把股票的成本变成零，除了途中利用小级别不断弄短差外，还要在股票达到1倍升幅附近找一个大级别的卖点出掉部分股票。这样，原来投入的资金就全部收回来了，等于现在持有的股票就都是赚的，成本降为零”。

“有人可能要说，如果这只股票以后还要上涨10倍呢？这没问题，当股票成本为零以后，就要开始挣股票。也就是利用每一个短差，高位抛了以后，低位再全部回补，这样股票数量就越来越多，而成本始终是零。这样一来，就算股票上涨100倍，股票越涨你持有的股票就越多，而成本永远为零。最后，等一个超大级别的卖点，再一次性全部卖出。”

这就是投资股票的零成本操作过程和方法。

因此，缠中说禅才在“教你炒股票”第95课中说：“把你的第一笔钱运作好，然后把本拿走，最后把这利润变成巨大的数字，这才是市场中的真正操作。”

案例解读

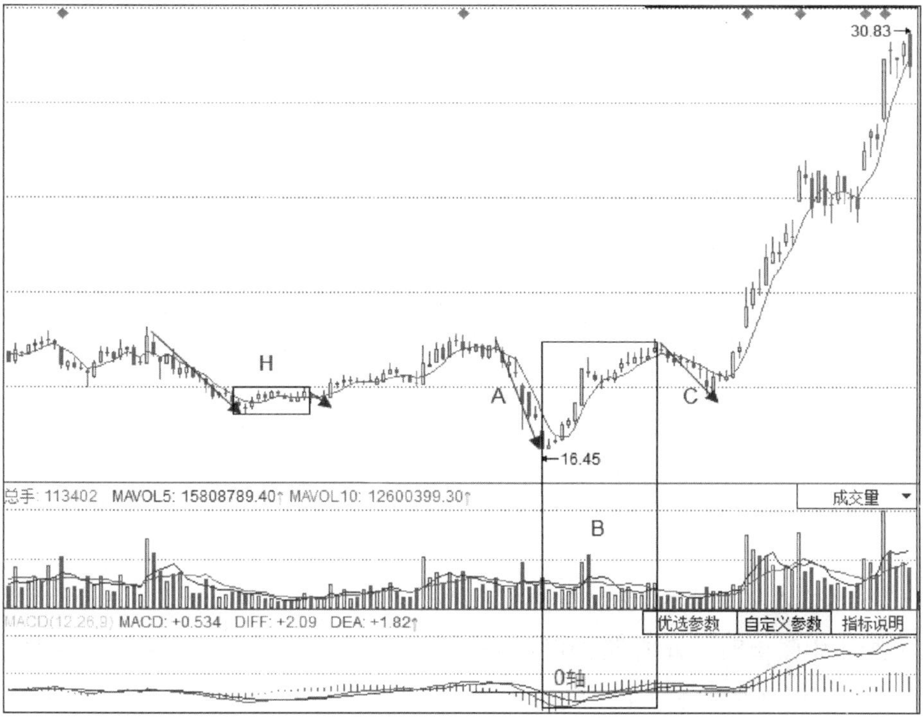

图12－11　顺鑫农业日线图（1）

图12－11是顺鑫农业（000860）日线图。首先在整个白酒行业中，顺鑫农业是低端白酒类的上市公司中排名首位的龙头企业，而在选择买点时，应以底背驰形成时的第一类买点为准，如图中下跌趋势中H区域形成

一个回升中枢后的再下跌中，又形成了一个由 A、B、C 三段走势组成的回升中枢时，通过比较发现，形成了底背驰，所以 C 段末端的止跌回升点就是第一类买点。这时的股价在 19.40 元左右，如果此时拥有的资金只能够买入 2000 股的话，应马上全仓买入。

图 12－12　顺鑫农业日线图（2）

如图 12－12 所示，在买入股票后的上涨过程中，当股价一路小幅震荡上涨到 M 区域时，此时股价已经到了 40 多元，股价实现了翻倍。这时，虽然尚未出现顶背驰，但由于股价直线上涨的幅度较大，所以应先卖出 1000 股，抽出了当初投资的成本，这时手里还拥有的 1000 股顺鑫农业，基本就是利润了。然后继续持股，由于观察的是日线，所以在随后的上涨中，可以在 Y 区域形成一个明显的最强顶分型时卖出股票，或是在 A、C 区域再形成回调中枢，出现了顶背驰时，于顶背驰点 X 区域卖出股票均可。也就是说，在零成本的基础上，应一直持股到日线的最高点再卖出股票。再之后的投资，就等于是在零成本的基础上进行投资了。

实战要点

（1）实现零成本操作前，最关键的是在选股时一定要选行业中最强的龙头股，如图 12－11 中的顺鑫农业，就是低端白酒行业业绩排名第一的龙头股。

（2）要实现零成本的买入操作，一定要选择行业龙头股在形成起码是日线级别底背驰时再买入，也就是操作的级别一定要是大级别，如图 12－11 中日线上 C 区域末端的第一类买点买入。

（3）要实现零成本操作，当买入股票后，不管以后趋势如何演变，要在股价实现翻倍后的回调时，先行卖出一半量的股票，以实现无成本的操作，然后再一直持有到涨势结束时为止，再卖出，如图 12－12 中的情况。

小贴士

要实现零成本操作，不在于资金量的大小，而在于寻找行业龙头股，在底背驰时买入，然后出现翻倍时及时抽出投资成本，即可实现无成本的操作。

12.3 根据趋势变化进行交易的实战技巧

趋势是不断变化的，所以如何根据趋势变化来寻找交易机会，也同样十分重要。例如分型和笔的实战技巧，线段对趋势的判断等。

12.3.1 分型的强弱确定趋势反转的强弱

在根据分型确定趋势反转的强弱程度时，首先一定要选择相对大级别的K线图来观察，如日线图、周线图、月线图等，然后根据缠中说禅提出的最强底分型的情况，来判断趋势的反转向上；根据最弱顶分型的情况，来判断趋势的反转向下。

值得注意的一点是，由于是通过分型来判断趋势反转，所以判断底分型时，往往要在弱势的末端出现强势底分型后，当随后的K线为上升阳线时，方可确认为趋势反转。但在出现最弱顶分型时，只要涨幅较大且形成最弱顶分型时，即可确认为趋势出现了反转向下。

案例解读

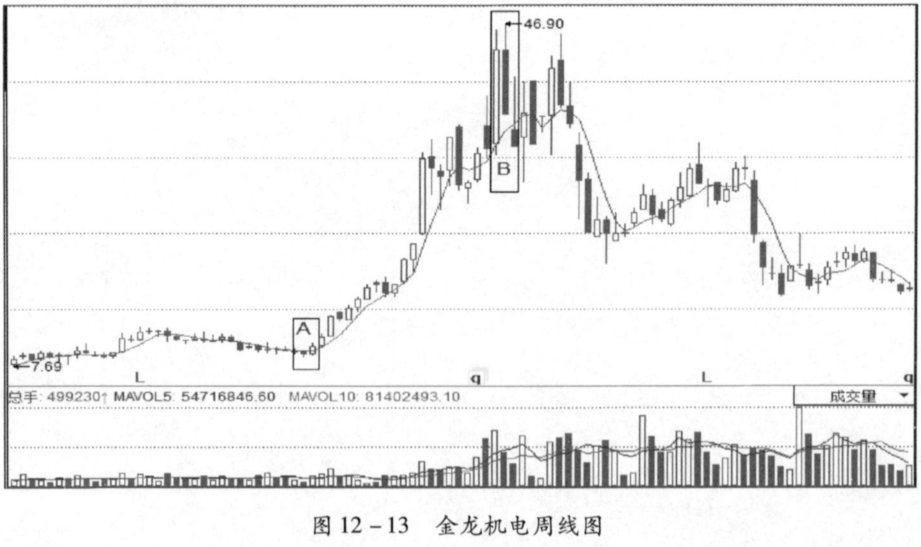

图12-13 金龙机电周线图

图 12 – 13 是金龙机电（300032）周线图。在判断趋势是否出现反转向上时，通过观察发现：在弱势震荡行情中，A 区域形成了一个不具包含关系的底分型，并且该底分型右侧 K 线为底分型中最高的，远在其他两根 K 线之上，为最强底分型。同时底分型后的下一根 K 线同样为明显的上升 K 线，所以可以确定趋势出现了反转向上，应买入股票。在随后的上涨过程中，当上行到 B 区域时，又形成了中间为上影线较长的长阴线形成的顶分型，且右侧的 K 线为上影线较长的上吊线，实体远在中间 K 线实体的下方，所以为最弱顶分型，应及时卖出股票。

实战要点

（1）在根据分型判断趋势是否出现反转时，应选择周期较长的 K 线图，这样才能准确判断大趋势是否出现了反转，如图 12 – 13 中的 K 线图为周线图。

（2）以分型判断趋势是否出现反转时，底分型必须为最强的底分型，顶分型为最弱的顶分型。但底分型在判断时，最好结合底分型后的另一根 K 线综合判断，因为趋势转强时，往往会不够明显，所以后一根 K 线为上升阳线时，反转的意味更强烈，如图 12 – 13 中的情况。

小贴士

在利用分型判断趋势是否出现反转时，只有底分型上行的欲望十分强烈，即最强底分型时，趋势反转向上的意味才更强烈。同样，只有顶分型下行的欲望十分强烈，为最弱顶分型时，趋势反转向下的意味才更强烈。

12. 3. 2　第一笔的类型决定趋势

在利用笔来判断趋势时，主要是以第一笔来判断，就是当趋势由弱转强时，一定要形成一个明显的上升笔，也就是缠中说禅所讲的“底分型 + 上升 K 线 + 顶分型”的上升笔；相反，判断趋势反转向下时，也应当以第一个下降笔来判断，即缠中说禅讲的“顶分型 + 下降 K 线 + 底分型”的下降笔。

案例解读

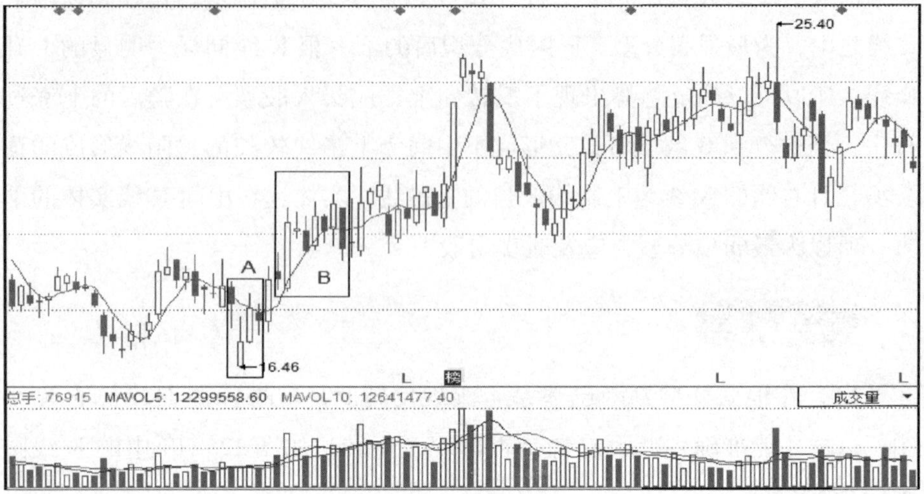

图 12－14　超图软件日线图

图 12－14 是超图软件（300036）日线图。在下跌过程中，当进入 A 区域，形成了一个具有包含关系的底分型，而后出现一根上升阳线，在 B 区域又形成了一个具有包含关系的顶分型，于是形成了一个上升笔，说明趋势已反转为向上，应及时买入股票。

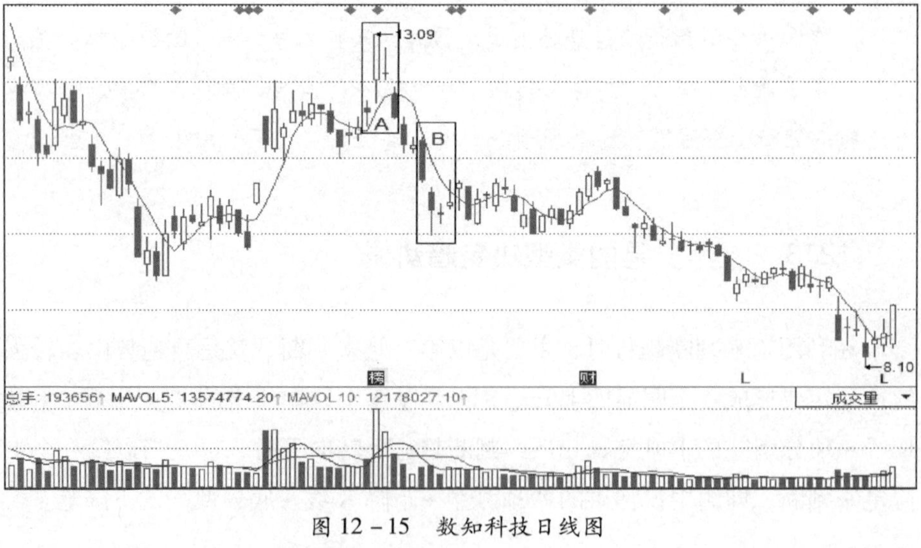

图 12－15　数知科技日线图

图 12－15 是数知科技（300038）日线图。在上涨趋势中，进入 A 区域时，形成了一个具有包含关系的顶分型，接着出现一根具有包含关系的下降阴线，进入 B 区域形成一个同样具有包含关系的底分型，于是形成了下降笔，说明趋势已转为下跌，应果断卖出股票。

实战要点

（1）在根据第一笔的类型判断趋势是否出现反转向上时，应选择在下跌的末端看是否出现了“底分型＋上升 K 线＋顶分型”的上升笔，来判断趋势的反转向上，如图 12－14 中 A 区域和 B 区域的情况。

（2）在根据第一笔的类型来判断趋势是否出现反转向下时，应选择在上涨的末端看是否出现了“顶分型＋下降 K 线＋底分型”的下降笔，来判断趋势的反转向下，如图 12－15 中 A 区域和 B 区域的情况。

小贴士

在利用第一笔来判断趋势是否出现反转时，第一笔为上升笔是判断趋势反转向上的依据，第一笔为下降笔是判断趋势反转向下的依据，但同时不能忽略下降趋势中上升笔中的底分型强势，与上升趋势中下降笔中的顶分型弱势，因为底分型最强或顶分型最弱时，同样可以直接判断趋势的反转。

12.3.3　线段的方向是趋势方向

在利用线段判断行情中，根据缠中说禅在“教你炒股票”第 65 课中关于线段的定义可得知，线段至少是由三个相互之间有重叠部分的连续笔组成，并且“任何线段都是有方向的，线段无非有两种，从向上一笔开始的和从向下一笔开始的”。也就是向上线段和向下线段，分别代表着向上的走势和向下的走势。

之后的“教你炒股票”第 78 课中，缠中说禅又说：“所有向上线段都是以最低点开始最高点结束，向下线段都是以最高点开始最低点结束。这样一来，所有线段的连接就形成了一条延续不断、首尾相连的折线，这样复杂的图形就会十分标准化，也为后面的中枢、走势类型等分析提供了标准且基础的依据。”

由此可见，线段主要是用来判断趋势的方向。在“教你炒股票”第 63 课中，缠中说禅说：“如果我们首先确立了显微镜的倍数，把 1 分钟图作为最基本的图，那么就可以开始定义上一课程说的分型、笔、线段等。有了线段，就可以定义 1 分钟的中枢，然后就是 1 分钟的走势类型，然后按照递归的方法，可以逐步定义 5 分钟、30 分钟、日、周、月、季度、年的中枢和走势类型。”

这表明线段的使用，往往是通过较短的周期图来判断其趋势变化的，因为在很多长周期图上是无法划分出线段的。另外，由于线段与买卖点之间的关系，缠中说禅并未提到，所以在线段的使用上，就只有通过更小级别的显微镜来判断趋势了。反而不如笔和分型更为直接，因为线段首先要形成笔，必须至少三个笔，可三个笔形成后，往往走势已进行了大半。所以，只要明白线段是有明确方向的，就可用来判断走势变化。

案例解读

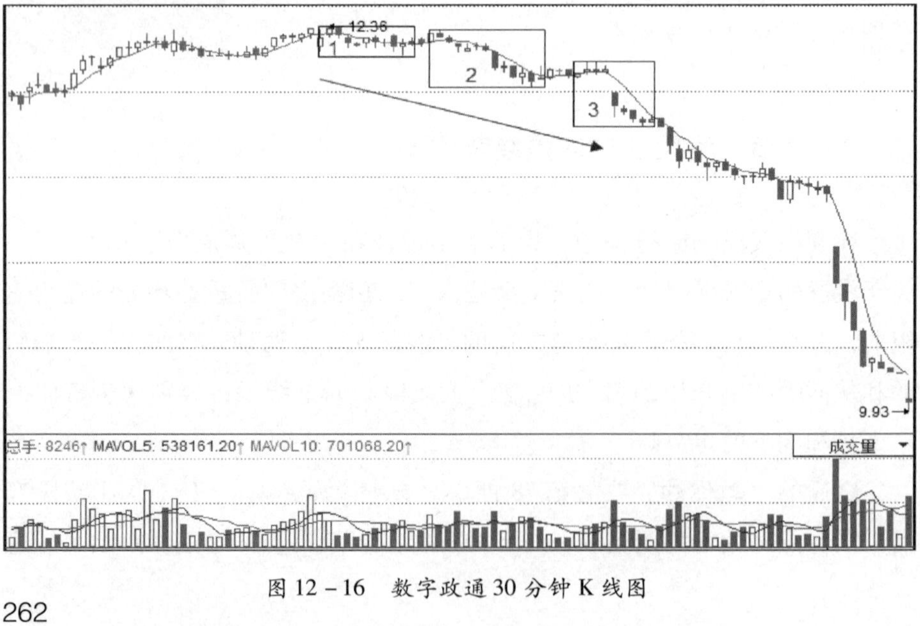

图 12－16 数字政通 30 分钟 K 线图

图 12－16 是数字政通（300075）30 分钟 K 线图。在创出新高后，于 1 区域形成了一个由“顶分型＋底分型”构成的向下笔，随后又接连出现 2 区域和 3 区域两个向下笔，于是形成了三个笔组成的相互间有重叠关系的线段，为向下线段。从三个笔的高点依次向下的趋势可以明显看出来，这时的走势为下跌趋势。

图 12－17　捷成股份 1 分钟 K 线图

图 12－17 是捷成股份（300182）1 分钟 K 线图。在下跌趋势中，先是形成 1 区域具有包含关系的“底分型＋顶分型”的向上笔，随后又接连形成了 2 区域和 3 区域两个向上笔，组成三个具有相互重叠部分的向上笔。从三个笔的高点看，形成了一个明显的向上线段，说明这时趋势方向是向上的。

实战要点

（1）线段主要是用来判断趋势方向的，但在判断线段时，必须且至少由三个笔组成，且前三个笔之间必须有相互重叠的部分，如图 12－16 与图 12－17 中 1 区域、2 区域、3 区域中三个笔的情况。

（2）在划分线段时，同一个线段中，笔中的分型组成必须是一致的。如图 12－16 中的笔 1、笔 2、笔 3 均为“顶分型＋底分型”组成的向下笔；图 12－17 中的笔 1、笔 2、笔 3 均为“底分型＋顶分型”组成的向上笔。

小贴士

在判断线段的方向时，向上笔组成的线段为向上线段，代表着上涨趋势；向下笔组成的线段为向下线段，代表着下跌趋势。判断笔与笔之间的相连部分时，应根据结合律，笔与笔之间必须间隔一根 K 线，或是其他多根 K 线高低点均在这一根 K 线高低点范围之内时，也可视为一根 K 线。

12.4　走势中枢的实战技巧

走势中枢在所有缠论知识里，是最为重要的一个理论。所以在实战中，一些关于走势中枢的技巧，同样也要熟练掌握。

12.4.1　中枢结合背驰的实战技巧

在缠中说禅关于利用 MACD 判断背驰的方法中可以看到，利用 MACD 判断背驰是必须要有一个走势中枢的，所以，缠中说禅在“教你炒股票”第 24 课中说：“由于 MACD 本身的局限性，要精确判断背驰与盘整背驰，还是要从中枢本身出发。利用 MACD，对于一般人来讲，属于比较容易理解和把握的，而这就已经足够了。用 MACD 辅助判断，即使对中枢不大清楚，只要能分清楚 A、B、C 三段，其准确率也应该在 90% 以上。如果再配合上中枢，基本可以达到 100% 的准确率。”

这就是说，判断背驰时，关键要判断出 A、B、C 三段走势组成的中枢。根据底背驰与顶背驰的定义可知道，底背驰发生在下跌趋势中，所以走势中枢的类型为回升中枢，而顶背驰发生在上涨走势中，所以走势中枢的类型为回调中枢。只要分清中枢在不同背驰形态时的具体类型，再选择上涨趋势中第二次形成回调中枢时或下跌趋势中第二次形成回升中枢时，通过背驰定义中关于 A、B、C 三段走势的比较，就可以得出是顶背驰还是底背驰了。

案例解读

图 12－18 是聚龙股份（300202）日线图。在上涨趋势中，于 H 区域出现了一个回调中枢，在随后的上涨中再次形成了一个由 A、B、C 三段走势组成的回调中枢。观察这一中枢发现：C 段走势小于 A 段走势，且对应的 MACD 柱均为绿柱，MACD 红柱面积小于 A 段走势对应的 MACD 红柱面积；B 段走势将 MACD 双线由上向下拉回到了 0 轴附近。因此，可以确认

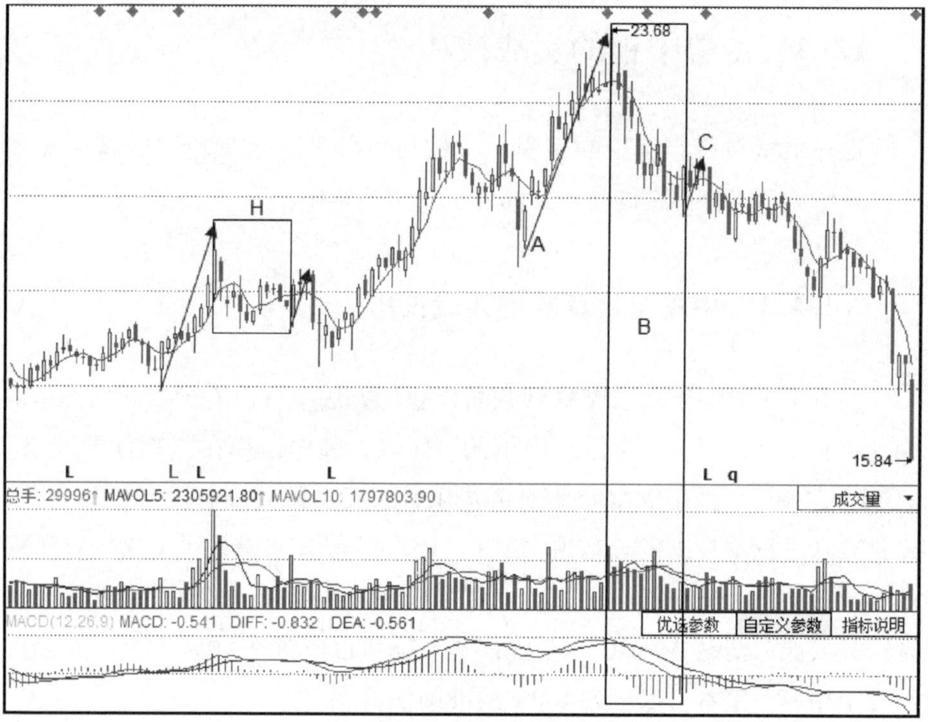

图 12－18　聚龙股份日线图

形成了顶背驰，说明趋势即将反转向下，此时应卖出股票。这种对顶背驰的判断，就是根据 MACD 的情况，结合回调中枢内的情况，来判断是否发生了顶背驰。

实战要点

（1）在判断背驰是否形成时，应结合走势中枢的情况，这不仅包括需要有发生背驰的中枢，同时还包括之前必须出现同一类型的中枢，如图 12－18 中 H 区域的回调中枢及由 A、B、C 三段走势组成的回调中枢的情况。

（2）当判断背驰时，首先必须判断出一个由 A、B、C 三段走势组成的中枢，方可判断是否发生了背驰。因为背驰的比较，是对这一走势中枢内的三段落走势情况的比较，如在判断图 12－18 中由 A、B、C 三段走势组成的中枢是否发生背驰时，是对 A、B、C 三段落走势的比较。

小贴士

在判断背驰时，一定要先准确判断出两个同类型的走势中枢，当第二个走势中枢的三段走势符合背驰的要求时，方可确定为背驰。

12.4.2　分清中枢震荡与盘整走势

缠中说禅在“教你炒股票”第 12 课中说：“盘整就是最近一个高点比前一高点高，且最近一个低点比前一低点低；或最近一个高点比前一高点低，且最近一个低点比前一低点高。”这就意味着，盘整走势就是股价在一定区间幅度之内进行的反复震荡。而中枢震荡，就是围绕走势中枢形成后的区间进行反复震荡，这个区间就是 B 段走势的高低点范围。

这样看来，中枢震荡的表现，事实上和盘整走势的状态是相同的。但缠中说禅在“教你炒股票”第 92 课中谈到中枢震荡监视器时说：“Z_n 的数量不会过于庞大，不会超过 9 个数据。”这就是说，中枢形成后的震荡不能超过 9 次，但在盘整走势中的震荡次数是不受这一数量限制的。因此，分清某波震荡是中枢震荡还是盘整走势，通过这一标准就显而易见了。

案例解读

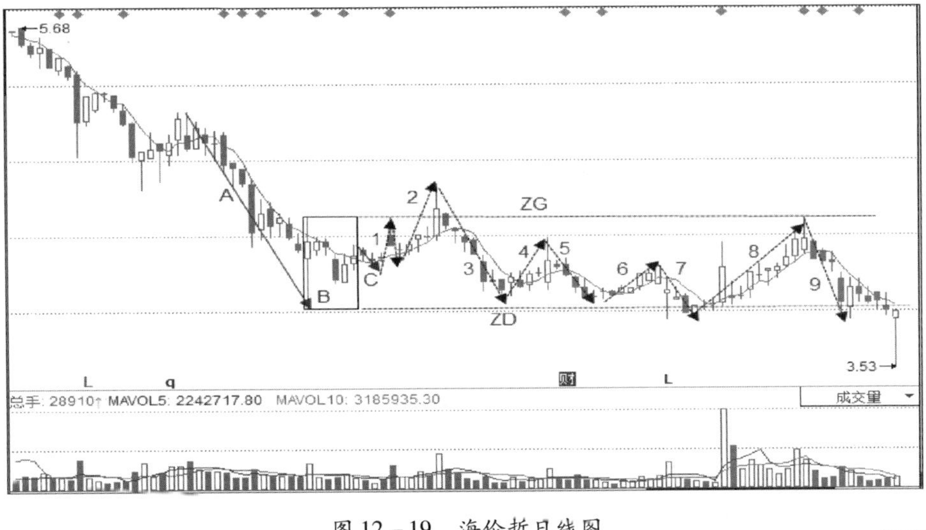

图 12－19　海伦哲日线图

图 12－19 是海伦哲（300201）日线图。在下跌趋势中，形成了由 A、B、C 三段走势组成的回升中枢，而之后的 1 段、2 段、3 段、4 段、5 段、6 段、7 段、8 段、9 段走势，都是在这一走势中枢的区间，即 B 段走势的高低点范围展开的震荡，所以这 9 段走势可视为中枢震荡。但因这期间走势达到了 9 个，所以接下来的走势应视为盘整走势，接下来的走势将产生中枢的向下或向上的扩张，而图中其后的走势中，出现了股价向下的走势，所以属于盘整向下的情况。

实战要点

（1）中枢震荡和盘整走势，本质上是相同的一种形态，都意味着震荡整理，如图 12－19 中 1 段、2 段、3 段、4 段、5 段、6 段、7 段、8 段、9 段走势的情况。

（2）中枢震荡与盘整走势的区别，在于中枢震荡通常保持在 9 段以内的走势，如超过 9 段的震荡，就意味着进入了盘整走势，而盘整走势往往会有向上或向下移动后的继续盘整，如图 12－19 中 9 段走势之后的情况。

小贴士

中枢震荡与盘整走势在本质上是没有区别的，所不同的是中枢震荡的震荡数量通常是保持在 9 段以内，而盘整走势的震荡数量则可以超过这一数量。

12.4.3 两个中枢的标准上涨实战技巧

缠中说禅在“教你炒股票”第 25 课中说：“一个标准的两个中枢的上涨，在 MACD 上会表现出这样的形态，就是在开始上涨的第一段，MACD 的黄白线从 0 轴下面上穿上来，在 0 轴上方停留的同时，形成相应的第一个中枢，同时形成第二类买点，随后突破该中枢，MACD 的黄白线也快速拉起，这往往是最有力度的一段，之后一切的走势延伸以及 MACD 绕来绕去的指标钝化都经常出现在这一段。而这一段通常会在一个次级别的背驰中结束，然后进入第二个中枢的形成过程中，同时 MACD 的黄白线会逐步回到 0 轴附近，开始继续突破第二个中枢，MACD 的黄白线以及柱子都再次重复前面的过程。但这一次，黄白线不能创新高，或柱子的面积及伸长的高度不能突破新高，出现背驰，这就结束了这一个两个中枢的上涨过程。”

大多数股票的上涨走势都是以两个中枢的标准上涨出现的，所以只要明白了这个道理，就知道如何处理两个中枢的上涨了。例如当 MACD 双线从底部向上到达 0 轴时，就意味着第一个中枢形成；如果双线结束震荡上行，就会构成第二类买点的买入时机；随后股价向上突破这一中枢区间时，MACD 双线上行，就会顺延出现第三类买点。当 MACD 双线到达顶部区域，或是在顶部区域出现震荡时，第二个中枢形成，发生顶背驰时，双线就会回跌到 0 轴附近，结束两个中枢的上涨。如果是 MACD 双线在随后的回跌后再次向上，并创出新高，就会形成顶背驰失败的情况，趋势则将继续向上延伸或扩张。

案例解读

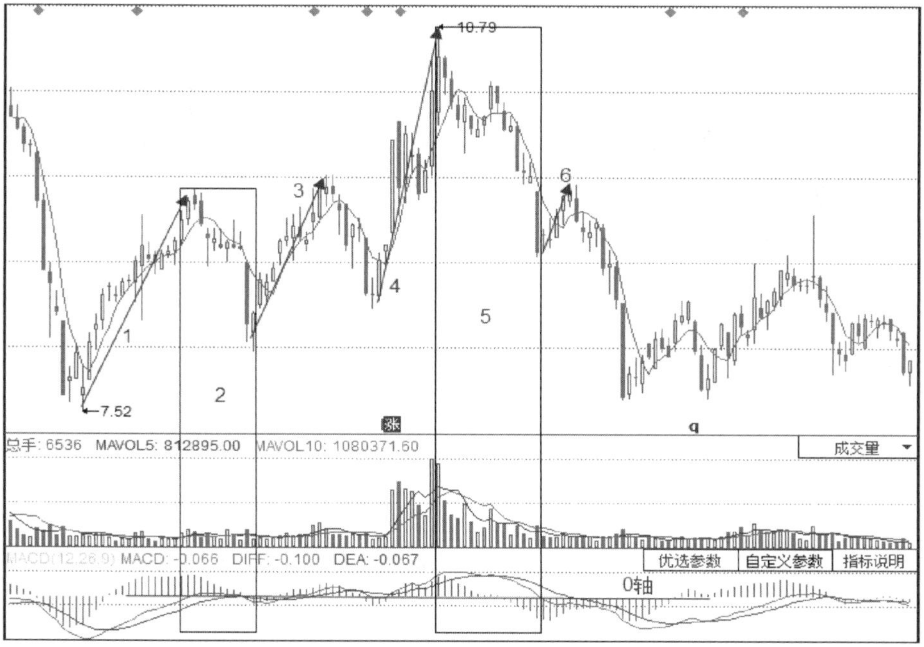

图 12－20　高盟新材日线图

图 12－20 是高盟新材（300200）日线图。在上涨趋势中，先是形成了由 1 段、2 段、3 段三段走势组成的一个回调中枢，同时将 MACD 双线由下向上带到了 0 轴附近。在接下来的上涨过程中，MACD 双线向上运行到了高位区，股价继续上涨，形成了 4 段、5 段、6 段三段走势的第二个回调中枢，并在这一中枢内发生了顶背驰，MACD 双线也向下回落到了 0 轴附近。如此一来，就完成了标准的两个中枢的上涨，之后的趋势则转为了下跌。

实战要点

（1）两个中枢的标准上涨出现时，第一个中枢的上涨期间，为上涨初期的 MACD 双线由底部向上拉回到了 0 轴附近，而后才展开震荡，如图 12－20中由 1、2、3 三段走势组成的回调中枢期间 MACD 双线的走势。

（2）两个中枢的标准上涨期间，当第二个回调中枢出现时，也就是 MACD 双线结束 0 轴附近的上涨行为，以及冲高后的回落情况，如图 12－20 中由 4、5、6 三段走势组成的回调中枢内 MACD 双线的走势。

小贴士

大多数股票的上涨走势，都是以两个中枢的标准上涨出现的，因此才有了第二个中枢内判断背驰所造成的趋势反转的情况，一旦超越两个中枢，必然会出现 MACD 双线在第二个中枢期间的再创新高，才会引发趋势的向上延伸。

12.5　三类买卖点的实战技巧

在根据三类安全的买卖点进行交易实战时，一定要准确区分出这三类买卖点的具体形态和判断方法。只有这样，才能真正掌握三类买卖点的实战技巧。

12.5.1　第一类买卖点就是背驰点

根据缠中说禅关于背驰的判断标准，以及第一类买卖点的定义，可以得知，第一类买卖点就是背驰点。所以，在判断第一类买卖点时，只要根据背驰的判断要求进行观察即可，一旦发现形成了背驰，就说明第一类买卖点已经出现。

在具体判断第一类买卖点时，应以背驰发生的走势中枢内，C 段走势的末端，即股价在完成 C 段走势后的止涨回跌点或止跌回升点，来确认其就是第一类买卖点。

由于底背驰为趋势反转向上的征兆，所以底背驰中 C 段末端的止跌回升点，为第一类买点；由于顶背驰为趋势反转向下的征兆，所以顶背驰中的 C 段末端的止涨回跌点，为第一类卖点。

案例解读

图 12－21 是片仔癀（603436）日线图。在上涨趋势中，在 H 区域形成了一个回调中枢后，上涨过程中又形成了一个由 A、B、C 三段走势组成的回调中枢。通过观察发现，后面这一回调中枢内发生了背驰。因为是上涨趋势中出现的背驰，所以为顶背驰。顶背驰点即为第一类卖点，因此 C 段末端股价止涨回跌的时候，应及时卖出股票。

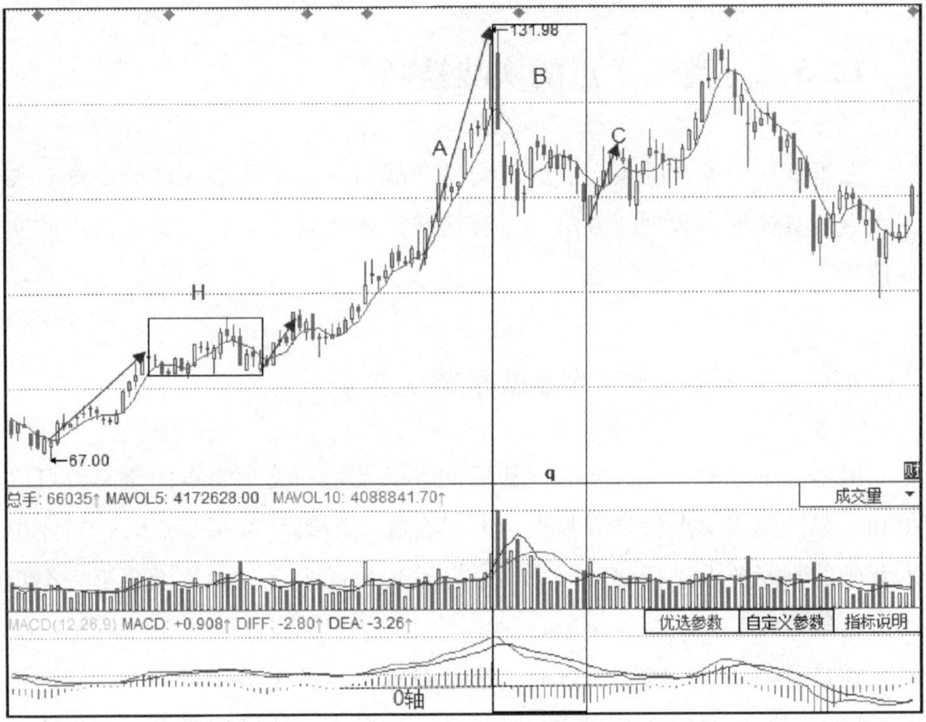

图 12－21　片仔癀日线图

实战要点

（1）在判断第一类买卖点时，关键的是对背驰的判断，如图 12－21 中由 A、B、C 三段走势组成的回调中枢的顶背驰成立后，即可得到第一类卖点。

（2）第一类买卖点就是背驰的结束点，即背驰成立时 C 段末端的结束点，如图 12－21 中 C 段末端的止涨回跌点，即为第一类卖点。

小贴士

判断第一类买卖点的关键，就是对底背驰或顶背驰的判断，因为第一类买卖点即是背驰点，所以底背驰或顶背驰成立时，C 段末端就是第一类买卖点。

12.5.2 背驰点后的第二类买卖点判断技巧

根据缠中说禅关于第二类买卖点的定义可得知，第二类买卖点，就是第一类买卖点成立后的另一个高点或低点。

因此，判断第二类买卖点时，关键是要先判断出第一类买卖点的背驰点，然后只要顺延观察随后的走势，即会得到第二类买卖点。

在底背驰确立后，接下来最近一次的回跌走势的止跌回升点，就是第二类买点；在顶背驰确立后，之后的最近一次的回升走势的止涨回跌点，就是第二类卖点。

案例解读

图 12－22 广誉远日线图

图 12－22 是广誉远（600771）日线图。在上涨趋势中，前期 H 区域出现了一个回调中枢，在之后的上涨中，又形成了一个由 A、B、C 三段走势组成的回调中枢。通过观察发现，后面这一回调中枢内出现了顶背驰，C 段末端的止涨点成了第一类卖点，随后的回跌走势后的回升走势的 M 区域的止涨回跌点，就成了第二类卖点。

实战要点

（1）在判断第二类买卖点前，首先应确认前期第一类买卖点的背驰点，如图 12－22 中由 A、B、C 三段走势组成的区域的顶背驰点，即为第一类卖点，然后再根据第一类买卖点来推断第二类买卖点。

（2）在判断第二类买卖点时，只要根据第一类买卖点的情况，顺延第二段走势的结束点，就是第二类买卖点，如图 12－22 中 M 区域的止涨点，即为第二类卖点。

小贴士

判断第二类买卖点的关键，就是要找准第一类买卖点的背驰点，然后顺延出的第二段走势的结束点，即为第二类买卖点。只不过，第二类买点为下跌的结束点，第二类卖点为上涨的结束点。

12.5.3 中枢扩展的第三类买卖点判断技巧

根据缠中说禅关于第三类买卖点的定义，可以得知，所谓的第三类买卖点，就是股价的走势向上或向下远离走势中枢的高点或低点水平线后，无法回到中枢区间内时的止跌点或止涨点。

因此，在判断第三类买卖点时，关键是在背驰中枢形成后，寻找出背驰的中枢区间，即找到高点 ZG 水平线和低点 ZD 水平线，然后根据股价在走势中与 ZG 水平线或 ZD 水平线的比较，就很容易发现第三类买卖点。

第三类买点的形成，是底背驰形成后，当股价向上第一次有效突破中枢高点 ZG 水平线后，回跌时不跌破 ZG 水平线，就构成了第三类买点；第三类卖点的形成，是顶背驰形成后，当股价向下第一次有效跌破中枢低点 ZD 水平线后，回升时无法回升到 ZD 水平线之上，就构成了第三类卖点。

案例解读

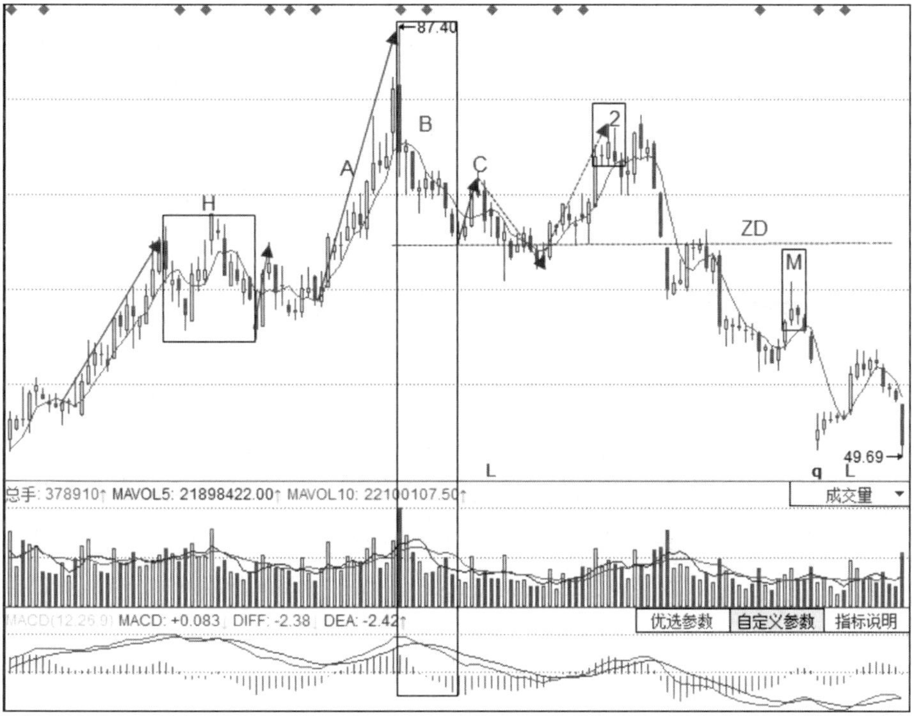

图 12－23 天齐锂业日线图

图 12－23 是天齐锂业（002466）日线图。在上涨趋势中，H 区域出现了一个回调中枢，在之后的上涨中又形成了一个由 A、B、C 三段走势组成的回调中枢，并发生顶背驰。因此，C 段末端成为第一类卖点，顺延两段走势的结束点，即股价回跌后再回升过程中 2 区域的止涨回跌点，即为第二类卖点。在随后的走势中，股价向下跌破中枢区间低点 ZD 水平线后的回升过程中，M 区域的无法再升破 ZD 水平线的止涨回跌点，成了中枢向下扩展的第三类卖点。

实战要点

（1）在判断第三类卖点前，首先应得出背驰时的走势中枢，如图 12 - 23 中由 A、B、C 三段走势组成的走势中枢，由此方可得到这一中枢的区间高低点水平线。

（2）在判断第三类买卖点时，要根据背驰时的走势中枢区间的高低点水平线来判断。当股价向上突破 ZG 水平线后未跌破 ZG 水平线即止跌回升时，即出现第三类买点；当股价向下跌破 ZD 水平线后无法再回到 ZD 水平线之上时，即出现第三类卖点，如图 12 - 23 中 M 区域出现第三类卖点的情况。

小贴士

判断第三类买卖点的关键在于，要找到背驰发生时的走势中枢。只要之后的回升中股价向上突破了 ZG 水平线后未跌破 ZG 水平线即止跌回升，则出现第三类买点；只要之后的下跌中股价向下跌破了 ZD 水平线后无法再回到 ZD 水平线之上，则出现第三类卖点。因此，第三类买卖点出现的情况就是中枢向上或向下扩展的情况。